产业与科技史研究

第五辑

武　力　主编

科 学 出 版 社
北　京

内容简介

本书收入产业与科技史研究的专题论文、访谈、书评、会议发言等共11篇，内容涉及工业文化的概念、演化与工具，工业遗产的三个问题，英商上海自来水公司在华人中推广与入城的阻力，侨批局发展及其在民国邮政专营时的存续，1931—1937年的主计处统计局研究，第二次世界大战后日本科技创新体系的演变与发展研究，人工智能技术发展及其在产业中的应用，首钢承包制改革访谈，对编纂《中国工业史》的几点思考与建议，东亚糖业史研究的新动向等。这些论文从不同角度对产业与科技史相关问题进行了案例研究和理论探索，资料丰富，论理有据，颇具参考价值。

本书适于对中国近现代史、经济史、产业史和科技史感兴趣的读者阅读。

图书在版编目（CIP）数据

产业与科技史研究. 第五辑 / 武力主编. —北京：科学出版社，2019.6
ISBN 978-7-03-061748-4

Ⅰ. ①产… Ⅱ. ①武… Ⅲ. ①企业史-技术史-研究-中国 Ⅳ. ①F279.29

中国版本图书馆 CIP 数据核字（2019）第 124229 号

责任编辑：李春伶 李秉乾 / 责任校对：韩 杨
责任印制：张 伟 / 封面设计：黄华斌

科学出版社出版
北京东黄城根北街 16 号
邮政编码：100717
http://www.sciencep.com
北京虎彩文化传播有限公司印刷
科学出版社发行 各地新华书店经销
*
2019 年 6 月第 一 版 开本：889×1194 1/16
2019 年 6 月第一次印刷 印张：9 1/4
字数：200 000
定价：88.00 元
（如有印装质量问题，我社负责调换）

《产业与科技史研究》

目　录

工业文化：概念、演化与工具*

严　鹏　陈文佳

摘　要：工业文化是一个新兴的概念。在英文与中文里，工业文化一词原本只是由“工业(的)”和“文化”组成的一个缺乏特定含义的搭配。2014年以后，随着中国学者自发构想相关理论，以及工业和信息化部（简称工信部）设立工业文化发展中心，在中文语境里，工业文化已经成为一个专门术语。然而，由于政策实践先行于理论探究，工业文化的实际内涵仍然有待深入分析。从文化作为价值观的含义出发，结合经济学与经济史研究中的若干传统，工业文化一词比工业文明一词更适合作为一个研究对象，用来指称历史上出现过的鼓励与支持工业发展的社会观念与思想氛围，其背后则是一个国家或地区的工业发展或不发展与文化氛围存在着相关性的现象。这种现象是经济史上思想与产业交互作用的演化机制的一种体现。在当前形势下，工业文化的理论研究能够与政策实践相得益彰，但只有坚持足够的学术独立性，工业文化才能真正成为一个受到广泛认可的理论，并与实践活动形成良性的协同演化，而这意味着大量基础性的研究工作尚有待展开。

关键词：工业文化；工业史；演化经济学；制度经济学；产业政策

严鹏，湖北武汉人，华中师范大学中国工业文化研究中心副主任、中国近代史研究所副教授，主要研究方向为工业史、企业史、经济思想史，从事工业文化相关工作

陈文佳，福建福州人，现为福州第二中学教师，兼华中师范大学中国工业文化研究中心研究员，研究领域包括福州工业史、工业遗产、工业文学等，从事工业文化教育相关工作

对“工业文化”的讨论，在2017年之前与之后，具有完全不同的语境和意义。工业文化作为一个新兴概念，迄今仍不为很多人所知晓，在学术界亦不乏质疑之声，一些学者更愿意使用“工业文明”一词。然而，2016年年底，工信部和财政部联合发布了《关于推进工业文化发展的指导意见》（后文简称《意见》），该《意见》于2017年1月正式公布，意味着工业文化成为一种官方认可并推行的政策。于是，原本只是少数人头脑中一个带有争议性的概念，变成了中国社会生活中的实际存在之物。这种由国家意志强行赋予的合法性，既对工业文化的讨论有了现实的依据，又增添了该讨论的复杂性，使学者必须考虑先行的实践活动对于滞后的理论建构的影响。然而，工业文化这个词语及其背后的政策与事业若想获得长久的生命

* 本文为国家社会科学基金重大项目“中国近现代手工业史及资料整理研究”（项目编号：14ZDB047）阶段性研究成果。

力，就必须进行学理探讨，构筑一定的理论基础。本文将梳理工业文化一词的概念流变，分析历史上工业文化本体的演化模式，并揭示工业文化作为一种产业政策和一种研究工具的双重价值。

一、概念流变：从普通构词到专门术语

工业文化作为专门术语，是一个新兴概念。从构词的角度说，无论是英文中的industrial culture组合，还是汉语中的“工业文化”组合，皆早已有之，但在相当长的时间里，这个词语并未被赋予专门的意涵，只是一种笼统甚至不乏随意性的指称。

学者对词语的使用往往更具精确性，由于现代工业诞生于西方世界，不妨先分析英文学术文献中“工业文化”（industrial culture）的含义。实际上，专门使用工业文化这一概念的学术文献并不多见，较为突出的例子是德国史学家于尔根·科卡（Jürgen Kocka）的一本英文文集被命名为《工业文化和资产阶级社会：现代德国的商业、劳动与官僚制》（*Industrial Culture and Bourgeois Society*：*Business*，*Labor*，*and Bureaucracy in Modern Germany*）。然而，该文集收录之论文并无明确以“工业文化”一词为标题者，故亦缺乏对概念的严格定义，只能通过论文内容推测科卡心目中的“工业文化”所指为何。在该论文集中，有数篇论文皆涉及19世纪与20世纪德国工业企业的组织变革。例如，科卡曾探讨1847—1873年西门子公司由手工工场转变为工厂的过程，称这一过程是以利润为导向的资本主义思考方式逐渐侵蚀车间工匠传统的变革，由此带来了效率与利润的提升。[①]这或许表明，科卡将思维方式视为工业文化的一个侧面。而在西门子的案例中，思维方式的变革最终导致了企业组织变革。于是，工业文化既能够被理解为一种心态，又可以指向工厂内部的社会关系。而心态或者观念，显然更符合“文化”一词所具有的形而上色彩。在另一篇名为《迟到国家的企业家精神：德国案例》的论文中，“企业家精神”这一观念性的存在本身就可被归结为一种文化。然而，科卡并没有对他用作书名的工业文化一词给予正式的解释，在文集的索引中也没有出现这个词。由此可以推测，科卡只是用这个词语表示德国在工业化进程中出现了一些与企业相关的文化上的变化。

专门研究工业遗产的学者朱迪丝·阿尔弗雷（Judith Alfrey）和提姆·帕特南（Tim Putnam）也使用过工业文化这个词。他们认为工业文化就是一种遗产，而工业遗产的管理，是指运用多种手段来展示过去的人们如何生活与工作，这些手段包括：搜集各种已经消失的工业的残余物来理解其作用；出于技术、历史或美学兴趣来保护与搬运工业建筑、遗址和机器；发现工业景观那些多余的但不可替代的元素的新用途；修复毁弃的机器和工作场所以重新利用；记录工业人群的知识、技能和经验。[②]在他们看来，工业文化是工业文明（industrial civilisation）的核心与持续性预设。如此一来，又必须对“工业文明”一词进行解释。但

---

① Kocka J. *Industrial Culture and Bourgeois Society*：*Business*，*Labor*，*and Bureaucracy in Modern Germany*. New York and Oxford：Berghahn Books，1999，pp. 12-13.

② Alfrey J，Putnam T. *The Industrial Heritage*：*Managing resources and uses*. London and New York：Routledge，1992，p. 1.

两位作者并未清晰地定义工业文明，他们也没有对工业文化给出教科书式定义。两位作者只是认为："一个文明不能够认识自身是件可怕的事。"①这里的文明指的是一种社会。不过，他们亦指出："通常很难将工业文化视为一种遗产，因为传统上把遗产定义为前工业历史时期的遗留物。"②不管怎么说，这两位作者虽然使用了工业文化一词，而且旗帜鲜明地将工业文化视为遗产，但他们并未对工业文化这个概念进行界定。在他们笔下，工业文化更像是一种信手拈来的词语组合，其含义可直接由"工业（的）"和"文化"两个词语加以推导和联想。例如，他们还对这个词语这样使用过："……工业的经济、文化（cultures）和景观作为一个整体。"③因此，之于这两位作者，工业文化一词的含义应当就是一种与工业相关联的文化或生活方式。

在中文语境中，"工业文化"一词本也不是一个专业术语，很多使用者只是将"工业（的）"和"文化"两个词语的基本词义搭配在一起，用来指称某种特殊的文化。检索中国知网，会发现 2000 年前后，中国部分老工业区或搭建"工业文化长廊"，或举办"工业文化展"，这体现了当时流行的"文化搭台、经济唱戏"的政策思路，相关主体本身未明确定义工业文化，只是基于常识进行基本的构词。值得一提的是，张心昊等人发表于 2005 年的《唐山工业文化初论》尝试了对工业文化进行具有学术规范的探讨。该文将工业文化界定为"在机器大工业创建和发展过程中人们的思想意识和劳动创造"，并认为工业文化"不仅包括精神世界和物质形态两个层面，同时还是一个不断发展的历史过程，并随着历史进程而不断充实其内涵"。④这个定义已经颇具理论色彩了。该文引用了 1979 年版《辞海》对"文化"的定义，即"人类社会历史实践过程中所创造的物质财富和精神财富的总和"，由此可见，该文对工业文化的界定，是对前述《辞海》定义的扩充。具体而言，这一扩充将"工业"视为对"文化"的修饰与限定，而其"工业"实际上是指工业时代或工业时代的发展历程。简言之，该文所述工业文化指的就是工业时代的文化。从逻辑上说，这样解释工业文化是没有问题的。但该文未对概念本身进一步剖析，而只是用这个概念来勾勒唐山的历史，并从中总结激励性的精神遗产。可以认为，在 2010 年前，《唐山工业文化初论》一文很典型地代表了中文语境下大部分论者笔下"工业文化"一词的含义。在大部分文献中，不少作者只是下意识地使用这个词语，用来指称工业时代的文化、工业城市的文化，并不对概念深究。而一个有趣的现象是，大部分文献，无论是新闻报道，还是具有学术规范的论文，都来自于沈阳、唐山、株洲等老工业区，经济转型的现实需求跃然纸上。

有趣的是，2004 年，一位作者曾发表论文批判工业文化。该文认为，在从农业社会向工业社会转型过程中，经济活动占据主导性地位，而经济领域的"以目的为导向、以效率为中心的工具理性"因此成为"强势规则"，冲击了其他领域。该文作者将这种工具理性视为工业文化，认为工业文化会削弱学校的德育教育。⑤该文的论点此处不作评议，值得注意的是，该文并未明确界定工业文化，其所谓工业文化也就是工业

---

① Alfrey J，Putnam T. *The Industrial Heritage：Managing resources and uses*，p. 2.

②③ Alfrey J，Putnam T. *The Industrial Heritage：Managing resources and uses*，p. 9.

④ 张心昊、王振良、王士立：《唐山工业文化初论》，《唐山学院学报》2005 年第 2 期。

⑤ 刘黔敏：《论社会转型中工业文化对学校德育的影响》，《江苏教育学院学报（社会科学版）》2004 年第 1 期。

时代的文化或工业社会的文化。但这篇论文非常敏锐地意识到了工业社会中的文化具有历史时空中的独特性，并运用了“工具理性”这个现成的理论概念加以描述，这种理论思维为同期其他文献所不及。

对中文语境里的工业文化一词来说，2010 年是一个重要的节点。在当年 3 月召开的全国职业教育与成人教育工作会议上，教育部副部长鲁昕要求“要把工业文化融入校园文化，实现工业文化进校园，企业文化进课堂”[①]。而在此前，职业教育专家余祖光已多次呼吁“先进工业文化进入职业院校校园”。余祖光认为：“工业文化是文化的子文化，也是现代产业的共同精神财富。”可以说，这并非一个严格的对于概念的定义。但是，余祖光分析了他眼中的工业文化的内涵：“合格公民的意识与行为规范；合格劳动者的意识与行为规范；合格企业法人的意识与行为规范；环境生态意识与行为规范；多元文化理解与行为规范。”[②]由此可见，余祖光将“文化”理解为“意识与行为规范”，而“工业文化”就是工业时代或工业社会中产生的“意识与行为规范”。当然，余祖光主要强调了那些良性的意识与行为规范。仅从逻辑上说，2010 年职业教育领域兴起的工业文化论说，仍然是将工业文化界定为工业时代的文化，但赋予了这种文化诸多与社会生产相联系的内涵，以期服务于职业教育的发展。而该年份作为节点的意义在于，由于教育部的介入，相关文献在数量上有了大幅增长。职业教育领域工业文化论说的兴起，符合中国工业发展的诉求，但也限制了工业文化一词的理论想象空间，窄化了该词的内涵。

2014 年，华中师范大学开设了面向全校本科生的“工业文化与工业旅游”通识选修课，这是全国首个以“工业文化”为名的课程。开课者当时对工业文化的认知尚处于探索阶段，其课程大纲既将工业文化视为与农业文化相对立的现代生活方式，又将工业文化看作一种主张工业发展的态度与价值观，还将工业文化理解为文化作品对于工业题材的反映[③]，可以说是较为系统地从理论层面思考了工业文化一词的可能性面向。同年 6 月，工信部设立了工业文化发展中心，标志着官方对于“工业文化”的认可。事实上，该中心设立前，相关方面对工业文化一词也反复斟酌，因其牵涉到部属单位的严肃性。于是，在互不知情的巧合下，学界与政府在 2014 年同时开始了对于工业文化的自觉而系统的探索。工信部作为主管工业的部门，比起教育部来说，更适合成为工业文化一词推广的主体。在工信部工业文化发展中心的推动下，部分学者也开始参与相关研讨，并有学者将研究企业文化的著作安以“工业文化”之名出版。这表明，中国人文社会科学领域的学术生态在很大程度上是受到政府影响的，官方的动向会诱导学术研究的方向，工业文化这个概念的传播过程即极为明显。同时，可以推测的是，在早期接触工业文化这一概念的人中，有一部分人是从企业文化这一既存概念出发去理解工业文化这个新概念的。毕竟，从形式上看，工业文化与企业文化仅一字之差，而从内容上考虑，企业作为工业的一部分，两者的文化亦必有关联。

---

① 于志晶、于红军、程宇：《专家建议：把工业文化融入校园文化》，《职业技术教育》2010 年第 12 期。

② 余祖光：《先进工业文化进入职业院校校园的研究》，《职业技术教育》2010 年第 22 期。

③ 严鹏：《富强求索——工业文化与中国复兴》，北京：电子工业出版社，2016，第 XI 页。

经过近两年的探索与酝酿，2016 年，工信部工业文化发展中心推出了《工业文化系列丛书》，这是自觉构建工业文化理论体系的首次尝试。该丛书的核心著作是由王新哲、孙星与罗民撰写的《工业文化》，这部超过 48 万字的专著既明确界定了“工业文化”一词，又从学术角度初步地构建了一个理论体系。该书认为工业文化有广义与狭义之分，狭义的工业文化“是伴随工业化进程而形成的，包含工业发展中的物质文化、制度文化和精神文化的总和”。就这几种类型的文化来说，“工业物质文化是基础和前提；工业制度文化是协调和保障；工业精神文化是核心和根本”①。全书共分 5 篇 25 章，从概念、演进、价值、产业和实践这五大维度，研究了工业文化的界定、地位、本质、属性、历史、价值、功能等各个层面的问题，并论述了工业遗产、工业设计等与文化相关的内容。尽管该书给出的定义也是极为简明的，但由于该书规模庞大，故对于定义的诠释是非常深入的，自非单篇论文所可比拟。该书强调，工业文化是适应工业时代的生产环境的文化，其核心是“工业价值观”，即工业社会群体与组织的“共同价值观念”。②而作为《工业文化》的配套读物，丛书中的另一本专著《富强求索——工业文化与中国复兴》将工业文化理解为一种特殊的价值观，认为“工业文化是一种致力于国家富强的创造意志，是工业发展的意识形态前提条件”③。同时，该书提出了“文化定价权”概念，指出“媒体等文化机构能够在不参与直接市场交易的情况下，对某一特定地域生产的商品给予程式化的描述，由此形成对特定地域生产的商品的固化的价值判断”④。这一概念的提出，是将工业文化设计为可应用于实践的理论的尝试。很显然，与此前中英文语境中不乏随意性的构词相比，2016 年出版的这两本专著，是真正在试图使工业文化成为一个具有体系性的理论，而这一过程也使工业文化一词逐渐成为一个专门术语。

有了理论上的铺垫，2016 年岁末《关于推进工业文化发展的指导意见》的出台便颇有水到渠成之势。该《意见》颁布后不久，2017 年 1 月，工信部工业文化发展中心与华中师范大学联合成立了中国工业文化研究中心。此后，无论是其他高校设立相关研究机构，还是工信部开始评选国家工业遗产，抑或是《工业文化研究》集刊的创刊，又或者中学层面开设工业文化系列课程，工业文化这个新兴概念凭借大量实践活动而得到充实和巩固。换言之，尽管从学术角度看，工业文化一词的内涵还相当模糊，相应的理论建构也还缺乏来自基础学科的支撑，但具有国家意志支持的各类实践活动的开展，使这个词语已经成为中国社会一种实际存在的事物了。而不难想见的是，学术界关于工业文化的讨论也越来越多。即使这些讨论并没有对工业文化的定义达成共识，但其预设的边界及其包含的指向性都是明确的。在当下的中文语境里，大部分人提到工业文化一词时，已不再是自然但不乏随意性地构造一个词组，而是自觉地在谈论一个和政策相关联的事物。就此而论，称工业文化已经成为一个专门术语亦不为过。

---

① 王新哲、孙星、罗民：《工业文化》，北京：电子工业出版社，2016，第 40 页。

② 王新哲、孙星、罗民：《工业文化》，第 44 页。

③ 严鹏：《富强求索——工业文化与中国复兴》，第 241 页。

④ 严鹏：《富强求索——工业文化与中国复兴》，第 206 页。

二、“工业文化”还是“工业文明”？

依靠政府政策的推动，工业文化一词成了社会实际存在之物，并得到了较大范围的传播，但这并不意味着该词广为人知，也不意味着所有接触该词的人对其表示认可。此处可以参照“工业革命”（industrial revolution）一词的先例。在英语中，工业革命一词诞生于 19 世纪，今天已经成为一个流行于全世界的日常用语，但是，仍然有学者将英国工业革命看作一个人为建构的神话（myth），并称：“历史学家寻求真相；社会需要神话。”①由此可见，一个词语即使获得了社会生活中的生命力，也不必然获取了学理上的合法性。事实上，一些初次接触工业文化一词的人，即使认同该词蕴含的理念及其背后的政策，也会倾向于使用“工业文明”一词。这一点在《意见》颁布之初尤为明显。2017 年 12 月 12 日，《人民日报》第 7 版曾刊文《走出新时代工业文明的中国道路》，其内容大多为对《意见》相关表述的诠释，但却使用了“工业文明”一词，且通篇未出现“工业文化”。同年，华中师范大学中国工业文化研究中心在武汉举办了“全球化与近代以来中国传统经济的转型”学术研讨会，会上有经济史学者对中心的创立表示支持，但亦指出中心的研究领域似应为“工业文明”而非“工业文化”。因此，要阐述清楚工业文化一词的内涵，就必须对该词与工业文明一词的差异进行辨析。

与工业文化相比，工业文明一词的接受度更高，系因它确实是一个在较长时间里被更为广泛使用的词语。第六版《辞海》中没有专门的“工业文明”词条，但收录了“工业文明中的社会问题”，而这是一本出版于 1945 年的著作，词条称该书“系统阐述与古典管理理论不同的人际关系学说”②。美国学者梅岳（Elton Mayo）撰写的这本著作，英文书名为 *The Social Problems of an Industrial Civilization*，其所谓的“工业文明”指的就是工业革命催生的现代社会或工业社会。梅岳指出：“很少有旧的定型的东西遗留在现代工业里：着重的是变动和适应；变动的速度日增不已。我们的社会组织事实上已经超越了靠定型的日常关系来维持有效的互相来往和合作的阶段。这种变动是由物理化学的和技术的发展所引起的。”③梅岳并没有专门对工业文明进行界定，他笔下的工业文明就是打破了传统关系的变动不居的现代社会，这一社会是工业革命技术变革的产物，自然可以被称为工业社会或工业文明。实际上，梅岳是颇为随意地在使用工业文明这个术语，其含义却又不难理解。《辞海》虽未收录“工业文明”词条，但显然亦认可这一构词方式。然而，尽管《辞海》在中文世界里极具权威性，却并不意味着它具有全面性。例如，2009 年出版的《辞海》第六版仍未收录“工业遗产”这个比“工业文明中的社会问题”更具社会影响力的词条，而工业遗产与工业革命一样，已经是含义基本定型的普通词语了。但从《辞海》的选择来看，将“工业”与“文明”搭配在一起构词，在中文语境中是早已得到认可的。

---

① Coleman D C. *Myth, History and The Industrial Revolution*. London：The Hambledon Press，1992，p. 40.

② 夏征农、陈至立：《辞海》第六版彩图本，上海：上海辞书出版社，2009，第 716 页。

③ 〔美〕乔治 • 埃尔顿 • 梅岳：《工业文明的社会问题》，费孝通译，北京：群言出版社，2013，第 15 页。

梅岳拿工业文明来指称工业社会，是辨析工业文化与工业文明的一个切入点。但这里不可避免地牵涉到对于“文化”与“文明”这两个词语本身的理解。实际上，任何讨论文化或文明问题的学者，通常都会追溯这两个词语的词义变迁历史，罗列这两个词语各自包含的多种含义，并比较这两个词语的异同。此处若再进行同样的工作，未免重复。概括地说，文明一词的含义比文化要更简单一点，一般可以指特定地域的高度发展的人群组织。文明的这种含义指的就是社会，这也是梅岳对该词的用法。当然，文明指的不是一般的社会，从其本义来说，该词展现了一种包含价值判断的阶梯状历史演化图式。文明的反面是“野蛮”，而世界各地的人群组织发展到一定的复杂程度后，都会产生一种“自视甚高、骄傲自满”的自我认知，宣称自己是文明的（civilized），以便将自身和“野蛮人”区别开来。[①]古希腊罗马人对“蛮族”的指认，古代中国人对“蛮夷”的划分，概莫能外。因此，尽管费尔南•布罗代尔（Fernand Braudel）指出文明就是一种包含地域、经济和集体心态在内的社会体系，但他认为文明一词不能与社会一词等同，因为一个社会在文明阶段，“城市大量存在”，而在文明之前，“城市仍然处于萌芽状态”。[②]布罗代尔界定文明的标准系由该词在西文中的起源而来。更为一般性地说，文明就是一种发展到一定阶段的组织结构高度复杂化了的社会体系。

从文明一词包含的历史图式看，工业文明这个概念是一种演化论的历史观的产物。用这种历史观审视人类历史，人类整体上经历了从原始社会到农业社会再到工业社会的变迁，工业文明也就是工业社会，是人类历史向前发展所到达的一个阶段。实际上，社会学家通常只将人类文明史划分为传统/农业社会与现代/工业社会两大阶段。用安东尼•吉登斯（Anthony Giddens）的话说：“如果我们将人类存在的整个跨度看作是一天的 24 个小时，那么农业出现于这一天的 23 时 56 分——差 4 分钟到达午夜——而文明则出现在 23 时 57 分……现代社会的发展只是到 23 点 59 分 30 秒才开始。然而，可以说人类在这一天最后 30 秒带来了比此前所有时代更为快速的社会及环境的变迁。社会学家称这一时期为现代性，它见证了社会生活的更为迅速的全球化。”[③]这样一来，工业文明一词几乎可以涵盖 18 世纪中叶以来所有实现了工业化的社会的方方面面，也可以涵盖那些正在工业化的社会的一切非传统现象。但是，按照这一标准来界定工业文明，则研究工业文明就等于研究现代社会，从学术上说并无太多借助这一概念来进行研究的特别的必要性。

文化一词的多种含义中，也包含了对特定地域人群组织的指称，这与前述文明的含义有重合之处。不过，如果将文化也理解为社会体系，则其与文明的区别在于文化的发展程度更低。菲利普•巴格比（Philip Bagby）即称：“我试图用‘文明’这个术语将较大、较为复杂的文化与较小、较为简单的文化相区别，前者包含那些通常由历史学家研究的事件的领域，后者在传统上专属于人类学家。”[④]这一区分标准颇具普遍性。因此，如果将文化理解为一整套社会体系或某种社会形态，那么，工业文化是不存在的，只存在工业文明。

---

① 〔美〕布鲁斯•马兹利什：《文明及其内涵》，汪辉译，北京：商务印书馆，2017，第 9 页。

② 〔法〕费尔南•布罗代尔：《文明史：人类五千年文明的传承与交流》，常绍民、冯棠、张文英译，北京：中信出版社，2014，第 50 页。

③ 〔英〕安东尼•吉登斯、菲利普•萨顿：《社会学》，赵旭东等译，北京：北京大学出版社，2015，第 103 页。

④ 〔美〕菲利普•巴格比：《文化与历史：文明比较研究导论》，夏克、李天纲、陈江岚译，北京：商务印书馆，2018，第 177 页。

但是，文化还有其他的含义。特里•伊格尔顿（Terry Eagleton）指出，文化一词有四种含义最为突出："①大量的艺术性作品与知识性作品；②一个精神与智力发展的过程；③人们赖以生存的价值观、习俗、信仰以及象征实践；④一套完整的生活方式。"①这是目前最为清晰的对于文化复杂含义的分类。很显然，文化一词比文明一词具有更多的形而上的色彩，集中于指向思想和观念等精神领域的存在。这当然不是说文化不包含物质因素，至少，所谓的"物质文化"是当前社会学研究的时髦领域。然而，从概念流变的过程看，在思想史上，文明一词在 18 世纪由法国主导的启蒙运动中获得了巨大的成功，但到了 19 世纪，德国的浪漫主义作家把文化与文明日益对立起来，文化被认为是一个民族（people）深层灵魂的表达，文明则被限定在与经济和技术发展密切相关的物质进步的层面上。②伊格尔顿在区分文明和文化的概念时，亦指出文明一词更倾向物质层面，文化一词更侧重精神层面。③因此，当文化与工业搭配构词时，具有对精神性与思想性内容的暗示，这是文明一词所无法精微表达的。简单地说，可以认为，工业文明指的是人类步入工业时代后创造的所有物质与精神生活的总和，而工业文化更侧重于这种生活体系的精神内核。

其实，文化作为一个现代概念在 19 世纪的兴起，最初就是被部分知识分子用来抨击工业革命的。④这就揭示了一个有趣的历史现象：18 世纪中叶以来，世界各地的人们对工业化或工业发展怀有非常不同的心态，当这种心态扩展为一个社会的集体心理时，就形成了一种文化。进一步说，经济学家和经济史学家发现了以工业化为核心的现代经济增长通常伴随着特定的社会文化氛围。事实上，不仅工业化与经济增长具有相应的文化景观，去工业化与经济衰退同样如此。格申克龙（Alexander Gerschenkron）在一篇文章中写道："在一个落后的国家中，大规模和突然发动的工业化努力则要求一种精神状态的更新（New Deal）。那些带来这种巨大转变的人，以及被这种转变施加了压力的人，一定都会感觉到马修•阿诺尔德（Matthew Arnold）所说的话：……扫清了舞台，驱散了过去，新时代到来。"⑤查尔斯•金德尔伯格（Charles Kindleberger）在审视了 1500—1990 年世界经济霸权的更迭史后指出："处于蓬勃发展时期的国家均觉得自己独特，并且对未来踌躇满志。但在后期，它们对自己的例外论变得越来越没信心，并且常常带着怀旧的情绪回顾过去某个或某些黄金年代。"⑥迈克尔•波特（Michael Porter）提到："民族荣耀或使命感也会影响产业精英、持股人和资金的走向，进而带动特定的产业发展，因为这种荣誉感会使产业心甘情愿地投注无穷的精力。"⑦马丁•威纳（Martin Wiener）则认为，英国在工业革命初步完成后，形成了一种弥漫知识界的"文化综合征"，对于物质增长和技术创新持否定态度，而越来越肯定稳定、宁静、非功利主义的思想，由此诱发了英国经济

① 〔英〕特里•伊格尔顿：《论文化》，张舒语译，北京：中信出版社，2018，第 1 页。
② 〔法〕丹尼斯•库什：《社会科学中的文化》，张金岭译，北京：商务印书馆，2016，第 16 页。
③ 〔英〕特里•伊格尔顿：《论文化》，张舒语译，第 10 页。
④ 〔英〕雷蒙•威廉斯：《文化与社会：1780—1950》，高晓玲译，北京：商务印书馆，2018，第 22、137 页。
⑤ 〔美〕亚历山大•格申克龙：《经济落后的历史透视》，张凤林译，北京：商务印书馆，2009，第 30 页。
⑥ 〔美〕查尔斯•P. 金德尔伯格：《世界经济霸权（1500—1990）》，高祖贵译，北京：商务印书馆，2003，第 348 页。
⑦ 〔美〕迈克尔•波特：《国家竞争优势》（上），李明轩、邱如美译，北京：中信出版社，2012，第 102 页。

的长期衰退。[①]所有这些学者都看到了一个国家或地区的工业发展或不发展与文化氛围存在着某种相关性。

因此，从经济学与经济史研究的角度出发，将历史上确曾存在过的鼓励与支持工业发展的社会观念与思想氛围称为工业文化，既符合前人观察到的经济史现象，又属于将文化定义为价值观的逻辑延伸。在这一界定下，工业文化一词有着明确而特定的内涵，不仅能够反映文化与工业发展之间具有相关性，还能够接续已有的经济史理论研究传统。换言之，比起包罗万象而空泛化的工业文明一词，工业文化一词拥有更具体的内涵，而且更适合作为学术研究的对象与工具。

三、制度与演化：思想与产业的交互作用

工业文化是一个新兴的概念，但是，在经济研究中考虑文化变量并非很新的观念，恰恰相反，这是一种在经济学历史上颇为古老的思想。人们通常会以亚当·斯密既撰写了《国富论》又撰写了《道德情操论》为例，来说明早期的经济学家是重视道德伦理等文化因素的。当然，经济学在成为一门独立学科的过程中，势必要突出经济因素与经济分析的核心地位，文化等非经济变量在现代经济学的分析框架中不占重要地位。麦克洛斯基（McCloskey）即认为，亚当·斯密之后的经济学是去道德化的（de-moralized）。[②]不过，麦克洛斯基作为主流经济学家，对经济思想史存在着选择性认知的偏见。至少，直到20世纪初，当去道德化的新古典经济学横扫英国和法国时，德国的历史学派经济学与美国的制度主义经济学都对其进行了抵制和批判。[③]制度主义经济学自起源以来，文化就是其关键概念之一。[④]马克斯·韦伯则为德国历史学派的一员，而他那著名的关于新教伦理与资本主义精神的论断，是一个经典的分析文化与经济发展相关性的命题。

这里要强调的是相关性而非因果性，是因为文化与现代经济发展之间的关系过于复杂，且缺乏实证检验的手段，很难得出简单的因果结论。经济史学家龙多·卡梅伦（Rondo Cameron）与拉里·尼尔（Larry Neal）在解释世界经济史时，建构了模型Y=f（P，R，T，X），其中Y代表国民经济收入或产出，P、R、T和X分别代表人口、资源、技术和社会制度，其含义为经济发展系由人口、资源、技术和社会制度决定的。但他们坦率地承认："社会制度、技术、资源和人口之间的关系是复杂的、互相关联的、完全无法预见的。"[⑤]于是，他们不得不采取一种更为具体的历史解释方式，回避了使用单一因素的一致性理论。然而，卡梅伦与尼尔的严谨是值得称许的。在他们的模型中，社会制度实际上蕴藏了文化。毕竟，从老制度主义经济学开始，经济学家界定的制度就包含道德伦理、风俗、习惯等文化因素。而新制度主义经济学的代表

---

① 〔美〕马丁·威纳：《英国文化与工业精神的衰落：1850—1980》，王章辉、吴必康译，北京：北京大学出版社，2013，第7页。

② McCloskey D N. *Measurement and Meaning in Economics：The Essential Deirdre McCloskey*. Northampton：Edward Elgar Publishing，2001，p. 147.

③ 〔美〕哈里·兰德雷斯、大卫·C. 柯南德尔：《经济思想史》，周文译，北京：人民邮电出版社，2014，第338—339页。

④ 〔英〕杰弗里·M. 霍奇逊：《演化与制度：论演化经济学和经济学的演化》，任荣华、张林、洪福海，等译，北京：中国人民大学出版社，2017，第106页。

⑤ 〔美〕龙多·卡梅伦、拉里·尼尔：《世界经济简史：从旧石器时代到20世纪末》，潘宁等译，上海：上海译文出版社，2012，第11页。

性学者诺斯（North）在晚年则直接将文化视为影响经济变迁的最重要的制度，称“文化是由行为规范、价值观和思想的代际传递形成的”，其最明显的重要性在于：“来自不同文化背景的人对同样的事情有不同的理解，从而会做出不同的选择。”[①]不同的选择造就了不同的制度，进而影响到经济演化。实际上，诺斯的思想已经超越文化与经济增长的相关性，指向两者间的因果性了。不管怎么说，文化与经济发展之间的关系，体现了制度与演化这一经济学的重要主题。

自然、文化与经济发展之间的关系不只存在于现代，这种关系表现为古已有之的思想与产业的交互作用。从理论上说，在特定时空中的社会人群面临着选择多种产业活动的可能性，但资源的稀缺性对于产业活动的选择范围产生了约束，迫使该社会人群将大量资源重点投入特定产业中。对特定产业的选择可能基于各种原因，包括资源禀赋的比较优势、外部政治环境、社会习惯偏好或纯粹的偶然性因素，而不管出于何种目的，做出选择的前提与基础都是行为主体头脑中的思想。当人们基于某种思想选择了特定产业之后，为了维持该产业，会持续性地投入资源，由此强化了思想认知上的偏好与倾向性，而思想上的偏好又会强化实践活动中的偏好。久而久之，该社会人群的思想认知与产业活动之间形成了一种特定的结构，这种结构会以社会习惯的形式长期存在，创造出一种具有依赖性的演化路径。在这条演化路径上，思想与产业持续性地交互作用，不断强化既有模式。

以上所述提供了一个关于产业演化的叙述性模型。在这一模型中，思想与产业之间出现了相互强化的协同演化。该模型之所以是演化性的，是因为时间的累积在该模型中至为关键。只有通过时间的累积，才能使思想与产业的交互作用固化为特定的模式，成为某种社会习惯。在缺乏足够时间累积的情况下，人们的思想会更容易改变，对产业的选择也会改变。在该模型中，文化既体现为驱使人们做出产业选择的思想，又体现为形成依赖性路径之后的社会习惯。事实上，文化本身是一种特殊种类的行为规则，而一个规则要被称为文化，必须以一种既定的方式反复地出现于一个特定社会的大多数成员的行为中。[②]反复出现的行为规则会累积为社会习惯。表 1 是对思想与产业交互作用演化机制的示意。

表 1 思想与产业的协同演化

演化阶段	起始点	时间累积	结构化
演化内容	思想搜寻信息 选择特定产业	形成对特定产业的偏好 特定产业获得优势地位	产业传统形成 起始思想被合理化
演化特点	随机、偶然	形成惯例	路径依赖

一些产业集群的发展历史可以验证上述模型。[③]然而，中国古代的重农思想或许更适合在此处作为一个例证。尽管重农思想尤其是重本抑末思想被认为是阻碍中国内生工业革命的重要原因之一，但这种思想在诞生之初有着非常积极的意义。要之，以“农战”和“耕战”为表现形式的重农思想，是春秋战国时期

① 〔美〕道格拉斯·诺思：《理解经济变迁过程》，钟正生、邢华译，北京：中国人民大学出版社，2008，第 47、57 页。

② 〔美〕菲利普·巴格比：《文化与历史：文明比较研究导论》，夏克、李天纲、陈江岚译，北京：商务印书馆，2018，第 99 页。

③ 王缉慈等：《超越集群：中国产业集群的理论探索》，北京：科学出版社，2010，第 86—88 页。

列国竞争形势下的产物，并直接服务于列国竞争。托名管仲的典籍《管子》曰："凡为国之急者，必先禁末作文巧。末作文巧禁，则民无所游食。民无所游食，则必农。民事农则田垦，田垦则粟多，粟多则国富，国富者兵强，兵强者战胜，战胜者地广。是以先王知众民、强兵、广地、富国之必生于粟也，故禁末作，止奇巧，而利农事。今为末作奇巧者，一日作而五日食。农夫终岁之作，不足以自食也。舍本事而事末作，则田荒而国贫矣。"①"末作奇巧"指的是工商业。《管子》的思路是，政府压制工商业的发展，更多的资源就会流向农业，而农业生产的粮食能够供养军队，军队足够强大才能赢取兼并战争的胜利，兼并战争的胜利会带来更多农业发展所需要的土地资源，形成良性循环。相近的观点，在《商君书》中也有体现，所谓"国之所以兴者，农战也"②。因此，列国竞争的需求使农业成为春秋战国时期的战略性产业，诱发了重农思想，而重农思想为资源集中于农业提供了理论支持。随着奉行重农战略的秦国取得了兼并战争的成功，重农思想的合理性得到了确证，又强化了这种思想，使其真正成为一种影响中国数千年之久的文化。到了清代，雍正皇帝仍称："朕观四民之业，士之外，农为最贵。凡士工商贾，皆赖食于农，以故农为天下之本务，而工贾皆其末也。今若于器用服玩争尚华巧，必将多用工匠，市肆中多一工作之人，则田亩中少一耕稼之人……故欲中外臣民黜奢贱末，专力于本，人人自厚其生，自正其德，则天下共享太平之乐矣。"③雍正所言正是《管子》的核心主张，思想上的路径依赖由此可见。甚至可以说，重农思想在时间累积中，使农业被神圣化或道德化了，这固然有违于经济理性，但也使资源流向农业部门成为一种自然而然的习惯，巩固着两千余年农业社会的经济根基。

然而，思想并不总能紧随现实变动的脚步，当思想变为文化以后，尤其如此。路径依赖意味着起始思想被合理化甚至被神圣化，但也意味着对新思想会产生排斥。要改变习惯和传统是非常困难的。社会学的文化堕距（culture lag）理论指出，在社会的文化系统中，技术的进步一般很快，物质文化比如物品的新要素的出现，要快于非物质文化比如观念所能赶上的速度。④这表明，当物质世界的技术与产业有了新的发展之后，精神世界的思想与观念却可能仍会维护旧的产业传统，极端情况下甚至会阻碍新产业的发展。前引雍正的那段话，即明显体现了这一点。而事实上，不仅中国传统的重农思想不利于工业革命的产生，即使在 19 世纪初的英国，新兴的工业也遭遇到了社会文化层面的排斥与抵制。这就不难理解为何格申克龙说现代经济的发展需要"一种精神状态的更新"。换言之，工业革命的启动与维持有赖于新的思想与新的产业交互作用。这种新的交互作用模式也就是前文中所界定的工业文化。

因此，从制度与演化的角度出发，可以认为，在从传统社会到现代社会的大转型过程中，工业革命或现代经济增长的启动，必须与被称之为工业文化的社会价值观体系的兴起相互促进。工业文化作为一种新

① 黎翔凤：《管子校注》（中），北京：中华书局，2004，第 924—925 页。
② 蒋礼鸿：《商君书锥指》，北京：中华书局，1986，第 20 页。
③ 陈振汉、熊正文、萧国亮编：《〈清实录〉经济史资料·商业手工业编（一）》，北京：北京大学出版社，2012，第 3 页。
④ 〔美〕约翰·J. 麦休尼斯：《社会学》，风笑天等译，北京：中国人民大学出版社，2015，第 77 页。

的思想，其最大的功能在于打破阻碍新兴工业发展的社会观念层面的阻力，协助资源要素流入新的产业部门并累积为新的惯例，从而使新的产业及其附属的社会生活方式成为稳定的结构。而只有当相对稳定的结构形成时，社会转型才能够被视为成功。至于这种工业文化是在传统社会中自行酝酿产生，还是由外部输入，又或者这种文化是先于某地的现代工业而出现，还是在某地的工业化进程中逐渐形成，则因具体时空环境而不同，体现为一个又一个具有历史特殊性的案例。

如果将工业文化界定为与工业发展相匹配的社会价值观体系，就会发现这种价值观体系本身是具有丰富内涵的。整体来说，在历史与现实中均存在着支持与反对工业发展的社会观念，因此，工业文化首先应当指一种支持工业发展与工业化的集体心态。如果说文化的核心是社会人群对于意义的价值判断[①]，那么，要不要发展工业恰是一个最基本的价值判断。这种价值判断之所以被归结为文化，是因为文化不完全符合经济理性甚至经济利益。例如，弗朗西斯·福山（Francis Fukuyama）指出，印度教对于母牛的崇拜就并非理性选择，这一崇拜使印度的大量牲口缺乏生产效用，但印度人依旧笃信不疑。[②]同理，发展工业或不发展工业的态度，在具体的历史情境中，也不完全是基于理性计算的判断。而在这种整体性的工业文化之下，还可以发现若干与工业发展有密切关系的价值观，诸如被现代工厂规训出的时间观念、劳动观念与纪律观念等。很显然，英国工业革命初期手工业工匠对机器和工厂的排斥，就包含某些观念因素，而这种排斥还会一再显现于初次接触现代工业的地区。然而，工业发展在微观层面上，最终也会带来相应的观念变化，这正是科卡通过研究西门子公司的历史揭示过的现象。总之，工业文化是一个能够反映人类经济的制度与演化的概念，但就如同文化一词本身的复杂性一样，工业文化也存在着多层次的内涵，是一个具有多种义项的词语。

四、双重价值：产业政策与研究工具

工业文化是人们在头脑中构建的一个概念，在现实生活中既可能存在，也可能不存在。如果将工业文化理解为一种支持工业发展的社会价值观体系，则这个概念是可以在历史与现实中找到对应的存在之物的，并能够与学术史上的若干研究传统联系起来。不过，由于政府的介入，工业文化这个概念已经不仅仅是一种理论构想了，客观地说，理论研究甚至已经滞后于政策话语的传播了。在这种形势下，探讨工业文化这个新概念的价值，必须首先分析它在实践层面的意义。

在具有纲领性的《意见》中[③]，对工业文化并没有进行严格的定义，只是指出："工业文化是伴随着工业化进程而形成的、渗透到工业发展中的物质文化、制度文化和精神文化的总和，对推动工业由大变强具有基础性、长期性、关键性的影响。"诚然，将工业文化视为三种文化的总和也不失为一种界定，但接下来

---

① 〔澳〕杰夫·刘易斯：《文化研究基础理论》，郭镇之、任丛、秦洁译，北京：清华大学出版社，2013，第15页。

② 〔美〕弗朗西斯·福山：《信任：社会美德与创造经济繁荣》，郭华译，桂林：广西师范大学出版社，2016，第36—37页。

③ 《关于推进工业文化发展的指导意见》，见工业和信息化部网站：http://www.miit.gov.cn/n1146295/n1652858/n1652930/n3757016/c5454801/content.html，2019年3月2日访问有效。

的问题就是如何定义“物质文化”“制度文化”与“精神文化”？不过，作为一份政策文件，《意见》没有必要在学理上严格定义工业文化，重要的是《意见》包含的内容对工业文化具有诠释作用。

《意见》在提及工业文化的战略意义时，主要指的是“工业精神”，表达了三层意思。第一层意思以举例的方式对工业精神进行了诠释，认为“我国在推进工业化的探索实践中，孕育了‘大庆’、‘两弹一星’、载人航天等工业文化典型，形成了自力更生、艰苦奋斗、无私奉献、爱国敬业等中国特色的工业精神”。第二层意思强调了缺乏工业文化的负面影响，而其所指认的工业文化为“创新”“专注”“诚信”与“实业精神”，实际上还是可以归结为工业精神。第三层意思则从逻辑的角度揭示了工业文化对于工业发展的作用，即“工业文化在工业化进程中衍生、积淀和升华，时刻影响着人们的思维模式、社会行为及价值取向，是工业进步最直接、最根本的思想源泉，是制造强国建设的强大精神动力，是打造国家软实力的重要内容”。这就是把工业文化视作一种社会价值观体系，也侧重于精神领域。因此，不难理解的是，《意见》将“发扬中国工业精神”作为推进工业文化发展的首要任务。

从前文可知，如果将工业文化界定为一种社会价值观体系，在历史与现实中是能够找到对应的存在之物的。因此，《意见》将价值观层面的“工业精神”置于其所认定的工业文化诸多内容之首位，既不存在生造概念之嫌，又贴合文化一词的重要含义。而从政策的角度说，工业文化在塑造支持工业发展的社会氛围方面的功能，即所谓“工业精神”的发扬，也应该是工业文化最主要的作用。

更为具体地说，《意见》将“发扬中国工业精神”细化为“弘扬工匠精神”“践行创新精神”“倡导诚信精神”与“培育企业家精神”。这里存在着若干理论问题需要解决。首要的问题即在于如何界定“工匠精神”这一新概念。事实上，“工匠精神”一词在当代中国的流行也是一个较为晚近的现象，其概念流变背后的官、商、学关系错综复杂，除了理想的情怀外兼及现实的生意。在中国传统文学与艺术的主流观念中，“匠气”毋庸置疑是一个负面的否定性评价。而当下中国社会语境中的“工匠精神”作为一种正面的价值观，又与中国人对德国、日本制造业的某种想象密不可分。因此，与工业文化一样，已经变为某种社会实际存在之物的工匠精神在学术层面是否真的能够确立，尚待真正深入的理论研究。其次，“企业家精神”一词在中国社会早已成为日常用语，但对于企业家精神的界定，学术界与大众认知显然存在着鸿沟。实际上，对于最早提倡企业家精神的经济学家熊彼特来说，企业家精神的核心就是创新。[①]因此，《意见》中将企业家精神与“创新精神”并列，从经济学理论上说是不严密的。最后，尽管《意见》列举的四种精神确实有益于工业发展，但这些精神是否仅为工业文化所独有，又或者这些精神在工业文化中与在“商业文化”或其他文化中有何差异，也是理论研究必须分析清楚的。否则，工业文化作为一个概念仅能成为一种流行用语，不能进入学术理论的领域。以研究工业革命闻名于世的经济史学家阿什顿（Ashton）尝言：“我觉得，强调资本主义精神的危害最大。因为它是一个仅仅涉及某种精神状态或情感态度的词，于是，它似乎成了某种

---

① 〔美〕约瑟夫·熊彼特：《经济发展理论》，何畏等译，北京：商务印书馆，1990，第 76 页。

跟具体的人没有关系的、超人的力量。影响社会之发展变化的，不再是现实中的男男女女所进行的选择，而是抽象的资本主义，或者说是资本主义精神。熊彼特大谈什么‘资本主义发展了理性’……这些话应该算哪门子学问，我真不知道，但它们肯定不属于经济史。它把一种新的神秘主义引入到对简单明了的历史事实的描述。”①对社会心态多有强调的格申克龙也警惕经济学与经济史研究因为唯心主义的思想意识决定论而陷入“形而上学的深渊”。②这表明在经济学研究中引入“精神”因素须极为谨慎。而企业家精神这一概念最终能被学术界较为普遍地接受，离不开学者在理论研究上的辛勤耕耘，各种“工业精神”乃至工业文化要取得同样的认可，当亦如是。

不过，站在实践领域看，《意见》对于“工业精神”的提倡可谓“对症下药”。除了“发扬中国工业精神”外，《意见》提出的“夯实工业文化发展基础”也涉及理论研究工作，而“发展工业文化产业”则真正进入经济活动领域中了。在“发展工业文化产业”这一任务中，具体的内容包括：①推动工业设计创新发展；②促进工艺美术特色化和品牌化发展；③推动工业遗产保护和利用；④大力发展工业旅游；⑤支持工业文化新业态发展。不难理解的是，工业设计、工艺美术、工业遗产与工业旅游等产业，在工业领域内与大众通常所理解的文化最为贴近，主管部门将其统合为工业文化是有着充分理据的。从这个意义上说，“发展工业文化产业”最为直接地体现了工业文化这个概念作为产业政策工具的价值。

此外，《意见》还提出要“加大工业文化传播推广力度”。一方面，该项任务要求涉及宣传工作，与工业发展没有直接关联性，但这是落实“发扬中国工业精神”的重要举措；另一方面，该项任务明确指出要“推动工业文化教育”，实际上又与具体的产业活动挂钩了。不可否认的是，在市场经济中，教育本身也是一种产业。尽管工业文化教育是一种在实践中才刚刚起步的教育，但这种教育与工业的天然联系，也意味着它具有潜在的产业化的巨大空间。进一步说，教育历来就是培育社会价值观与塑造社会心态的工具。③当前，美国经济学者在提出的重塑美国制造业竞争力的建议中，也极为看重教育的功能，指出：“美国必须更好地筹划鼓励更多的美国本土学生取得科学、技术、工程和数学（STEM）领域的学士和硕士学位；在K-12教育阶段就必须进行更好的数学和科学培养。除此之外，应提供更多的资金用于大学生奖学金，这将有助于提高这些领域的大学教学质量。另外，为了吸引更多的STEM大学毕业生留在本领域，而不是进入投资银行或管理咨询公司，这些领域必须提供更多的奖学金。”④因此，推动工业文化教育实际上也是一种培育工业竞争力的产业政策，而且真正使工业文化这个概念在政策层面有了实际的内涵。

以上对《意见》的分析并没有囊括《意见》的全部内容，但已经可以看得很清楚的是，工业文化这个概念确实被工业主管部门当成一种产业政策在推行。事实上，负责相关工作的工信部工业文化发展中心被

---

① 〔英〕F. A. 哈耶克编：《资本主义与历史学家》，秋风译，长春：吉林人民出版社，2011，第18页。

② 亚历山大·格申克龙：《经济落后的历史透视》，第83—84页。

③ McClelland D C. *The Achieving Society*. Princeton：D. Van Nostrand Company，Inc.，2010，pp. 391-393.

④ 〔美〕加里·皮萨诺、威利·史：《制造繁荣：美国为什么需要制造业复兴》，机械工业信息研究院战略与规划研究所译，北京：机械工业出版社，2014，第183—184页。

归属于工信部产业政策司，本身也暗示了工业文化的产业政策属性。不过，除了在实践领域内具有产业政策的价值外，工业文化在学术领域内也应该具有研究工具的价值。

从中文里工业文化的概念流变可以看到，这个词语起初既是政府部门的一种主张，又是学者自发的理论构想。毫无疑问，在中国当前的学术生态里，政府的介入比普通学者的研究更有利于工业文化这个新概念的传播与被接受。学术研究应该反映现实生活，应用性与政策性的学术研究尤其应该服务于现实。但是，学术终归有自身的逻辑、体系、品格与独立性。服务于现实的学术研究若成为一种对已推行政策的事后解释或辩护，就会异化为政策宣传，而丧失学术应有之“精神”。因此，不惟工业文化，几乎在所有领域里，政府的政策实践领先于学界的理论研究皆可谓利弊参半。从有利的一面说，先行的实践活动提供了丰富的经验材料，使学者的理论研究不至于向壁虚构，而且正如工业文化这个案例显示的那样，政府的介入能够使一些新概念得到更广泛的传播并被注入实际的价值。从不利的一面说，政策先于理论推行，往往会束缚理论的想象力，使学者在构想理论时有了一个不一定符合学术规范的参照物或标准，诱导学者偏离基于学术自身逻辑的探索轨道。如果学者过于唯政策马首是瞻，其研究成果或许有助于一时一地之政策的推行，却也会因为政策的与时俱进而速朽。对于基础理论研究来说，与具体政策无关的普遍性正是“基础”二字的含义，也是学术研究应有的追求。是故，当工业文化的研究因政府政策的推行而方兴未艾时，尊重学术自由，保持学术自律，认清基础理论研究与应用政策研究的不同特点，划分学术与政策的必要的边界，是这个新领域在学术层面健康发展的前提。

而从纯学术角度看，工业文化确实可以作为一个经济学、经济史以及某些更具体领域如工业遗产研究的有用工具。学术研究的推进往往需要一些新的视角。从前文可知，不少学者都注意到了工业革命的启动需要相应的社会心态，工业化的进程会带来文化变迁，社会文化也可能反作用于工业发展，这些相互关联而又有所区别的现象均可以在工业文化这一概念的框架下去展开深入剖析。换言之，工业文化作为一个切入点，是深化演化发展经济学研究的一种工具。演化发展经济学擅长处理的就是技术、制度、政策与文化等因素的交互作用，首倡企业家精神的熊彼特正是演化经济学的先驱之一。工业文化既可以为演化发展经济学提供更丰富的实证案例，又可以作为演化发展经济学的学术理论与政策应用之间的一座桥梁，在演化发展经济学内部整合基础研究与应用研究。大而言之，文化与现代经济增长之间的关系，一直是经济学家、经济史学家和社会学家关注的问题，制度主义经济学素来也有将文化视为制度的学术传统，因此，工业文化实际上是在已有学术传统中的一种更加细致深入探讨的尝试。当前，一些学者称工业文化研究为“超学科”研究，即超越于各种已有的传统学科之上，其综合性与复杂程度更甚于通常所谓的跨学科、多学科或交叉学科。这种说法抬升了工业文化的地位，与官方政策自相呼应，互为奥援。然而，作为一个真正兴起不过四五年时间的新概念，工业文化的研究目前尚面临大量基本理论问题有待探讨的局面，也不存在相应的学科规范，而基础研究中的补课工作也只能借助传统学科的规范性并在传统学科的边界内完成。所以，在目前的条件下，工业文化这个概念作为一种研究工具，其理论上而非实践上的价值，仍在于继承已有的各种学术传统，并提供新的视角与理论想象空间。

例如，工业遗产研究作为一个相对成熟的研究领域，实际上一直缺乏专属学科，历史学、建筑学、城市规划学、公共管理学、博物馆学、文化产业学、社会学、经济学等学科的学者均对该领域有所涉足，而每一种学科又只能揭示工业遗产某一方面的规律与特性。不同学科之间的沟通其实也存在着一定的困难。究其原因，不同学科在工业遗产保护与利用问题上存在着不同的话语，其内在逻辑或彼此相克。海耶克（Heike）和哈拉尔德（Harald）区分了工业遗产保护与利用问题中的三种话语：①遗产保存（heritage conservation）话语，核心目标是保护和维持遗存、遗址和建筑；②城市发展（urban development）话语，核心目标是保证城市的繁荣与生机；③建筑生产（production of architecture）话语，核心目标是将既存空间转变为新的建筑形式与表达。[①]一般而言，历史学、社会学、博物馆学等学科的学者倾向于遗产保存话语，经济学、公共管理学等学科的学者主张城市发展话语，而建筑学等学科的学者则聚焦于建筑生产话语。很显然，保存和发展的话语经常产生矛盾，并影响到实践层面的工业遗产保护与利用工作。然而，工业文化概念的引入，或许可以进行适当的整合。要之，工业文化体现了工业的动态演化，工业遗产的真正价值在于其文化性，即物质遗存所承载的社会记忆与价值观。因此，对工业遗产的研究，最重要的是通过工业史、工业考古研究确定工业遗存的文化内涵，评估其是否具有保留的价值，然后进行建筑空间上的再利用，而这种利用必须与特定价值观亦即工业文化的传承结合起来，才能使废厂房、旧机器等工业遗存真正成为一种值得保留的“遗产”。现代工业作为一种始终自我革命的创新性力量，内在地包含经济发展与遗产保存的矛盾性，工业文化作为一种价值评判标准，可以调节这种矛盾，也可以为相关研究提供一个整合性框架。当然，这一方面的具体研究，还只是刚刚起步而已。

综上所述，在中国的现实生活中，工业文化这个新概念，已经具有产业政策的实用价值，也潜在地具有学术研究工具的理论价值。这双重价值能够突显工业文化的重要性，并相得益彰。但是，学术研究自身的规律与价值取向，意味着工业文化的双重价值存在内在的张力，这是工业文化研究在学术规范化进程中必须面对与克服的问题。

五、小结：理论与实践的协同演化

演化发展经济学指出，从经济史的实际情形看，过分抽象的经济学理论很少是成功的经济实践活动的指导工具，在政策上具有实用价值的发展经济学往往从生产而非交易的视角入手，且抽象层次较低。[②]例如，熊彼特的企业家精神理论在数学化的主流经济学中长期得不到认可，直到20世纪80年代初，熊彼特

---

① Oevermann H，Mieg H A. *Industrial Heritage Sites in Transformation：Clash of Discourses*. London and New York：Routledge，2015，p. 17.

② 〔挪〕埃里克·S. 赖纳特、贾根良主编：《穷国的国富论：演化发展经济学论文选》下卷，贾根良、王中华等译，北京：高等教育出版社，2007，第218页。

的思想在西方经济学界才开始受到重视。[①]而与熊彼特的经济发展理论具有思想渊源的竞争力理论，尽管在企业界广受欢迎，却长期被占据主流地位的新古典经济学抨击为毫无意义的概念。[②]因此，经济发展过程中的实践探索先于理论认知或干脆与某些理论认知相脱节实乃常态。从这个角度说，中国的工业文化政策实施先行于工业文化理论研究，亦不足为奇。此外，工业文化理论并非一种抽象层度很高的理论，这也使该理论嫁接演化发展经济学传统而贴近经济实践活动有了更大的可能性。在理想状态下，中国的工业文化理论研究应与相关政策实践形成具有正面意义的协同演化，由实践活动来充实与丰富理论认知，再由完善后的理论指导实践活动更有效地开展。如能实现这种良性循环，则工业文化这一概念的提出，不仅能为演化发展经济学的理论做出中国人独有的贡献，而且能够为中国工业的转型升级提供助力。

不过，演化发展经济学的理论抽象层次较低，并不等于不需要遵循学术规范的理论。对于新兴的工业文化研究来说，保持足够的学术独立性极为重要。理论研究与实践活动的关系是复杂的。理论在现实生活中的价值要么是为实践活动提供过去不曾有的新的思路，要么是通过总结实践活动的经验与教训来提供进一步完善的建议。这两种价值的实现都要求理论研究与实践活动保持最恰当的距离，从而既不至于使理论与实际脱节，又不至于消解理论独立于实践而存在的意义。如果理论研究从一开始就只是成为既行政策的解释者和宣传者，则理论与实践也将形成一种协同演化，不过这种协同演化将是一种理论缺乏真正内涵而实践得不到理论滋养的恶性循环。在演化发展经济学历史上，德国历史学派的教训极为深刻。该学派因其抽象层次较低的理论而契合了 19 世纪德意志帝国的工业化实践，并与其形成了政治上的联盟。然而，随着德意志帝国的倒塌，着力于应用性与政策性研究的德国历史学派因为缺乏坚硬的理论内核而式微，甚至可以说随着德意志帝国的灭亡一起灰飞烟灭。因此，中国的工业文化理论研究在当前这一起步阶段，既要自觉服务于相关政策，又要保持高度的学术自律，真正实现理论与实践的良性协同演化。

---

① 〔挪〕埃里克·S. 赖纳特、贾根良主编：《穷国的国富论：演化发展经济学论文选》上卷，贾根良、王中华等译，北京：高等教育出版社，2007，第 175 页。

② 〔挪〕埃里克·S. 赖纳特、贾根良主编：《穷国的国富论：演化发展经济学论文选》下卷，第 115 页。

工业遗产的三个问题

——相关概念、类型特征、保护对策

孙　华

摘　要： 工业遗产发端于工业考古，是现代社会对遗产价值认知多样化的产物。鉴于目前遗产保护学界对于工业遗产的相关概念、类型特征和针对性保护等问题还存在一些不确切的认识，本文首先从遗产、工业、保护三个基本概念出发进行了澄清与界定，进而归纳出工业遗产的类型，再根据工业遗产类型的不同提出相应保护对策。

关键词： 工业遗产；概念；类型；保护对策；重钢大渡口厂区

工业遗产发端于工业考古，是现代社会对遗产价值认知多样化的产物。①随着后工业化时代的到来，人们对于工业革命以来的工厂、矿山、港口、车站、路桥等不可移动的遗存产生了“怀旧”的情节，认为这些工业时代的产物应该引起人们的关注，以弥补工业文献（档案）的不足，从而能够更好地认识工业时代的历史。众所周知，考古学以历史上人们遗留下来的物质遗存为主要研究对象，通过调查和发掘等手段去获取这些物质文化遗存的资料，通过其他相关学科的多样化手段去提取其中包含的历史文化信息，从而复原当时历史的学问。传统的考古基本上都研究古代的遗存（中国考古学也有考古不下明代的惯例），工业考古将关注的时间下延到了近现代，拓展了考古学的研究领域，使得文化遗产与我们当今社会也更加贴近，当然很有必要。

孙华，四川绵阳人。北京大学考古文博学院教授，主要从事中国考古学及文化遗产保护的教学和研究工作

考古发现和发掘的古代遗址都会随之产生如何保护的问题，一方面，工业考古所调查和研究的工业时代的物质文化遗留，由于它们是工业革命以来各个时期、各个国家和地区工业时代文献的补充和历史的见证，具有历史、科学、艺术和情感的价值，也需要进行保留和保护。另一方面，工业考古提出并引起人们关注是在20世纪70年代，这时距离工业革命发生已经过了200

① 阙为民：《国际工业遗产的保护与管理》，《北京大学学报（自然科学版）》2007年第4期；陈丽杰、梁波：《产业遗产、产业考古学与技术史研究》，《自然辩证法研究》2007第5期，第92—96页。

余年，工业革命以来的遗留——即便是第三次科技革命时期的遗留[①]——绝大多数都完成了代际传递，已经具备了“遗产”的资格。而在科学技术飞速发展的当代，许多过去引以为傲的工业门类下的工厂矿山，都已经衰落、停业、转产或迁移，城市化和信息化的进程也使得一些过去的工业区正在向服务业甚至商住区转变，一些具有世界或区域工业时代历史见证作用的工业遗产正在迅速消失。因此，工业考古自然而然地也就延伸发展为工业遗产保护，并且很快影响到了全世界。

工业遗产属于文化遗产中产业遗产的一个类型，产业遗产又属于以遗产的功能用途为标准的文化遗产分类体系。[②]因此，工业遗产的保护自然就需要明确与之相关的基本概念，认知工业遗产的基本类型及各类特征，这样才能有针对性地采取相关的遗产保护理论、方法和技术，对工业遗产实施有效的保护、管理和利用。有鉴于目前遗产保护学界对于工业遗产的相关概念、类型特征和针对性保护等问题还存在一些不确切的认识，笔者认为有必要对上述问题进行一些讨论和辨析。

一、与工业遗产相关的概念

工业遗产既然属于遗产保护学的一个类型，要开展对工业遗产的保护，就要明确工业遗产的保护对象和范围，认知工业遗产的性质和特点，把握工业遗产的保护原则。因此，澄清与工业遗产相关的一些基本概念，明确其定义，自然很有必要。

第一个需要明确的概念是“遗产”。遗产保护学的遗产，是应该完成了代际传承，具有珍稀性和典范性，需要人类施加保护性干预措施的自然演进的遗留或人类创造的遗存。文化遗产应该具有年代价值，没有完成代际传递的当代创造物不能作为遗产，“20 世纪遗产”“当代遗产”等遗产类型的概念应当摈弃。文化遗产也应该具有稀缺价值，当代仍然流行的事物没有必要作为遗产保护，“和食”“泡菜”之类作为遗产列入《人类非物质文化遗产代表作名录》，未必恰当。文化遗产还需要具有典范性，应当是经历了时间检验的时代杰作，应尽可能地将某一时代、某一地域、某一文明具有代表性的经典作品遴选出来，而不是平庸之作。

在上面所列举的“遗产”基本属性和主要特点中，已经完成代际传承，具有年代价值，是遗产的最基本属性，也是认定工业遗产首先应该明确的要素。[③]遗产是上一代人留给下一代人的财富，一代人习惯上的年代跨度至少为 30 年，也就是说作为遗产必须要有 30 年以上的时间距离（因而一些国家和地区才有 50 年以上时间的建筑在拆除时需要进行遗产评估的规定），当代的创造物还不能作为遗产。因此，作为工业遗产

---

① 关于工业革命与科技革命之间的关系，参看许永璋：《有关工业革命史研究的几个问题》，《河南大学学报（哲学社会科学版）》1988 年第 4 期，第 15—22 转 82 页。

② 关于“工业遗产”与“产业遗产”的关系，目前也还有不同的认识。有学者将“产业遗产”作为“工业遗产”的不同译名，事实上，“产业遗产”远比“工业遗产”宽泛，无论第一产业、第二产业还是第三产业，都可以称之为产业遗产。“产业遗产”不能作为“工业遗产”的代名词。

③ 李军：《什么是文化遗产——对一个当代观念的知识考古》，《文艺研究》2005 年第 4 期，第 123—131 页。

保护的厂区、厂房和设施应该具有年代价值、典范价值和稀缺价值，一般的废弃工厂的改造利用，不宜作为工业遗产纳入保护的范畴。

第二个需要明确的概念是“工业”。工业是区别于其他业态的产业类型。我们知道，产业可以大致划分为直接以自然物为生产对象的第一产业，利用自然界和第一产业提供的基本材料进行加工处理的第二产业，以及服务于第一、二产业的第三产业。农业、牧业、渔业等属于典型的第一产业，现在“申遗”呼声很高的“景迈山古茶园”等茶叶遗产，也主要属于第一产业中农业的范畴。工业则是最主要的第二产业，这种产业包括矿石采冶、机械制造、能源转输、建筑工程等。至于第三产业，如古今的交通运输、餐饮旅馆、通信邮政等，都属于这种产业。第二产业自从有第一产业起就已经存在，旧石器时代考古学家还将石器加工称为“石器工业”。新石器时代以后，尤其是青铜时代以后，脱离家庭副业而存在的规模化的手工业，如铜矿采冶和铸造等，其规模往往相当可观，分工和管理也相当复杂。因此，广义的工业遗产当然可以包括前工业革命时代的古代工业遗产。

不过，工业考古和工业遗产的研究和保护对象却是指工业革命以后的大工业的遗留，更早的前工业革命时期的手工业遗留，不是工业考古和工业遗产保护关注的重点。因此，狭义的工业遗产是指工业革命以后的第二产业的遗产。中国的近现代工业发生较晚，直到19世纪中叶以后才逐渐由西方传入，比工业革命的发源地英国整整晚了一个世纪。由于传统的力量，一些传统工业从古代延续到了工业革命以后的近现代，并在近现代还不断地引用工业革命后的技术成果进行技术改造，直到现当代还在继续生产，如中国的传统制盐业、制瓷业、制酒业等，这些遗产就具有跨时代的双重属性，也可属于工业遗产的范畴。总而言之，严格意义上的工业遗产是工业革命以后产生的，或从前工业时代一直沿用到工业时代的第二产业的遗存。

第三个需要明确的概念是“保护”。我们的文物保护或遗产保护，是为了通过保留和维护这些遗产的物质和非物质的本体及环境，从而保全和维系这些遗产所蕴含的价值，使之能够继续延续下去，传递给我们的子孙后代，从而使我们这个世界能够更加丰富多彩。

保护遗产，就要通过对遗产的历史研究和价值研究，通过遗产之间重要性的对照排比，选定需要保护的遗产范围，以及需要保护遗产的先后顺序。在此基础上，再根据遗产的类型、特点和存在问题，按照遗产保护的最少干预、可识别干预和可持续干预的基本原则，真实、完整和系统地保存遗产的相关要素和信息。那种将先前国王和贵族的宫殿城堡改为博物馆或美术馆、将已经没有宗教活动的古代圣山和庙宇改造成公园或观光设施、将已经没有原住民的传统商铺和民居改造成客栈或其他用途等，都只是遗产利用而不属于遗产保护的内容。因此，包括工业遗产在内的遗产保护，与遗产的再利用是两个不同概念，改变工业遗产的产业性质，将第二产业转变为第三产业，将厂区、厂房和设施改作其他用途（如把原先的炼钢厂的高炉或焦化厂的设施设计作为城市的雕塑、将纺织厂或机械厂的车间改造作为写字楼来办公、将一些车站码头的库房改作文化创意产业的展销空间等），都只是工业遗产的部分要素的再利用，也不属于工业遗产保护的范畴。

我们知道，遗产保护的基本原则是维护遗产的真实性和完整性，工业生产通常是一个复杂的系统，从原材料和能源的运储和配置，到产品的生产或集成，最后到成品的输出甚至安装，有一条完整的生产流水线。保护工业遗产的目标和要求，是要将具有重要历史价值的工业遗产保存下来，也就是要保留原工矿生产流程的完整实物资料，而不只是保留其中的一两个片段。只是由于工业遗产规模往往很大，不少工业遗产无法做到完整保存，才不得不选取其生产流程中的一两个区段。这时，对于该工业遗产价值体系、结构和要素的分析，选取和保留真正能够体现该遗产主要价值的部分，就显得格外重要。保留下来的工业遗产整体或局部，如何实施保护，这又涉及遗产的真实性问题。将工业遗产改造成为其他产业，或将某种工业遗产改变为另一种不相关的工业，尽管这都是遗产利用的有效途径，但却有违遗产的真实性，也不大符合遗产保护的最少干预原则。如何真正能够保护工业遗产，实际上是考验工业遗产的所有者、政府相关部门和遗产保护专家的一个难题。

二、工业遗产的基本类型

工业遗产是以功能为主要分类标准的文化遗产分类体系中产业遗产的一个类型。在这种分类体系下，文化遗产被划分为农业遗产、牧业遗产、渔业遗产、工业遗产、商贸遗产、宗教遗产、传统村落和历史城镇等种类（其中后两类是具有多种功能的复合文化遗产）。在讨论工业遗产分类之前，我们需要先对遗产分类的有关问题作简要的梳理。

在我们的遗产保护学中（文化遗产学与自然遗产学一样，都属于遗产保护学的两个主要的分支学科），遗产的分类是学科的基础。著名建筑历史学家刘致平先生的关于中国古代建筑历史的著述，其名称就是《中国建筑类型及结构》，因为类型清楚了，其结构特征也就清楚了。①笔者在北京大学讲授“文化遗产学概论”课时，就将该学科的主要内容划分为遗产类型学、遗产价值学、遗产保护学和遗产管理学四个单元，把遗产分类与类型作为该学科的基础。工业遗产既然是遗产的功能分类体系中的一个类型，那么要讨论工业遗产的类型，就要先明确在遗产的功能分类的阶元之下，最合适的首要分类标准是什么。

遗产的类型，按照不同分类标准，会形成不同的分类体系。就文化遗产而言，除了遗产的功能分类以外，还有多种分类的体系。如果以遗产的时间即时代为标准，可以将文化遗产划分为古代遗产、近代遗产和现代遗产（或合并为“近现代遗产”，但不宜再从现代遗产中划分出当代遗产），就如同历史学的学科分类一样。如果以遗产的空间形态为标准，可以将文化遗产划分为点状、线状和面状三种类型，目前流行的“文化线路”就属于线状遗产的一类。如果以遗产的存在形态为标准，则又可以将文化遗产划分为物质文化遗产、非物质文化遗产，以及介于二者之间的“文化景观”三类。其中，物质文化遗产根据体量大小和关

① 刘致平：《中国建筑类型及结构》，北京：建筑工程出版社，1957。

联环境，还分为可移动遗产和不可移动遗产两大类，后者根据保存状况，可以进一步划分为遗址、遗存（包括建筑物、构筑物、石刻、壁画、纪念碑等）。狭义的工业遗产是指工业革命以后、后工业时代以前的第二产业的遗产，属于近现代遗产中的主要组成部分。在世界文化遗产的分类体系中，已有的各个遗产类型主要是古代遗产，近代遗产只提出了“工业遗产”这一个方面。此外，历史城市和文化景观也涉及了近现代的遗产。在中国的文物分类体系中，在古代不可移动物质遗产（也就是“文物”）之外另设了与古代各类文物相对应的“近现代建筑与史迹”，该类型的文物包括面很广，但名称有过分强调建筑之嫌。因此，工业遗产无须再以时代作为其下分类阶元的主要标准，遗产的空间形态也不是工业遗产需要考虑的问题，而工业遗产的保存状态，关系到工业遗产的保护方法和技术路线，却是工业遗产分类首先需要考虑的问题。

根据工业遗产的保存状态，我们可以将其划分为三大类。

第一类工业遗产是工业遗址，即具有历史价值和情感价值的工厂、矿山和工矿联合体，这些工业遗产已经停产废弃许久，设备已经基本拆除，厂房全部或大部坍塌，厂区已经沦为废墟，有的甚至还部分掩埋在地表以下或被其他功能的建成区所叠压。古代工业遗产绝大多数已经成为遗址，即使是近代的工业遗产，有的也已经成为废墟，甚至废墟也只有部分存在，还没有被当代城市或其他业态的区域所占压。由于近现代工业区域往往位于交通方便的地方，其土地和建筑也具有再利用的价值，中国又人多地少，停业的工矿很快会被派作他用，因而这类工业遗产成为遗址的情况并不很多。清末建设后不久就废弃的贵州镇远青溪铁厂，是中国第一家钢铁联合企业①，现在就只有当初的码头遗址还有踪迹可寻。

第二类工业遗产是工业遗存②。这类工业遗产是指已经停产、停业或转作他用的工厂、矿山和工矿联合体，但厂、矿、站、港的厂房甚至设备都还基本保持完好，个别生产流程保存完好的工业遗产，如果适当维修养护，还可以启动生产。工业时代的科技进步很快，世界许多地方都有工厂在建成不久后就停产，由于撤除重建新厂的成本有时还不如另地新建，因而就会出现整个工厂被废弃不用的情况。在中国，随着国家对重要科技工业企业的重新布局，以及生产设备的更新换代，那些位于偏远地区的 20 世纪 50—60 年代建成的“三线”企业，往往都搬迁到了交通更为便捷的区域，原先的工厂连同设备随之废弃不用而成为工业遗存。而随着国家 20 世纪 90 年代以来对国有企业抓大放小的改革，不少属于国有资产的具有一定历史价值的工厂也因破产而全部或部分废弃，其工人下岗或转岗离开了工程，厂房或设备却还保留，这类具有历史价值的工矿也都属于工业遗存的范畴。这类工业遗产又分两小类：一是厂房建筑仍然保存，但厂房内外设备管线都已拆除，工厂只剩躯壳的、不完整的工业遗存；二是厂房及主要设备都还保存，厂区管线都基本保存，整个生产线都还保持相对完整的工业遗存。这类工业遗产的数量较大，多数工业时代的厂矿都属于这类工业遗产。

---

① 李海涛：《近代中国钢铁工业发展研究（1840—1927）》，苏州大学博士学位论文，2010，第 61—64 页。

② 关于这类工业遗产的名称，称之为“工业遗存”总觉欠佳，但一时也还找不到更合适的术语来替换它。不过，名称不过是个代号，只要限定并明确这类遗产的特征，也不妨暂用。

第三类工业遗产是工业文化景观。工业文化景观是还在继续生产和使用的工矿，不仅厂、矿、站、港和相关管线等遗存依旧，而且其生产技术和工艺一直保留、改进和延续，成为一种“活态”的工业遗产。如上所述，工业革命以后的近现代工业进步很快，许多工厂必须跟上时代的变化才可能生存，先前的厂房、设备或生产线都在不断改造和更换，生产工艺也会随着工厂“硬件”的换代而发生改变，很难“旧貌依然”。能够基本保存传统厂房和设施，并维持传统生产工艺的工厂，往往是前工业时代就已经出现的以文化传统知名的企业。因此，工业文化景观尽管也可以划分为两小类，一是前工业时代的传统工业文化景观，二是工业时代的近现代工业文化景观。但前者数量很少且消失很快①，后者却数量稍多且有很强的生命力。

如同所有文化遗产一样，遗址和遗存类工业遗产保护起来相对容易，而文化景观类型的工业遗产保护起来难度较大，尤其是工业时代产生的大工业文化景观，最难保存也最难维护。

三、不同类型工业遗产的保护

遗产保护，需要在正确分辨不同类型遗产的基础上，根据不同类型遗产固有的特点，针对不同类型遗产存在的问题，分别采取不同的方法和技术实施保护。遗产保护与遗产类型密切相关，不同类型的文化遗产存在的问题不同，采取的保护措施当然也有所差别。物质文化遗产与非物质文化遗产，物质文化遗产中遗址、纪念物和建筑群，介于物质文化遗产与非物质文化遗产之间的文化景观，都有着不同的保护方法。上述工业遗产的三个基本类型的保护方法当然也不会相同。

1. 工业遗址的保护

工业遗址与其他类型的遗址一样，遗址面貌往往呈残破废墟的状态，多数遗迹还掩埋在地表以下，需要开展工业考古才能将其基本情况揭示出来。考古勘察和发掘既需要知道遗址的范围和布局、遗址的重要和次要功能区域、区域之间和遗址与外界的关联遗存等信息，也需要了解遗址受到什么样的病害威胁，需要采取怎样的保护行动才能维持现有状态等信息。在充分把握了遗址现状和文献档案的基础上，如果这些工业遗址足够重要，就需要通过保护规划和征购程序，变更遗址所在土地的权属和用地性质，建立有效的保护和管理机制，设立机构制定相应的保护和修复方案，并针对不同工业遗址类型的特点和面临的具体问题，采取有效的保护或展示措施，包括建立工业遗址公园等遗址利用方略。

例如，中国近古时期高级瓷器制造工业的代表江西景德镇明清御窑厂遗址的保护以及申请登录《世界遗产名录》，首先需要通过考古研究确认明清御窑厂遗址的范围和界限，以及除了明清御窑厂遗址本身外，还有哪些接受御窑厂委托烧制贡瓷的窑厂及其遗址，以查明可以纳入明清御窑体系的相关遗址信息（这可

---

① 前者如重庆钢铁厂，在从大渡口区搬迁到长寿区之前，该厂在抗日战争期间从武汉搬迁至重庆以来，尽管一直在进行技术改造，但清末以来的许多老设备一直还保存，钢铁生产也一直在原址进行，可以算作具有延续性的工业文化景观；但从2008年搬迁至长寿区新址后，旧址目前只保留少部分作为工业遗产博物馆，新厂区已经不再具有遗产的性质。这就是近现代工业遗产难以作为工业文化景观保持的一个例子。

以通过考古发掘所出瓷器是否有贡瓷来判定)。其次，考虑到明清御窑厂及其相关窑厂只是贡瓷管理部门和贡瓷生产部门，不同时期烧瓷用矿料（有软、硬两类不同矿料来源形成景德镇瓷器的二元配方）的矿山遗址，运送矿料的古道、河流及其码头等遗存，都应该纳入明清御窑厂工业遗产的系统，才能形成包括原料生产和成品生产的完整贡瓷工业体系。最后，无论是瓷土矿料开采还是瓷器烧制，都需要大量技术工人、高品级的贡瓷，还有专门的管理机构。在景德镇这些厂矿中进行生产管理和实际生产的人们，其集中居住的住宅和聚落至今犹有遗留，这些也应该考虑纳入统一的保护和展示体系中。这样才能说得上相对系统完整地保护了景德镇御窑厂遗址。

2. 工业遗存的保护

工业遗存，由于其厂区、厂房和设施尚基本保存，无须开展工业考古去获取隐藏在地表以下的物质文化信息，所要梳理的主要是工矿的设计、建设、运行和废止的文书档案资料，以及当事人的回忆述说记录。在认识该工业遗存历史和现状的基础上，通过该工业遗产在工业发展史或区域工业史上地位的考察，以及该工业遗存与同类工业遗产的比较分析，归纳并提炼出该工业遗产整体、结构及要素的价值，确定需要保护的范围或折中选取保护的对象。鉴于厂房一类工业建筑只是工业生产体系的一个构成因素，工业遗存的保护应该将注意力集中在维系工业生产流程的基本要素和系统结构上，如机械设备和管线设施等，不能只关注厂房的保护和利用。只有在种种主客观原因不能完整保留整个工业遗产的情况下，才能基于价值分析的结果，考虑保留某工业遗产价值最高的部分。

以重钢大渡口厂区（以下简称“老重钢”）的保护为例。老重钢历史悠久，其建厂可以追寻到1890年，但其前段的历史实际上为武钢和重钢两家共有，重钢的辉煌在于1938年抗日战争内迁之后。在中国钢铁工业发展史上，重钢值得纪念的辉煌主要有率先研制采用了“连铸”工艺、率先完成了从平炉炼钢到转炉炼钢的技术改造，以及它是中国最大的船用中厚板生产基地。因此，在只能部分保留老重钢遗产的情况下，选取保留钢铁厂最有价值的核心部分（也就是轧钢或炼钢部分，而不是附属的好似现代工业雕塑的焦化或烧结部分①)，就应该成为当然的选择。关于这个问题，笔者在2009年就已经发表过意见，并且很高兴地看到，后来实施的保护与利用方案正是以轧钢厂为中心②，尽管没有更全面地将老重钢核心区域建设成重钢社区，但还是部分实现了笔者当初的期望（见附录）。

3. 工业文化景观的保护

工业文化景观的保护是对“活态”工业遗产的保护与传承，面临的问题就更加复杂。这类工业遗产的保护，不仅要保护厂房设备等物质文化要素，还要保护工厂的生产工艺和文化传统等非物质文化要素。只有维系工业文化景观“活态”的和持续发展的特性，才不会终止其发展和变化，才不至于将仍然在生产的

---

① 袁芬、吴森：《基于工业遗产价值的适宜性保护方法的研究——以重钢工业遗产的适宜性保护为例》，《安徽建筑》2014年第1期，第19—20转63页。

② 李少恒、李可、卢娟，等：《重钢传统风貌区现状调查及保护研究》，《重庆建筑》2015年第12期，第5—7页。

工业文化景观变为只有厂房和设备的工业遗存。要做到既保存这类工业遗产的物质形态，又保持这类工业遗产的非物质的技艺，就需要保留具有技艺的从业人员，维持生产的继续进行，保证产品能够有稳定的销路。此外，具有重要历史价值的工业遗产，在厂矿的厂房重建和设备的更新换代方面，也要持一种慎重的循序渐进的态度。

工业文化景观，如前所述，主要是稳定发展、更新较慢的传统工业门类，如陶瓷业、造酒业、食品业等，已经被列入中国世界文化遗产名单的“中国白酒老作坊”，就是其中一例。“中国白酒老作坊”中的“泸州老窖池”，是最早被列入全国重点文物保护单位的白酒工业遗产，该遗产主要以浓香型蒸馏酒酿造为业态，以相关窖池、作坊建筑及其历史布局等为主要物质载体，以传统酿造技艺为灵魂。现存遗产包括清代以来的作坊建筑16处，至今仍在使用的窖池1671口，其中位于泸州市城中心营沟头的四口老窖池创建于明代万历年间。泸州老窖池群是中国现存在用遗产窖池数量最多、窖池时代序列保存最全的传统白酒作坊群，也是作为中国白酒酿造类传统手工业的典型代表，是“活态”的传统工业文化景观。为了保护和传承泸州老窖池群的全部遗产要素，泸州老窖集团采取了保护泸州老窖池群全部作坊的历史格局、维护和修缮老窖作坊建筑、经常养护传统老窖池且限制有损窖池的机械作业、建立多层级和多专业的传承人队伍、进一步完善老窖池保护管理机制等措施，使得保护与传承有机结合起来，维护了白酒工业文化景观的完整性和延续性。①

在结束本文前，笔者还想补充说明的是，工业遗产的保护当然不能脱离对遗产的利用。在有些情况下要保护工业，也还不得不牺牲该遗产的完整性。经常作为工业遗产保护范例的美国西雅图煤气厂，就是以纪念碑和公园的形式保存该工业遗产部分遗产要素的例子。西雅图煤气厂建于1906年，使用50年后停产废弃时已具有了工业遗产的性质。经过西雅图市政当局多方研讨后，1970年决定利用这座煤气厂建立一座城市滨水公园，既为市民提供休憩的场所，又使得这座城市的煤气厂能够留在人们的记忆中。设计师选择保留了合成气体发生塔及处理塔、冷却塔、石油吸收器、排气压缩机建筑以及众多的管线，将工厂遭到污染的地面覆土种植草坪，形成了巨大工业设施为象征性雕塑的西雅图煤气厂公园。该公园自1975年正式对外开放以来，成为工业遗产转化为城市公园的先驱，引起广泛关注和赞誉。②不过，西雅图煤气厂污染“棕地”治理和厂区再利用的相对成功的案例③，不能被过度弘扬和刻意模仿。这一是因为西雅图煤气厂公园的案例只保留了煤气厂的部分设施，煤气厂的格局和生产线已经不再只适用于遗产价值不太高的工业遗产；二是因为用城市公园的形式，尤其是用变工业设施为现代派城市雕塑，变工厂区域为草坪的做法，也只是西方流行的一种景观设计手法。如果生硬地模仿和推广，不少城市都会拥有雷同的工业“雕塑”公园，就如同国家旅游局给每个旅游城市派送了一个“飞马踏地球”的雕塑一样，这并不是保护工业遗产和追求文化多样性人们所乐意见到的结果。在当今世界，即便是改造利用工业遗产，也还是多点方法和手段吧！

---

① 以上数据均引自四川省文物局、山西省文物局《中国白酒老作坊》（中国世界文化遗产预备名单文本），2012。

② 毕奕、夏倩：《工业废弃地的生态景观规划：以西雅图煤气厂公园为例》，《中华建设》2011年第9期，第88—89页。

③ 郑晓笛：《工业类棕地再生特征初探——兼论美国煤气厂公园污染治理过程》，《环境工程》2015年第4期，第156—160页。

附录 关于重钢大渡口厂区保护和利用的设想

2009 年夏天，笔者到重庆参加了由重庆市规划局举办的重钢大渡口厂区工业遗产保护座谈会。在会上，笔者有幸听到了规划方的《重钢片区城市设计工业遗产专题报告》，会后笔者又查阅了关于老重钢历史与现状的一些资料，原先只是朦胧的感觉逐渐变成了比较清晰的认识，下面，笔者对老重钢的保护问题谈几点个人的看法。

第一，保护老重钢应当将工业遗产融入新“重钢片区”建设中，走出一条工业遗产保护的新路。

中国的工业遗产保护不同于欧美的工业遗产保护，各有各的国情，有些东西无法效仿，应当探索一条不同于欧美的工业遗产保护的新模式。工业遗产属于人类的文化遗产，它记录着近代工业革命以后不同国家工业化的发展轨迹，它本身具有地域性和文化性，本身就蕴含自己独特的历史信息。因此，保护中国的工业遗产，也要保护每个工业遗产单位自身的特色，并在保护实践中寻求保护思路和保护方法的独特性。中国与欧美不同，中国人多地少，文化遗产占地与现代城乡用地矛盾冲突十分尖锐，工业遗产更因为多在大的中心城市周边，地价往往相当高昂。这种国情决定了包括工业遗产在内的文化遗产的保护只能在经济发展与文化传承之间寻求相对的平衡。中国现阶段的工业遗产保护和利用还停留在一个较低的层面，有许多所谓的工业遗产保护和利用实际上只是工业用房的改造和利用，还提升不到工业遗产保护的层面。老重钢的保护和利用应当跳出这些既有的模式，创造一条中国先前没有的全新途径。

笔者所建言的新途径是，新规划建设的老重钢片区不再划分什么是工业遗产保护区，什么是商住开发区，将整个老重钢厂区都作为一个新的商住区一体化设计，整体开发，而将部分选定的工业遗产单位作为这个商住区的文化设施，将厂区原先的主要交通干线（尤其是铁路，可将铁路两根铁轨间铺上塑胶，成为重庆难得的平坦的自行车道或步道）改造成该商住区的联系通道、小区绿地、绿化隔离带和社区公园，保留部分铁路沿线的高架管道将其作为小区生活用管线外壳（电线、光缆、水管和煤气管道不下埋而是架空）。这样既保留了老重钢的基本节点和连线，又最大限度地利用了老重钢的土地资源和设施资源，还具有老重钢自身工业遗产保护和利用的特点，可谓一举三得。

第二，老重钢厂区旧址的保护需要突出最能反映重钢历史和成就的遗存单位。

老重钢由炼焦厂、烧结厂、炼铁厂、炼钢厂和轧钢厂及其相关辅助单位组成，这些工厂大致按照生产流程从东北向西南，顺着长江右岸布置。当然由于山城地形的限制，这些厂区彼此之间有些交错。近现代钢铁工业的基本生产流程，不外乎炼铁、炼钢、轧钢三个基本环节，至于焦化、烧结两个环节，并非钢铁生产所必备。老重钢也是先有炼铁厂、炼钢厂和轧钢厂，直到 20 世纪 80 年代才修建了焦化厂和烧结厂，其中现存的焦化厂主要部分还是 2004 年新建的。规划方建议保留焦化厂的厂房和设备，并在焦化厂新建博物馆。这个方案舍弃掉最能够反映钢铁企业的炼铁、炼钢或轧钢环节，却保护可有可无的炼焦环节，这无论如何也是说不通的。

老重钢历史悠久，其建厂可以追寻到1890年，但其前段的历史实际上为武钢和重钢两家共有，重钢的辉煌在于1938年抗日战争内迁之后，重钢最有影响的事件发生在老重钢旧址，这也正是在保护重钢旧址前进行遗产资源调查、价值评估和现状评估时最需要特别关注的。就现在已经可以看到的老重钢工业遗产来看，保留了抗日战争时期厂房和设备的单位主要是其中的一个轧钢厂，该轧钢厂是一座修建于1940年的厂房，其厂房的西北墙体还保留着，那件具有象征意义的1905年英国产8000匹马力蒸汽机就摆放在该厂房前，旁边的两组厂房似乎也是20世纪五六十年代的构筑物。如果要保护老重钢的某些工业遗产，首先应当选择的就是这座保留20世纪40年代遗存的轧钢厂。以此为中心，如果炼铁的旧高炉或炼钢的旧平炉还有，就各保留一座，使其作为重钢商住片区具有特色的纪念性遗存，将这些工业遗存用旧的道路和管线联系起来，构成贯穿整个老重钢片区的炼铁、炼钢和轧钢生产线路的主干，同时也是老重钢商住片区的文化区和旅游线路。

这里笔者还想说一下位于重钢片区南端也就是靠近轧钢厂的马桑溪古镇。该古镇据说曾经是老重钢的一个码头，当年汉阳铁厂内迁至重庆时，不少机械设备都是从那里卸船上岸，被运送到厂区的。由于大型机械设备要穿过古镇，该古镇与其他古镇不同，其石板的街道特别宽阔，很有特点。如果以老重钢的铁路和管线为纽带，就可以将马桑溪古镇串联起来，通过保护古镇的有价值的街道、老屋、码头和树木，重新设计建设一些商住房屋、景观建筑和停车场所，我们就可以将这座古镇建设成为老重钢片区的一个休闲区域，使已经破败荒废的古镇焕发青春。

第三，保护老重钢要与建设新的两江四岸“重钢片区”相结合，把保留下来的工业遗产与新社区结合起来，建成一个新概念的博物馆。

这个新概念博物馆无须再新建一座传统博物馆建筑，不用像原先的规划构想那样，在老重钢焦化厂的位置设计并建设一座新的博物馆馆舍；而是以老重钢的老轧钢厂车间为中心，以老重钢的铁路和管线为经脉，以个别有保留价值的老高炉、老平炉和烟囱为点缀，包括新建设的老重钢商住社区及其居住在这个社区中的人们的新型博物馆——社区博物馆。社区博物馆是新型博物馆的重要类型，它在展馆空间上着重于博物馆与社区民众之间的互动关系，内容涵括社区的文化、产业、景观及日常生活，将社区生活和博物馆的存在关系紧密相连。我们不妨将即将建设的整个“重钢片区”或片区的核心地带都当作一个社区博物馆来看待，其具体做法：①以老重钢的炼铁、炼钢、轧钢三个厂区和作为原材料及产品进出口的大渡口古镇码头作为遗产保护和展示的选取范围，舍弃晚近建设的焦化厂和烧结厂，形成从长江边到原厂区中部的集保护、展示和利用为一体的商住区——“重钢片区”；②保护改造其中的最重要的工业遗产——老轧钢厂，以之作为一个重钢工业文明的展示场所，也将其作为社区博物馆的记录、管理和教育机构的所在，同时还将其作为“重钢片区”的物业管理场所；③以社区博物馆为“重钢片区”的核心，以穿过这个核心的铁路、公路和高架管线为连接片区各社区的纽带，以该纽带沿线的、需要保留的大型钢铁工业设备为点缀，构成一个既聚合又分散的点、线、面相结合的渗透着浓厚钢铁工业遗产氛围的新社区。

以上三个方面只是笔者个人一个很粗放的设想，还需要根据老重钢工业遗产的普查资料和利益相关者的调查资料，进一步细化和深化构思，形成可行性论证报告，才能逐渐使其从构想成为可行的框架方案，在此基础上才谈得上邀请规划设计单位进行规划设计。

话语转换与利益的表达：以英商上海自来水公司在华人中推广和入城阻力为中心*

梁志平

摘　要：受“冲击—反应”分析模式的影响，学界传统观点认为华人对英商上海自来水公司的“排斥”“抵制”主要有三个原因：对新生自来水的误解、官方的保守、水夫生计。笔者研究认为，学界误读了晚清时期的自来水工艺：晚清是沙滤，无消毒技术，不会产生氯、漂白粉消毒后的异味。同时，当时自来水相关知识已在上海有较为广泛的传播，上海华人对自来水有一定认知，上海地方主要官僚并不保守，支持上海县城引入或兴办自来水。自来水“有毒”谣言的产生，是因为上海两千多名挑水夫担心自来水开通后影响生计而编造的，随着谣言的消释，上海地方当局再次把自来水入城提上日程，但由于兴办自来水获利可期，上海地方绅董想自办自来水厂，以“利权外溢”为借口，阻止自来水入城，并最终促成中国人兴办的第一家自来水厂——内地自来水厂的诞生。故，19 世纪 80 年代，上海华人对英商上海自来水公司的所谓抵制，表面上是反对“自来水”的开通和推广，实际上并非是因为对自来水缺少认知而不能接受，而是抵制相关利益团体为了维护自身的经济利益而进行的政治运作。

关键词：自来水；水夫；阻力；上海；晚清

梁志平，湖北广水人，历史学博士，上海工程技术大学社会科学学部教授，主要研究方向为环境社会史、历史文化地理

对近代以来上海自来水问题的研究，可谓上海城市史研究的热点之一，在相关研究中往往都会对此有一定的论述，如程恺礼（Kerrie L. Macpherson）、熊月之、周武、李达嘉、邢建榕诸位的研究。[①]这些研究有一个特点，即从城市化、近代化出发，把自

*　本文为上海市哲学社会科学“十二五”规划一般课题“饮用水管理与上海城市政治空间的生产（1840—1949）”（项目编号：2014BLS003）阶段性研究成果。

①　代表性的研究有，Macpherson K L. *A Wilderness of Marshes: The Origins of Public Health in Shanghai: 1843-1893*. New York: Oxford University Press，1987. 其中相关饮水内容可参程恺礼：《19 世纪上海城市基础设施的发展》，载林克主编：《上海研究论丛》第 9 辑，上海：上海社会科学院出版社，1993，第 353—359 页；熊月之主编：《上海通史》，上海：上海人民出版社，1999；周武：《晚清上海市政演进与新旧冲突——以城市照明系统和供水网络为中心的分析》，载张仲礼、熊月之、沈祖炜主编：《中国近代城市发展与社会经济》，上海：上海社会科学院出版社，1999，第 183—200 页；李达嘉：《公共卫生与城市变革——清末上海人生活文化的一个观察》，载中国史学会编：《第一回中国史学国际会议研究报告集：中国の歴史世界——统合のシステムと多元的发展》，东京：东京都立大学出版会，2002，第 71—108 页；邢建榕：《水电煤：近代上海公用事业演进及华洋不同心态》，《史学月刊》2004 年第 4 期，第 95—103 页。

来水当作上海市政、卫生建设近代化的一项重要内容来展开。

日本学者菊池智子认为学界以往对上海自来水的研究，大多集中在传教士的活动和卫生基础设施的建立层面，对于19世纪后半期清朝政府当局对近代公共卫生制度的探索和接受，以及该地域社会对此的动向则尚未给予充分的注意。不过，其研究还是从自来水管建设和自来水价格等问题出发，研究上海自来水卫生的提高和名流的形成①，这依然是城市化、近代化的视角。

上述研究思路是有道理的，毕竟自来水是近代城市发展的重要内容。不过，对近代以来上海自来水问题的探讨还有一定的空间，特别是上海华人对自来水的认知和自来水推广背后的阻力问题，学界基本都是以"冲击—反应"模式来展开分析的，认为上海华人对自来水的认知和接受是一个从"排斥""抵制"到"接受"的过程，广为引用的是这句话：

> 当时风气未开，华人用者甚鲜，甚至谓水有毒质，饮之有害，相戒不用。其后，水公司遍赠各水炉、茶馆，于是用者渐众。②

正如熊月之和张生所指出的，对近代中国口岸城市史的研究，费正清等人提出的"西方冲击—中国回应"解释模式，很有解释力。③但是，越来越多的国内外学者认为完全运用这个模式来解释近现代中国历史，会严重夸大西方冲击的作用。卢汉超研究西文物质文明在近代上海传播时，已在深化这一解释模式④；熊月之亦认为"在中国发现历史"，对"中国中心观"应多予关注。⑤

笔者在之前相关研究中受"冲击—反应"模式的影响⑥，但在后来的阅读思考中，笔者发现还是应该将目光对准国人，毕竟他们才是中国社会的主角。唐振常在总结上海华人对西方近现代物质文明的接受过程时，得出这样的结论："初则惊，继则异，再继则羡，后继则效。"⑦谁在"惊"，谁在"异"，面对新生的自来水，到底谁在造谣，谁在抵制，其背后的动机是什么，真的是所有华人都在抵制吗，是什么力量主导了中国近代城市公用事来的发展等一系列问题，需要进一步深入讨论。新近，陈文妍在其博士论文中特别关注现代供水过程中的权力格局，这为本研究提供了启发。⑧

---

① 〔日〕菊池智子：《从晚清上海自来水建设看城市社会的形成》，《城市史研究》第25辑，天津：天津社会科学出版社，2009，第171—195页。

② 胡祥翰：《上海小志》，上海：上海古籍出版社，1989，第8页。

③ 熊月之、张生：《中国城市史研究综述（1986—2006）》，《史林》2008年第1期，第31页。

④ 卢汉超：《西方物质文明在近代上海》，《史林》1987年第2期，第112—120页；〔美〕卢汉超：《霓虹灯外——20世纪初日常生活中的上海》，段炼、吴敏、子羽译，上海：上海古籍出版社，2004。

⑤ 熊月之：《研究模式移用与学术自我主张》，《近代史研究》2016年第5期，第8—13页。

⑥ 梁志平：《水乡之渴：江南水质环境变迁与饮水改良（1840—1980）》，上海：上海交通大学出版社，2014，第89—100页。

⑦ 唐振常：《近代上海探索录》，上海：上海书店出版社，1994，第62页。

⑧ 陈文妍：《水的双城记：上海与苏州自来水之供应（1860—1937）》，香港中文大学博士学位论文，2016。

一、英商上海自来水公司早期推广活动与学界对推广阻力的认知

英商上海自来水公司为推广使用自来水，在完成水管敷设之后，于 1883 年 4 月 7 日在上海外文报纸刊登广告，告知远近住户，包括距水厂最远处的静安寺，如希望使用自来水，可以申请接装。①在正式供水之前，自来水公司进一步在《字林西报》上刊发广告："公司将自下月一日开始供水，预期的用户，请从速提交其申请书。"②同时，为扩大销路，自 1883 年 7 月 30 日起，至 8 月 21 日，连续 23 天在《申报》上发布招人承销自来水的广告：

本公司水管刻下业已洗荡干净，准于华历六月二十九日起即可售水，现在招人承办售水，不论英法美三界，愿包何处，开明地段，到本公司面定销水数目、价钱，或先交顶者钱，又或否妥当，保人即来承充可也，凡向来不业售水者，如欲为本公司承揽售销，一律可来本公司面议，总须以速为贵，以便早为定夺。此布。大英老巡捕房斜对门里内自来水公司帐（同账，下同，不另注）房启。③

为推动租界挑水（亦称水夫、担夫）夫售卖自来水，英商上海自来水公司在《申报》上发布警告，租界挑水夫若不挑卖自来水，将另雇他人：

本公司创设自来水，原欲人溥沾利益，仁寿同登，即向业水夫亦愿广为招致，俾仍自食其力，今已开办售水，凡有向在租界之水夫，如愿为本公司挑水者，可来帐房各认向挑地段，按照每日销水多少以定辛工，如再不来，本公司即当另雇挑夫，按户挑送，毋致自误。自来水公司帐房白。④

在招募承销代理和挑水夫的同时，为让更多的华人知晓，自 1883 年 8 月 8 日起，英商上海自来水公司还持续数十天在《申报》上发布公告，希望居民前来购用：

本公司自来水业已开办，可便居民汲用。如欲每日取用若干者，即向英界老巡捕房、法界二洋泾

---

① 《水管可接》，《申报》1883 年 4 月 7 日，（22）471。

② 上海市公用事业管理局编：《上海公用事业（1840—1986）》，上海：上海人民出版社，1991，第 122 页；关于正式供水日期，李达嘉先生依据："前闻以本月之朔为开用之期，乃今以逾期数日，未见开用。"［《自来水价宜变通说》，《申报》1883 年 8 月 6 日，（23）217］，认为正式供水日期较预定的时间稍晚。参李达嘉：《公共卫生与城市变革——清末上海人生活文化的一个观察》，载中国史学会编：《第一回中国史学国际会议研究报告集：中国の歷史世界——统合のシステムと多元的发展》，第 76 页。注：朔日为农历初一，当年农历七月初一日为 8 月 3 日。

③ 《招人承销自来水》，《申报》1883 年 7 月 30 日，23（176）；7 月 31 日，23（183）；8 月 1 日，23（191）；8 月 2 日，23（196）；8 月 3 日，23（203）；8 月 4 日，23（207）；8 月 5 日，23（215）；8 月 6 日，23（220）；8 月 7 日，23（227）；8 月 8 日，23（231）；8 月 9 日，23（239）8 月 10 日，23（243）；8 月 11 日，23（251）；8 月 12 日，23（255）；8 月 13 日，23（264）；8 月 14 日，23（271）；8 月 15 日，23（275）；8 月 16 日，23（283）；8 月 17 日，23（289）；8 月 18 日，23（294）；8 月 19 日，23（301）；8 月 20 日，23（306）；8 月 21 日，23（313）。

④ 《布告水夫》，《申报》1883 年 8 月 22 日，（23）316；8 月 23 日，（23）323；8 月 24 日，（23）330。

桥下垸、美界虹桥垸、虹兴里各本帐房挂号取水可也。[①]

1884年，英商上海自来水公司连续30天在《申报》上刊登《扬清激浊》的广告[②]，宣扬自来水的好处，吸引居民前来购用自来水。

虽然，英商上海自来水公司在《申报》《字林西报》等报纸中进行广泛宣传，但效果似乎不佳，购用居民不多，自来水严重滞销：

租界中之自来水，不甚畅销，各处水管积水甚多，恐不免有秽恶之气，昨晨将各水管开放，出陈换新。[③]

对于英商上海自来水公司初期在华人中推广使用的阻力问题，学界广为引用的是下述胡祥翰这句话："当时风气未开，华人用者甚鲜，甚至谓水有毒质，饮之有害，相戒不用。其后，水公司遍赠各水炉、茶馆，于是用者渐众。"[④]即基于"冲击—反应"模式来展开分析，认为上海居民对自来水的认知和接受有一个由"排斥""抵制"到"接受"的过程，在学界具有代表性的有卢汉超[⑤]、唐振常[⑥]、徐新吾[⑦]、周武[⑧]、李达嘉[⑨]、邢建榕[⑩]、马长林[⑪]、张鹏[⑫]诸位的研究。此外，相关史志、一些硕士论文及文章也持相同观点[⑬]，

---

① 《自来水公司帐房告白》，《申报》1883年8月8日，23（230）；8月9日，23（237）；8月10日，23（244）；8月11日，23（251）；8月12日，23（255）；8月13日，23（264）；8月14日，23（271）；8月15日，23（275）；8月16日，23（283）；8月17日，23（289）；8月18日，23（293）；8月19日，23（300）；8月20日，23（307）；8月21日，23（312）；8月22日，23（318）；8月23日，23（325）；8月24日，23（328）；8月25日，23（335）；8月26日，23（341）；8月27日，23（347）；8月28日，23（353）；8月29日，23（361）；8月30日，23（365）；8月31日，23（371）；9月4日，23（396）等。

② 《扬清激浊》，《申报》1884年1月23日，24（134）；1月24日，24（141）；1月25日，24（146）；2月2日，24（153）；2月3日，24（158）；2月4日，24（165）；2月5日，24（170）；2月6日，24（176）；2月7日，24（182）；2月8日，24（188）；2月9日，24（194）；2月10日，24（200）；2月11日，24（206）；2月12日，24（212）；2月13日，24（218）；2月14日，24（224）；2月15日，24（230）；2月16日，24（236）；2月17日，24（242）；2月18日，24（248）；2月19日，24（252）；2月20日，24（258）；2月21日，24（264）；2月22日，24（268）；2月23日，24（274）；2月24日，24（280）；2月26日，24（286）；2月28日，24（300）；3月2日，24（318）；3月3日，24（324）。

③ 《开管放水》，《申报》1883年9月9日，（23）423。

④ 胡祥翰：《上海小志》，第8页。

⑤ 卢汉超：《西方物质文明在近代上海》，载唐振常、沈恒春主编：《上海史研究》（二编），上海：学林出版社，1988，第35页。

⑥ 唐振常主编：《上海史》，上海：上海人民出版社，1989，第254页。

⑦ 徐新吾、黄汉民：《上海近代工业史》，上海：上海社会科学院出版社，1998，第22页。

⑧ 周武：《晚清上海市政演进与新旧冲突——以城市照明系统和供水网络为中心的分析》，载张仲礼、熊月之、沈祖炜主编：《中国近代城市发展与社会经济》，第198、199页；周武、吴桂龙：《上海通史》第5卷《晚清社会》，上海：上海人民出版社，1999，第178—181页。

⑨ 李达嘉：《公共卫生与城市变革——清末上海人生活文化的一个观察》，载中国史学会编：《第一回中国史学国际会议研究报告集：中国の歴史世界——统合のシステムと多元的发展》，第71—108页。

⑩ 邢建榕：《水电煤：近代上海公用事业演进及华洋不同心态》，《史学月刊》2004年第4期，第95—103页。

⑪ 马长林：《上海的租界》，天津：天津教育出版社，2009，第127页。

⑫ 张鹏：《都市形态的历史根基——上海公共租界市政发展与都市变迁研究》，上海：同济大学出版社，2008，第192页。

⑬ 例如，上海市公用事业管理局编：《上海公用事业（1840—1986）》，第124、125页；满振祥：《近代上海供水事业的历史考察（1883—1949）》，上海师范大学硕士学位论文，2008，第19—23页；梁春阁：《利益的守护人：工部局监管下的近代上海公共租界供水事业发展（1868—1911）》，华东师范大学硕士学位论文，2015，第19—23页；李春晖：《风骚独领——上海早期供水事业的创立和演变》，《城镇供水》2014年第3期，第4—9页，该文相关内容摘抄自《上海公用事业（1840—1986）》。

所有研究中最具代表性、最有影响力的是熊月之的观点，在分析晚清自来水进入县城的阻力时，熊月之归纳概括为以下三个方面：

第一，误解。人们祖祖辈辈是从河里挑水、井里提水，从未见过从铁管子里流出白花花的自来水。自来水在制作过程中要添加漂白粉之类的消毒剂，有些异味，这更加深了人们的疑忌心理。有的说，在水管上有两龙相斗；有的说，水管与煤气管接近，有煤毒进入水中。

第二，保守。这主要来自官府，“守土者以事出西人，其筦又系西人掌之，以西人而行西法，多一事不如少一事”。考其心迹，明知使用自来水有利无弊，但因此事创自西人，又系西人管理，若骤然师法，恐怕要引来“以夷变夏”之讥，于是借口“地非租界，畛域宜分”，拒绝使用。

第三，生计原因。自来水出现以前，上海有不少人以担水为生。19 世纪 80 年代初，上海县城有担夫四百多人，租界有担夫两千多人。人们担心，自来水推广以后，这两千多人的生计将遭到严重威胁，因此反对使用自来水。①

二、误读的自来水工艺：晚清是沙滤，无消毒

学界对英商上海自来水公司在华人中早期推广阻力的认知当然依据了一定的史料，但笔者以为这些解读存在一定偏差，没有揭示背后更深层次的原因，需要进一步探究。

首先，“误解”是有的，但并不是因为自来水消毒后的异味，当时只是沙滤。自来水对上海华人来说毕竟是开埠后传入的新鲜事物，加上缺乏相关科学知识，不明白之处容易借用神鬼观念来解释，所谓：

> 黑龙几条伏水底，倒吸吴淞半江水。②
>
> 奇哉水蛇地中行，浥注无穷制亦精。③

在英商上海自来水公司正式开始供水后，“外间物议颇多”：有谓“见二摆渡总水管上有两龙时现，形相斗者”；有谓“埋管之处与地火管贴近，恐有煤毒入于水管者”。《字林西报》曾载，法租界一老妪，买得自来水一担，令挑夫担至家内后，“将水倾之沟中而扣留其桶，不肯给还，并告人以自来水不可饮”④。

国内外上海史专家普遍认为当时自来水在制作过程中要添加漂白粉、氯之类的消毒剂，有些异味，加深了人们的疑忌心理。如美国学者罗兹•墨菲（Rhoads Murphey），在其 1953 年出版的英文专著中称：This water，pumped from the Whangpoo，was purified by slow sand filters，alum，and chlorine. ⑤

---

① 熊月之、张敏：《上海通史》第 6 卷《晚清文化》，上海：上海人民出版社，1999，第 21、22 页。

② 《自来水》，《申报》1882 年 9 月 17 日，（21）473。

③ 《自来水》，顾炳权编：《上海洋场竹枝词》，上海：上海书店出版社，1996，第 419 页。

④ 《倾水留桶》，《申报》1883 年 9 月 26 日，（23）526。

⑤ Murphey R. *Shanghai，Key to Modern China*. Cambridge：Harvard University Press，1953，P36.

chlorine 就是"氯"，但这显然不是 19 世纪末英商上海自来水厂的制水工艺。罗兹·墨菲的英文专著后来由上海社会科学院历史研究所组织翻译，1986 年由上海人民出版社出版。[①]也许是受罗兹·墨菲的影响，其后国内诸多学者有类似的表达：如唐振常称此时的自来水"经过消毒的"[②]；熊月之认为"添加漂白粉之类的消毒剂，有些异味"[③]；李达嘉直接引用罗兹·墨菲的英文原著，也认为当时自来水加了"氯气"[④]；罗苏文的表述与罗兹·墨菲专著的中译本相关内容颇有几分相似，不过没有注明其史源：

> 1883 年 8 月，上海公共租界开始供水（3698 立方米/日）。自来水公司将取自黄浦江的水，用缓慢的沙滤器、明矾和氯气使水净化、消毒后，通过铺设的专用管道供应给用户。[⑤]

不过，这是以民国及当今的自来水工艺技术去臆测晚清时期的自来水，晚清上海自来水工艺只有沙滤，并无消毒。水源的过滤与消毒发展历史是这样的。1750—1850 年是英国近代供水系统的发展时期，人口从农村向城市流入、制造业的迅速发展和铁路的引进，都需要连续不断地供应清洁的水。水过滤技术主要发展历史如下：

在印染和漂白行业中，对清洁的纯净水的需求促使兰开夏郡的一些生产企业通过砂床来过滤他们的水。1791 年皮科克取得了一项将水向上流过分级砂床的专利。1804 年，在佩斯利成功建造了处理公共用水的慢砂滤池。后来，这种过滤装置在英国许多地区、欧洲其他地方以及美国都相继建造起来。[⑥]

1829 年，伦敦切尔森自来水公司工程师辛普森（James Simpson，1799—1869 年）建造了"慢速沙滤池"，此后英国和欧洲大陆又建造了大量的按照同一原理设计的沙滤池。慢速沙滤池的典型结构，主要包括防水的砖池或砌石池，置于池内的 2 英尺或 3 英尺厚的沙层，以及位于沙层下面的砾石。砾石下方是一个砖、石或瓦之间构筑有细缝的地下排水系统，用以收集经过滤的水（图 1）。[⑦]

1849 年与 1853—1854 年，伦敦数度暴发严重的亚洲霍乱，经医生查明是由于饮水水源被排泄物污染所致，同时，来自泰晤士河的水变得越来越恶臭难闻，这些事件激起民众强烈的反感。在此情况下，1852 年，英国通过《大城市水法》，强制规定水必须经过过滤，并禁止在泰晤士河潮汐区域汲水。新的水源未经

---

① 〔美〕罗兹·墨菲：《上海——现代中国的钥匙》，上海社会科学院历史研究所编译，上海：上海人民出版社，1986。

② 唐振常主编：《上海史》，第 254 页。

③ 熊月之、张敏：《上海通史》第 6 卷《晚清文化》，第 21 页。

④ 李达嘉：《公共卫生与城市变革——清末上海人生活文化的一个观察》，中国史学会编：《第一回中国史学国际会议研究报告集：中国の歴史世界——统合のシステムと多元的发展》，第 76 页。

⑤ 罗苏文：《上海传奇：文明嬗变的侧影（1553—1949）》，上海：上海人民出版社，2004，第 154 页；参〔美〕罗兹·墨菲：《上海——现代中国的钥匙》，上海社会科学院历史研究所编译，第 42 页。

⑥ 〔英〕查尔斯·辛格、E.J. 霍姆亚德、A.R. 霍尔，等主编：《技术史》第 4 卷《工业革命（约 1750 年至约 1850 年）》，辛元欧主译，上海：上海科技教育出版社，2004，第 331—338 页。

⑦ 〔英〕查尔斯·辛格、E.J. 霍姆亚德、A.R. 霍尔，等主编：《技术史》第 5 卷《19 世纪下半叶（约 1850 年至约 1900 年）》，远德玉、丁云龙主译，上海：上海科技教育出版社，2004，第 388、389 页。

贸易部检验员批准，不得取用。[①]

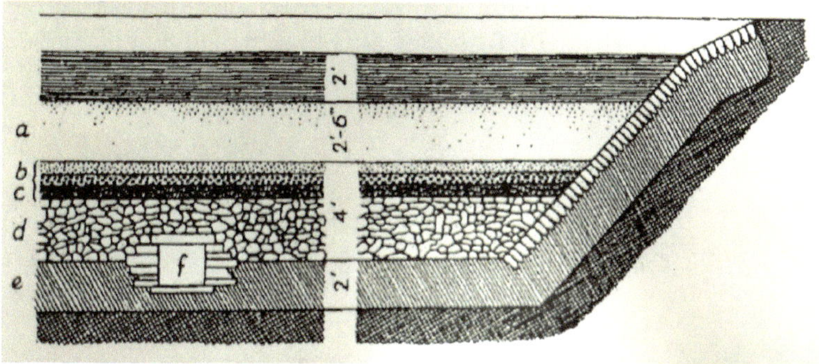

图 1　慢速沙滤池剖面（都柏林）

注：a——沙子；b——大小不等的砾石；c——碎石（3 英寸）；d——碎石（4—8 英寸）；e——整实黏土；f——干砌石集排水道。
资料来源：[英] 查尔斯·辛格、E.J. 霍姆亚德、A.R. 霍尔，等主编：《技术史》第 5 卷《19 世纪下半叶（约 1850 年至约 1900 年）》，远德玉、丁云龙主译，第 389 页

在 19 世纪末以前，人们已在水过滤这一水处理的基本方法上取得了巨大的进展。1885 年，弗兰克兰（Percy Frankland，1858—1946 年）开始对伦敦各供水公司的供水进行常规的细菌学分析，证明了有效的沙滤可使水中的细菌含量减少 98%。19 世纪 80 年代发明了现代形式的快速沙滤池。19 世纪末，许多水厂采用了多层过滤。[②]

水消毒方面：在使用物理过滤方法处理水源时，人们也在思考用化学手段来帮忙处理。1843 年，辛普森曾试验性地使用硫酸铝对水进行化学混凝。1881 年，在博尔顿也曾大规模地使用过。但是，当时这种方法并没有被看作水处理的固定工序。另一种化学处理方法是使用铁盐作为混凝剂，对水进行沉淀，在 19 世纪 80 年代曾在欧洲流行了数年，但最终被硫酸铝取代。

实际上，直到 20 世纪头 10 年，人们才开始对水进行消毒处理。1896 年，人们用漂白粉制止了亚德里亚海波拉地区伤寒的蔓延。第二年，梅德通地区暴发伤寒疫情时，同样使用了漂白粉。以上只是孤立事件。1902 年，比利时的米德尔凯尔克（Middelkerke）建造了第一座氯化水的永久性装置。在英国，以次氯酸钠溶液形式使用的氯于 1905 年在林肯首次用作水的常规处理。[③]

---

① 〔英〕查尔斯·辛格、E.J. 霍姆亚德、A.R. 霍尔，等主编：《技术史》第 4 卷《工业革命（约 1750 年至约 1850 年）》，辛元欧主译，第 339 页；“《大城市水法》”在第 5 卷译为“《大都市供水法》”，〔英〕查尔斯·辛格、E.J. 霍姆亚德、A.R. 霍尔，等主编：《技术史》第 5 卷《19 世纪下半叶（约 1850 年至约 1900 年）》，远德玉、丁云龙主译，第 389—391 页。

② 〔英〕查尔斯·辛格、E.J. 霍姆亚德、A.R. 霍尔，等主编：《技术史》第 5 卷《19 世纪下半叶（约 1850 年至约 1900 年）》，远德玉、丁云龙主译，第 388、389 页。

③ 〔英〕查尔斯·辛格、E.J. 霍姆亚德、A.R. 霍尔，等主编：《技术史》第 5 卷《19 世纪下半叶（约 1850 年至约 1900 年）》，远德玉、丁云龙主译，第 391、392 页。关于饮用水过滤消毒技术发展史可参〔英〕查尔斯·辛格、E.J. 霍姆亚德、A.R. 霍尔，等主编：《技术史》第 7 卷《20 世纪（约 1900 年至约 1950 年）》，关锦镗主译，武汉：华中理工大学出版社，1992，第 345—355 页；亦可参见吴一蘩、高乃云、乐林生编著：《饮用水消毒技术》，北京：化学工业出版社，2006 年，第 17、18 页；秦敏在其硕士论文中也介绍，但基本抄自查尔斯·辛格等人主编的《技术史》，还没有注明完整出处，参秦敏：《近代自来水技术的引进、发展与传播（1880 年—1936 年）》，内蒙古师范大学硕士学位论文，2011，第 8—11 页。

英商上海自来水公司建立之时所用之法，“以明矾沉淀其污秽，然后以水车转送各用户”①，也就是生产流程为潮汐进水，慢滤池过滤，蒸汽机出水，主要设备有总容量613万加仑的沉淀池2座，慢滤池4座，清水池1座，蒸汽锅炉3台及出水间1座。②1920年8月4日起，出厂水才全部加氯。③这是中国最早应用氯气消毒工艺的水厂。④1922年3月，英商上海自来水公司杨树浦水厂4只美式快滤缸投产运行，结果满意。1923年实行全面投加硫酸铝，用连续沉淀取代间歇沉淀，之后美式快滤池逐步代替英式慢滤池。⑤

由此可知，在民国以前，英商上海自来水公司在净水过程中绝无可能添加漂白粉或用氯消毒。至于华人所谓自来水中的异味，极有可能是华人的心理作用，当然也不排除当时沙滤处理原水的效果有限。

三、自来水传播历史：1883年前已有广泛传播

学界认为第二方面原因是华人“保守”，主要阻力来自官府，明知使用自来水有利无弊，但因此事创自西人，又系西人管理，若骤然师法，恐怕要引来“以夷变夏”之讥，于是借口“地非租界，畛域宜分”，拒绝使用。其实，只是一部分人保守，同时这个借口也只是表面原因。

自来水对晚清时期的中国居民来说确为新鲜事物，但从上海开埠（1843年）到英商上海自来水正式供水（1883年）的四十年间，上海地方官僚和民众对自来水已有一定的认知和接受。

首先，这四十年里，自来水已在上海一定程度和范围内实践。1883年英商上海自来水公司建成供水并不是一个突然来到上海的新鲜事物，之前就有一系列铺垫。西人来沪后，对饮用水提出了更高的要求。南浸信会传教士耶茨（1847年来到上海）最先提议改用自来水。⑥1860年，上海市区开凿了第一口深井（自流井），1872年出现了沙漏水行，1875年建立了第一家自来水厂。⑦

其次，在1883年前，有关自来水新闻报道已在《申报》《字林西报》等新型媒体上屡见不鲜。19世纪60年代，在总理各国事务衙门的组织下，朝廷曾派遣官员考察外国的自来水厂。一些官员回国后，撰写文集，向国人宣传自来水的好处。同治五年（1866年），斌椿（1803—1871年）、张德彝（1847—1918年），随海关总税务司司长赫德（Robert Hart，1835—1911年）出访欧洲，对欧洲自来水颇感惊奇，在他们的游记中（斌椿《乘槎笔记》、张德彝《航海述奇》）都留下了相关记录；其中，张德彝用“自来”来形容西方现代化的用水设施，是中国文献中最早使用“自来水”一词的记录，随后《上海新报》《中国教会新报》等报纸中都出现了有关自来水的报道。⑧

以《申报》为例，自1872年创刊至1883年，其中与自来水相关的报道和广告共计70篇（反复出现的

---

① 昌燕：《上海自来水之调查》，《钱业月报》1921年第7期，“调查”，第26页。
② 上海公用事业志编纂委员会编：《上海公用事业志》，上海：上海社会科学院出版社，2000，第183、184页。
③ 上海市公用事业管理局编：《上海公用事业（1840—1986）》，第137页。
④ 洪觉民、陆坤明、何寿平主编：《中国城镇供水技术发展手册》，北京：中国建筑工业出版社，2006，第160页。
⑤ 上海市公用事业管理局编：《上海公用事业（1840—1986）》，第137、138页。
⑥ 何小莲：《西医东渐与文化调适》，上海：上海古籍出版社，2006，第189页。
⑦ 上海市公用事业管理局编：《上海公用事业（1840—1986）》，第110—118页。
⑧ 陈文妍：《水的双城记：上海与苏州自来水之供应（1860—1937）》，香港中文大学博士学位论文，2016，第39—41页。

广告、公告只计入一次）（图 2），其中，在 1883 年 8 月 1 日英商上海自来水公司正式供水前，《申报》中相关报道有 62 篇，特别是在 1880 年工部局确定建立自来水公司方案后，相关报道增加较快。在这 62 篇新闻报道和广告中，有 24 篇标题中含有“自来水”三个字，还有 4 篇直接以“自来水”为标题。

进一步对英商上海自来水公司正式供水前《申报》中相关 62 篇报道和广告内容分析，除了 2 篇关于杭州科考用水，1 篇报道香港自来水，1 篇关于广州用水外，其余 58 篇都与上海相关。这 58 篇中，17 篇是追踪报道英商上海自来水公司兴办动态，其余 41 篇无一例外，都极力宣扬自来水的好处，如将兴办自来水视为“善举”“美举”，例如：

> 吸水之法，于数十里外取清水将挹彼而注之，此诚善举焉。[①]
>
> 去春曾有西人议用机器引远方滩淀等处清水分派铺户应用，诚为地方之美举。[②]
>
> 且议用机器引水之法，诚为地方之美举，倘得众擎易举，亦为一劳永逸之方。[③]

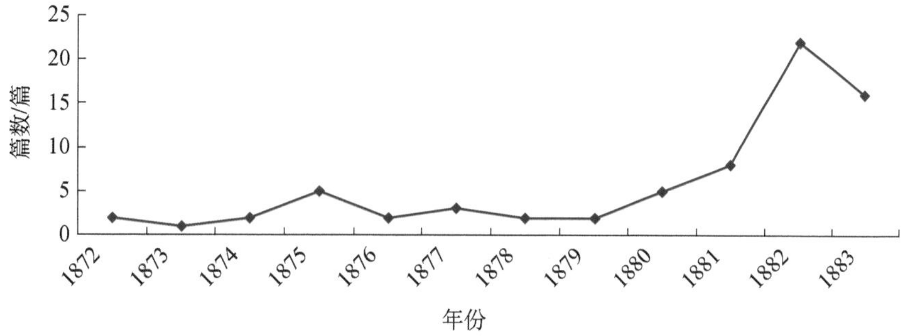

图 2 《申报》（1872—1883 年）与自来水相关的报道和广告篇数

注：统计资料来源于影印版《申报》，反复出现的广告、公告只计入一次

上述 41 篇报道除了对上海兴办自来水充满赞誉与期待之外，还有一个明显的意思表达，即上海县城也应该有自来水，如称上海县城应该抓住机会接入洋人开办的自来水[④]；或称上海县城华人应该自办自来水，是一件“无形功德事”。[⑤]

由此可见，在 1883 年英商上海自来水公司正式供水前，“自来水”虽属新鲜事物，但相关知识在上海至少已经传播十几年，华人社会对其有一定程度的认知和接受。当时，自来水公司、电灯公司，“华人皆愿入股”[⑥]。1882 年，在上海办理洋务的陈福勋邀当时文人集会，以“自来水、电气灯”为题助兴[⑦]，这些都说明了此时上海华人对自来水有一定认知，也充满期待，很难说是“风气未开”。

---

① 《拟建水池议》，《申报》1872 年 5 月 10 日，（1）29。

② 《上海饮水秽害亟宜清洁论》，《申报》1873 年 2 月 28 日，（2）177。

③ 《论饮水清洁之法》，《申报》1874 年 5 月 25 日，（4）471。

④ 《城内宜商取自来水说》，《申报》1875 年 5 月 15 日，（6）441。

⑤ 《城内拟设自来水》，《申报》1883 年 3 月 22 日，（22）377。

⑥ 《劝华人集股说》，《申报》1882 年 6 月 13 日，（20）807。

⑦ 《养和堂晏启记》，《申报》1882 年 8 月 14 日，（21）265。

至于学界所说官府的保守，“守土者以事出西人，其筦（同“管”）又系西人掌之，以西人而行西法，多一事不如少一事”[①]。恐怕要引来“以夷变夏”之讥，于是借口“地非租界，畛域宜分”[②]，拒绝使用。不排除一些守旧官僚反对，上海地方官僚支持自办自来水或自来水入城的大有人在。

上海道台冯焌光在任期间（1875—1877年），曾“委某别驾赴香港，将以仿造自来水法”[③]；道台邵友濂在任期间（1882—1886年），在李平书和姚安谷的推动理下[④]，曾委托水利局张委员与英商上海自来水公司议订合同，准备引水入城，后因1884年中法马尾海战，张委员因他案牵涉，经臬司撤委提省，邵友濂升任台湾藩司，自来水入城功败垂成，成为泡影。[⑤]而直隶总督李鸿章亲自为英商上海自来水公司打开了水厂引水阀门，更是直接说明了官方在自来水问题上的态度与影响。[⑥]李鸿章是晚清权臣，虽说这次活动是他服丧期间一项私人访问，但还是有“一大批随员陪同”，像“半国事访问”，他对这个企业甚感兴趣，表示希望不久在天津建立类似的企业。[⑦]

也许有人说上述这些官僚是洋务派，或者思想比较开明，但实际上，1876年上海建成的吴淞铁路是中国第一条营业铁路，当年正是在上海道台冯焌光主政下，交涉购回，然后拆除，冯焌光有其“保守”的一面。[⑧]邵友濂曾竭力反对引入西方的缫丝机械和棉纺织业，停止《上海官报》的发行。[⑨]支持兴办自来水，也许是受李鸿章的影响，邵友濂不仅是李鸿章的幕僚，还与他有姻亲关系，邵友濂大儿子邵颐娶的是李鸿章的侄女（李家老六李昭庆的女儿）。[⑩]

---

① 《论沪城改用自来水》，《申报》1883年3月29日，（22）417。

② 《宜用自来水以却疾疫论》，《申报》1882年11月12日，（21）805。

③ 《城中运水说》，《申报》1876年6月10日，（8）533。

④ 冯绍霆：《李平书传》，上海：上海书店出版社，2014，第33页。

⑤ 李平书：《李平书七十自叙》，上海：上海古籍出版社，1989，第17页；注：这只是李平书一家之言，自来水入城夭折的原因，其实是上海地方绅董的反对，详见后文论述。

⑥ 程恺礼、周武、李达嘉诸先生认为，是自来水公司特意请李鸿章来主持开闸仪式，这一论断应该是来源于《申报》相关记载：“水之开始运用，在一八八三年六月二十九日，总督李鸿章参与开幕典礼。”[《记上海自来水公司》，《申报》1920年7月25日，（165）456]，但据英商上海自来水有限公司1884年4月30日的第四次股东年会上1883年董事会年度报告，“（1883年）6月29日，那时在上海的李鸿章总督，事先曾宣告（表示）要参观水厂。（当日）在总工程师的请求下，开放了引入黄浦江水的阀门”（喻晓：《李鸿章与杨树浦水厂》，《新民晚报》2013年7月5日，A29版），即是李鸿章想要参观，自来水公司帮忙打开水阀，并非一个专门的开闸仪式。分别参程恺礼：《19世纪上海城市基础设施的发展》，林克主编：《上海研究论丛》第9辑，第358页。周武：《晚清上海市政演进与新旧冲突——以城市照明系统和供水网络为中心的分析》，载张仲礼、熊月之、沈祖炜主编：《中国近代城市发展与社会经济》，第195页。周武、吴桂龙：《上海通史》第5卷《晚清社会》，第178页。李达嘉：《公共卫生与城市变革——清末上海人生活文化的一个观察》，载中国史学会编：《第一回中国史学国际会议研究报告集：中国の歴史世界——统合のシステムと多元的发展》，第76页。

⑦ 徐雪筠编译：《上海近代社会经济发展概况（1882—1931）》（《海关十年报告》译编），上海：上海社会科学院出版社，1985，第28页。关于李鸿章对上海影响，梁元生先生在《晚清上海：一个城市的历史记忆》中有一章名为“津沪联系：李鸿章对上海的政治控制”专门讨论此问题，参梁元生：《晚清上海：一个城市的历史记忆》，香港：香港中文大学出版社，2009，第191—206页。另外，1883年李鸿章到上海还有其他目的，当时中法即将开战，他在租界与法国驻华公使巴特诺特（M. Patrenotre）协商越南北部问题，参见〔英〕麦克莱伦：《上海故事——开埠到对外贸易》，载〔美〕朗格、魏德卯、埃尔希·麦考密克，等：《上海故事》，高俊、房云芳泽、张静，等译，北京：生活·读书·新知三联书店，2017，第114页，这一点可以《李鸿章年谱》相印证，参见雷禄庆编：《李鸿章年谱》，台北：台湾商务印书馆股份有限公司，1977，第310页。

⑧ 参梁元生：《晚清上海：一个城市的历史记忆》，第92页。

⑨ 梁元生：《上海道台研究——转变社会中之联系人物，1843—1890》，陈同译，上海：上海古籍出版社，2003，第92、93页。

⑩ 宋路霞：《细说盛宣怀家族》，上海：上海辞书出版社，2015，第117页。

上海地方官僚对自来水的普遍欢迎态度，也许是因为饮用水为居民日常生活必需品，而当时上海城内饮用水确实是一个大问题："河渠甚狭"，"浊不堪饮"，同时来回挑水夫造成城内道路泥泞难行[①]，"引自来水入城"，使城内居民"饮和而食德"，是"治城中水利之上策"[②]，这应该是当时上海地方官僚的共识。

四、昙花一现的"毒水"谣言：水夫利益表达与各方应对

笔者以为，英商上海自来水公司早期在华人推广中的阻力，最直接原因是水夫的抵制和阻挠，即学界所说的"生计原因"。水夫生计一旦有保障，其抵制和阻挠便可顷刻瓦解。学界在研究晚清自来水在上海华人推广中阻力相关问题时注意到了挑水夫问题，特别是李达嘉[③]，对自来水推广初期水夫的谣言与各方应对有一定论述，但缺少细致分析深入的分析，如与"以夷变夏"之间的关系；其他学者，如熊月之只是谈到有人担心挑水夫的生计问题而反对自来水，没有具体研究挑水夫如何反对与抵制[④]，丁日初、徐新吾在相关研究中虽直接提及挑水夫的反对与抵制，但限于研究主旨，都只是一笔带过：

> 原来打算向租界居民普遍供水的计划进展不快，因为一般中国人还不知道自来水的优点，也不愿意改变使用河水的习惯，一向以挑水为生的挑水夫的竭力反对也起了一些作用。[⑤]
>
> 初期因受到上海挑水夫有组织的抵制，业务进展不很顺利。[⑥]

上海滨江靠海，在水质污染范围有限的晚清，城外远汲和乘潮而汲是居民获得清洁饮用水的传统手段。[⑦]在自来水出现以前，上海有不少以担水为生的挑水夫。据称19世纪80年代初，上海县城有担夫四百多人，租界有担夫两千多人。[⑧]这些人本身处于社会底层，"无业穷氓业此，以为生者，不乏其人"[⑨]。自来水推广以后，这两千多人势必各失其业，"无以为糊口之资"[⑩]。自来水，龙头一拧，水自来，他们担心因此而失

---

① 梁志平：《渐变下的调适：上海水质环境变迁与饮水改良简析（1842—1980）》，《兰州学刊》2011年第12期，第115—123页。

② 《整治沪城末议》，《申报》1883年2月15日，（22）205。

③ 李达嘉：《公共卫生与城市变革——清末上海人生活文化的一个观察》，载中国史学会编：《第一回中国史学国际会议研究报告集：中国の歴史世界——统合のシステムと多元的发展》，第78、79页。

④ 熊月之、张敏：《上海通史》第6卷《晚清文化》，第21、22页。

⑤ 丁日初主编：《上海近代经济史》第一卷（1843—1894年），上海：上海人民出版社，1994，第309页。

⑥ 徐新吾、黄汉民：《上海近代工业史》，第22页。

⑦ 梁志平：《水乡之渴：江南水质环境变迁与饮水改良（1840—1980）》，第81—84页。

⑧ 《宜用自来水以却疾疫论》，《申报》1882年11月12日，（21）805；《论沪城改用自来水》，《申报》1883年3月29日，（22）417。对于当时租界挑水夫的数量，李达嘉先生不知如何判断，他亦认为，"各租界自来水每日有穿号衣之水夫挑送居民铺户，然向来挑黄浦水为生计者，不下四五百人"[《水夫嫉妒》，《申报》1883年11月2日，（23）748，参李达嘉：《公共卫生与城市变革——清末上海人生活文化的一个观察》，中国史学会编：《第一回中国史学国际会议研究报告集：中国の歴史世界——统合のシステムと多元的发展》，第78页]，笔者认为《申报》这篇报道说的是租界挑黄浦江江水水夫的数量，并非所有水夫都挑黄浦江江水，综合其他史料，当时租界挑水夫数量应当为两千多人。

⑧ 《论自来水之利》，《申报》1880年2月18日，（16）169。

⑨ 《论自来水之利》，《申报》1880年2月18日，（16）169。

⑩ 《于自来水见西人克肩大任说》，《申报》1882年2月15日，（20）181。

业，于是编造了自来水有毒的谣言：

一时水夫等恐通行自来水或致失业，遂编作谣言，煽惑众听，大都居家所用之汤水等物，皆系妇女管理，男子专治外政，何暇问及，而妇女辈一闻此言，莫不易于见信，遂致该公司之水销路极少，为患殊深，是以该公司禀请总领事照会会审，出示晓谕，以破众人之疑问而止谣言之肆造。①

故，水夫生计问题，是推广自来水不得不面对一个话题。②这才是上海一些官僚反对自来水进城或开办自来水的原因，“以夷变夏”只是一个借口：

当自来水初设时曾拟分布城中，俾无数居人咸受和甘之福。领事曾为咨商，竟格于例，不克举行，说者谓，执政虽托词于地非租界，畛域宜分，实以担夫数百人之生计，恐因是而绝斯言也。③

其实，对于自来水对水夫可能带来的影响，英商上海自来水公司也不是没有考虑。为拉拢水夫，平息原有挑水夫的抵制，1883 年 8 月，在自来水正式供水不久后，英商上海自来水公司曾连续三天在《申报》发布公告，将与水夫“溥沾利益”，号召水夫挑售自来水，不过，这个布告明显带有威胁性质，“如再不来，本公司即当另雇挑夫”④。针对外间谣言，英商上海自来水公司除了在《申报》等媒体上持续宣传之外⑤，还请上海地方政府“出示晓谕”，“禁诸谣言”⑥。于是，1884 年 2 月 15 日《申报》上出现了《禁止谣言示》。

谣言因“水夫”而起，“水夫”又直接与用水居民接触，要想让谣言止息，让原有挑黄浦江水的水夫生计无忧，转挑自来水，无疑是最佳选择：

上海食水秽恶，易致疾病，自来水颇为清洁，倘能畅销遍用，则疾疫必可稍减于前，但苦居民惑于谣传，疑信参半，大都水手等谣诼所致，若使若辈均沾利益，则水销必广，而被其泽者多矣。⑦

当时，面对承销自来水经营困难状况，承销商李平书就将上海华人不愿用自来水的原因归咎于原来挑水夫的阻挠：

近见租界清水盛行，凡向用浦水之户大半改用清水，其水系用沙沥漏三次，清洁异常，水管直至东北三门吊桥下，观其出水甚便，现在城中铺户颇多要用，无如向挑河水之夫，恐碍生计，屡经该清

---

① 《推广禁止谣言说》，《申报》1884 年 2 月 16 日，（24）235。

② 参《查核食用水数》，《申报》1877 年 7 月 5 日，（11）14；《议用自来水说》，《申报》1878 年 9 月 12 日，（13）253；《论自来水之利》，《申报》1880 年 2 月 18 日，（16）169；《于自来水见西人克肩大任说》，《申报》1882 年 2 月 15 日，（20）181；《宜用自来水以却疾疫论》，《申报》，1882 年 11 月 12 日，（21）805；《论沪城改用自来水》，《申报》1883 年 3 月 29 日，（22）417。

③ 《宜用自来水以却疾疫论》，《申报》1882 年 11 月 12 日，（21）805。

④ 《布告水夫》，《申报》1883 年 8 月 22 日，（23）316；8 月 23 日，（23）323；8 月 24 日，（23）330。

⑤ 例如，自 1884 年 1 月 23 日起，英商上海自来水公司在持续 30 天《申报》上刊登《扬清激浊》的广告，参见《扬清激浊》，《申报》1884 年 1 月 23 日，24（134）。

⑥ 《请禁谣言》，《申报》1884 年 2 月 6 日，（24）176。

⑦ 《利益同沾》，《申报》1884 年 2 月 16 日，（24）235。

水公司招募，未肯承挑，因此阻隔。[①]

不过，水夫显然还在衡量收益与风险，不肯受雇于承销商，挑售自来水。1884年，时值夏季，为“隐弭沴疠”，李平书特请上海代理知县堂黎光旦出示晓谕：

此水有益无害，劝令各水夫一律承挑清水，俾得城厢内外共饮和甘，实为德便。[②]

同时，李平书还进一步建议“传谕老虎灶一律改用清水”，若水价高，他愿意与自来水公司妥商，格外减价，“务使老虎灶及各水夫利益均沾，无碍生计”。光绪十年五月初八日（1884年6月1日），上海代理知县黎光旦出示晓谕“水夫”不得再“把持生事”，若违将法办：

查城厢河水秽臭，不堪入口，今据廪生李钟珏请饬水夫挑卖自来水，以消疫疠，该水夫仍收其佣值，事属便民，自可照办，除批示外合行出示晓谕，为此示仰城厢铺户居民及水夫、地保人等知悉，尔等须知，城厢河道每逢小汛，河水污秽，饮之易致疾病，现在自来水公司议明价值，由各水夫挑买清水，在民间所费较诸买用河水相去无多，水极清洁，并无弊病，该水夫等仍得藉以糊口，事属两利，嗣后不得再有把持生事，如敢故违，许该地保禀县提究，其各遵照毋违，特示，光绪拾年五月初八日示。[③]

除了请上海县知县出示禁谕，四处推广之外，李平书还利用作为《字林沪报》主笔的机会，自己在报纸上著文鼓吹，撰有《自来水有益于人说》《论化验水质》等文，宣传自来水清洁、便宜。[④]

虽说李平书承销自来水最终撤局，但经过上海地方政府的多次出示晓谕，再加上英商上海自来水公司的免费试用，以及后来法租界内居民免费汲取[⑤]，上海“居人皆得含清饮洁，甚以为便”[⑥]。英商上海自来水公司的收益也蒸蒸日上，如1885年盈利2734镑4先令10便士，虽说“尚未能大有所获”，但其获利可见，为开拓市场，拟招新股一千二百股。[⑦]

上海的自来水是成功的，1886年，《纽约时报》记者来到上海，对上海自来水给予了高度评价：

（供水）通常这是东方城市的致命弱点，在远东地区，由于饮用不清洁水而死亡的人数要比其他所有原因致死人数的总和还要大。令人惊奇的是，上海人解决了这个问题。现在，上海有一个了不起的供水系统，为居民提供优质饮用水。[⑧]

陈文妍博士认为与传统挑取黄浦江相较，无疑自来水成本更为昂贵，可见挑运的水费高昂，才是上海华

---

① 《劝用自来水示》，《申报》1884年6月5日，（24）883。

② 《劝用自来水示》，《申报》1884年6月5日，（24）883。

③ 《劝用自来水示》，《申报》1884年6月5日，（24）883。

④ 冯绍霆：《李平书传》，第32、33页。

⑤ 《汲水新章》，《申报》1885年11月29日，（27）924；《违章汲水》，《申报》1885年12月16日，（27）1028。

⑥ 《洁水畅销》，《申报》1886年9月27日，（29）542。

⑦ 《自来水公司清帐》，《申报》1886年6月16日，（28）965。

⑧ 《1886年的上海：租界见闻》，载郑曦原编：《帝国的回忆——〈纽约时报〉晚清观察记（1854—1911）》（修订本），李方惠、胡书源、郑曦原译，北京：当代中国出版社，2007，第58、59页。

人拒绝光顾街道水龙头的原因。[①]挑用自来水是否一定比较挑用江水要贵，这个可能要具体分析，就挑运距离来讲，挑用江水显然要比挑用自来水要远，只是自来水是有价的。其实，使用自来水的价格也并不一定十分昂贵。居民需水者，可饬水夫送去，不论远近，“每担钱十文，激浊扬清，人皆称便”[②]，“人皆乐之”[③]。

通过试用、宣传、官方禁谣与推崇，自来水以其卫生、方便等优点，逐渐获得了上海居民的认可与推崇，称“其水之清，其水之便，意美法良，居租界者无不皆受其益”[④]。同时，对自来水的赞美当时也是层出不穷，仅在顾炳权编纂的《上海洋场竹枝词》中就有5首竹枝词赞美租界自来水的方便、清洁。[⑤]在此情况下，自来水公司营业扩展也较快，供水范围扩大到外国租界的全部地区，股息率也常保持在8%左右。[⑥]

五、“利权”争夺与自来水入城的夭折

有一个问题耐人寻味：当水夫生计有保障，自来水有毒的谣言消释，华人对自来水的接受度越来越高后，上海县城并没有直接接管引入英商上海自来水公司的自来水，而是在1897年自办自来水。这其实是因为上海地方绅董看到了兴办自来水可以名利双收，借口“利权外溢”，反对引水入城。

前文已述，上海道台冯焌光在任期间就有兴办自来水的想法。1883—1884年，在李平书和姚安谷的推动下，上海道台邵友濂曾委托水利局张委员与英商上海自来水公司议订合同，准备引水入城，虽然“图样业已绘就”[⑦]，但后来由于中法战争，人事变动，“很有希望之事最终又成泡影”[⑧]。这是李平书在自传中解释的原因，不过，有人指出其实另有原因，“实缘未与本地绅董会合筹款”，“独断独行”，“故事不成”[⑨]。这可能才是真正原因，其中似有经济利益冲突。黄式权则称：“惑于某绅之言，其议遂息。”[⑩]不管是何原因，接水入城失败被后人称为一大“憾事”。[⑪]

之后，随着有关自来水有毒的谣言的消释，华人进一步认识到了自来水的好处，希望用上自来水。然

---

① 陈文妍：《水的双城记：上海与苏州自来水之供应（1860—1937）》，香港中文大学博士学位论文，2016，第71页。

② 黄式权：《淞南梦影录》，上海：上海古籍出版社，1989，第145页。

③ 黎床卧读生：《绘图上海杂记》卷3《自来水》，上海：文宝书局石印本，1905。

④ 《阅本报纪议设自来水事系之以论》，《申报》1896年10月7日，（54）101。

⑤ 辰桥的《申江百咏》卷上、颐安主人的《沪江商业市景词·自来水台》、颐安主人的《沪江商业市景词·自来水公司》、刘梦音的《上海竹枝词》、锄月轩居士的《申江竹枝词·自来水》，分别参见顾炳权编：《上海洋场竹枝词》，第80、102、115、417、419页。

⑥ 丁日初主编：《上海近代经济史》第一卷（1843—1894年），第310页。祝慈寿称股息经常为年息7%—8%，参见祝慈寿：《中国近代工业史》，重庆：重庆出版社，1989年，第239页。徐新吾称为8%—9%，参见徐新吾、黄汉民：《上海近代工业史》，第22页。

⑦ 《接水入城》，《申报》，1884年5月25日，（24）819。

⑧ 李平书：《李平书七十自叙》，第17页；冯绍霆：《李平书传》，第30—33页。

⑨ 《沪南拟设水利公司时不可失说》，《申报》1896年5月1日，（53）1。另，李达嘉先生认为邵友濂引租界自来水入城失败的原因：“一方面是华官不愿租界外人力量伸入城内，侵害中国主权，一方面则认为西人所能为者，华人皆仿其法为之，自来水之创办，华人自能仿行，并不需用西人之自来水。”（李达嘉：《公共卫生与城市变革——清末上海人生活文化的一个观察》，载中国史学会编：《第一回中国史学国际会议研究报告集：中国の歴史世界——统合のシステムと多元的发展》，第82页）笔者以为，主权只是表象，背后还是华人绅商对经济利益的考量。

⑩ （清）黄式权：《淞南梦影录》，第145页。

⑪ 《论自来水大有益于民生》，《申报》1892年2月19日，（40）243；《论辟秽与浚河宜次第举办》，《申报》1893年4月21日，（43）657；《沪南拟设水利公司时不可失说》，《申报》1896年5月1日，（53）1。

而，兴办自来水需要巨额资金，直接引入英商上海自来水公司水管，主要是埋管费用，相对自办自来水厂来说，费用要少很多，大概“只须（需）先集十万金，便可试办”[①]。实际上，上海道台邵友濂与英商上海自来水公司确有自来水入城的想法与实践：

本埠自来水管拟将接入城中一事，已纪前日报章，并闻此事已由道宪核准，昨晨该公司西人带同数华人前赴大东门一带丈量街道，以待兴工，从此激浊扬清，饮和有望，城内居民当必同声称便矣。[②]

对于启动自来水入城，上海居民大加赞许，充满期待：

近闻传言，城中接入自来水一事，亦既渐有端倪，已有西人勘量地段，装置一切，此举若成，则城内居民从此一洗旧染之污而自新，是真邑人之幸矣。[③]

从新接入，俾居民饮和食德，利益无穷，不特可免夏秋时疫，且一遇火警施救亦易，为功不较疏凿阴沟，功德更无限量乎？[④]

不过，自来水入城还有一个更大的现实障碍，即法租界公董局的阻挠。早在1880年，英商上海自来水公司与法租界公董局曾有过协议，可在法租界内铺设自来水管道，并可向上海县城供水，但保证优先向公董局各机关供水。1893年法租界公董局与英商上海自来水公司合约期满，公董局想自办水厂，拒绝英商上海自来水公司借道法租界向城厢供水。[⑤]

同时，上海地方绅董还担心“利权外溢”[⑥]，上海地方当局最终决定不接通租界自来水。何为“利权”，实为兴办自来水有长期稳定的经济收益。同样的道理，1895年法租界公董局购地设自来水厂，法领事提出要求在南市售水，上海道与地方人士集议，决定自办。[⑦]

兴办自来水前期投入巨大，但工部局赋予了英商上海自来水公司在公共租界的专营权，随着谣言的消释，用户的增加，英商上海自来水事业渐有生色，收益已相当可观，《申报》中不断有相关报道，如1885年，英商上海自来水公司盈利2734镑4先令10便士，虽说“尚未能大有所获”，但其获利可见，为开拓市场，拟招新股一千二百股。[⑧]之后，英商上海自来水事业更是蒸蒸日上。

1889年，英商上海自来水公司营业收入为银75 676两，除去一应开销，外净余银约五万两，按此，公司若分红，旧股友每股须派二十八先令，新股友每股须派十四先令。[⑨]1891年，营业收入为银97 117两，

① 《沪南拟设水利公司时不可失说》，《申报》1896年5月1日，（53）1。
② 《饮和可望》，《申报》1885年11月19日，（27）864。
③ 《书同仁医院本年清册后》，《申报》1886年11月26日，（29）913。
④ 《息影轩宾谈》，《申报》1889年3月18日，（34）387。
⑤ 上海市公用事业管理局编：《上海公用事业（1840—1986）》，第126、127页。
⑥ 《沪南拟设水利公司时不可失说》，《申报》1896年5月1日，（53）1。
⑦ 上海市公用事业管理局编：《上海公用事业（1840—1986）》，第128页。
⑧ 《自来水公司清帐》，《申报》1886年6月16日，（28）965。
⑨ 《公司获利》，《申报》1889年3月5日，（34）308。

净利润六万余两，公司议定每股派给利银计英金一磅二先令六辨（便）士。①

自来水除了具有商业性，还有公益性，对于自来水可能的获利，工部局是预期和管理的。在英商上海自来水公司设立时，工部局就“限利不准太得”：

每本洋百元，每年不过得利八元。②

也就是工部局规定了英商上海自来水公司的年收益不能超过8%。1883—1894年，除了最初几年，英商上海自来水公司的年收益基本维持在这一水平（表1）③，可谓“获利颇厚”④。据统计，当时中国主要工业行业的平均利润率为7%左右。⑤

表1 英商上海自来水公司经营情况（1883—1894年）

年份	资本/万镑	年供水量/万吨	日均供水量/吨	年营业收入	净利/英镑	股息率/%
1883	12		2 270	3 589 英镑		
1884	12	160	4 372		4 885	4
1885	12	170	4 657		2 374	1.5
1886	14.4	228	6 246		8 065	5
1887	14.4	340	9 315	69 171 两	35 619	5
1888	14.4	270	7 377	75 676 两	42 907	7
1889	14.4	228	6 246	86 657 两	53 403	8
1890	14.4	250	6 849	90 606 两	55 629	8
1891	14.4	273	7 479	97 117 两	60 131	8.6
1892	14.4	316	8 633	108 947 两	69 804	8.6
1893	14.4	340	9 315	114 362 两	71 355	6.74
1894	14.4	347	9 506	131 333 两	84 533	7.5

资料来源：丁日初主编：《上海近代经济史》第一卷（1843—1894年），第310页。丁日初将净利单位写为“英镑”，而非《申报》中的“两”

不过，后来随着上海城市的扩展，人口的增长，英商上海自来水公司的供水范围越来越大，年利润远超过8%。如1931年，其营业总收入为270万两，股息分配133万两。据统计，1883—1949年，英商上海

① 《自来水公司帐略》，《申报》1892年3月25日，（40）464。

② 《准运自来水》，《申报》1880年6月19日，（16）657；上海公用事业志编纂委员会编：《上海公用事业志》，第154页。

③ 丁日初主编：《上海近代经济史》第一卷（1843—1894年），第310页。祝慈寿称股息经常为年息7%—8%，参见祝慈寿：《中国近代工业史》，第239页。徐新吾称为8%—9%，参见徐新吾、黄汉民：《上海近代工业史》，第22页。

④ 《沪南拟设水利公司时不可失说》，《申报》1896年5月1日，（53）1。

⑤ 《各个时期帝国主义在我国榨取的工业的平均利润率》，载陈真、姚洛、逢先知合编：《中国近代工业史料》第2辑《帝国主义对中国工矿事业的侵略和垄断》，北京：生活·读书·新知三联书店，1958，第840、841页。

自来水公司的平均年获利为 11.21%。[①]

对于兴办自来水可能带来的经济利益，华人也有认知：自来水公司、电灯公司，“华人皆愿入股”。[②]但购买西人公司股票只能分得一点点利润，毕竟自来水“获利颇厚”，让西人“捷足”[③]，一些华商显然不愿意看到，他们知道只要“苟经理得法”，“无不有利券之可操”[④]，希望中国官商能够仿效兴办自来水：

> 自来水可以防火患，辟疫疠，有益于民生者甚多，华人识见渐开，宜业乐于行用，日后再专推广，则该公司之获利自有左券可操，蒸蒸日上之机，可为有股诸君贺，尤望中国官商仿彼成法，有志扩充，裨益闾阎，实非浅鲜，此则留心世道者所引领而望者也。[⑤]

上海南市地方辽阔，店铺殊甚栉比，偶遇火灾，取水颇觉不便，并经常造成重大损失。同时，上海南市居民平时食水亦全赖潮水来时竞相挑汲，不仅造成街道泞滑，行人跌撞，而且潮水不经沙沥，随汲随饮，未免不洁，或致疾病。故上海南市居民对自来水的呼声极高，希望建立自来水厂，从而饮和食德，然而“洋人既不能越界”，“南市之利惟中国人自擅之”，自然无法接通租界自来水，呼吁“创造自来水于南市”[⑥]。由此，1897 年中国人开办的第一家自来水厂——内地自来水厂开始动工兴建，在招股过程中规定，“只许中国绅商居民购买，不准外人附入”[⑦]，从而确保不致“利权外溢”[⑧]。故所谓的“利权”，其实主要是经济利益，主权只是一个舆论空间尺度的转换与政治空间的生产。

六、结语：话语空间的生产与利益的表达

学界基本都是依据“冲击—反应”模式来展开分析的，认为上海华人对自来水的认知和接受有一个从“排斥”“抵制”到“接受”的过程。这并不能准确反映 19 世纪 80 年代初上海部分华人对英商上海自来水公司所谓的“抵制”。这种“抵制”表面上是反对自来水推广，并非因为是对自来水缺少认知而不能接受，实际上是相关利益团体为了维护自身的经济利益而进行的政治运作。

对清洁饮用水追求是人的正常行为。在传统时期，出现饮水困难主要是由河流的自然淤塞引起的，面

---

① 顾泽南、顾其详：《近百年来中国自来水厂的发展》，《中国科技史料》1984 年第 5 卷第 1 期，第 89 页。陈文妍博士在研究中看错了史料而认为上海内地自来水公司是一个失败的公司［参陈文妍：《水的双城记：上海与苏州自来水之供应（1860—1937）》，香港：香港中文大学博士学位论文，2016，第 85 页］，其实，1907 年，上海内地自来水公司“月”收入在万元上，而不是“年”，参见《苏松太道蔡照会抄送收回内地自来水公司详稿认可禀复文》（1909 年 2 月 11 日），载杨逸：《上海市自治志》甲编《议收回上海内地自来水公司案》，台北：成文出版社，1974，第 441 页。

② 《劝华人集股说》，《申报》1882 年 6 月 13 日，（20）807。

③ 《沪南拟设水利公司时不可失说》，《申报》1896 年 5 月 1 日，（53）1。

④ 《论自来水大有益于民生》，《申报》1892 年 2 月 19 日，（40）243。

⑤ 《自来水公司帐略》，《申报》1892 年 3 月 25 日，（40）464。

⑥ 《论南市宜仿造自来水》，《申报》1893 年 5 月 4 日，（44）25。

⑦ 《沪南设立自来水章程》，《申报》1897 年 7 月 29 日，（56）1077。

⑧ 《议复设自来水》，《申报》1896 年 9 月 13 日，（54）78。

对饮用水质的恶化，上海居民通过浚河、远汲、明矾澄清等来改善饮水条件。随着上海的开埠，有着不同的生活习惯和卫生要求的西方人对饮用水提出了更高的要求，新式的饮水改良方法，自流井、自来水等逐渐传入。并不是所有华人都反对排斥自来水，更加洁净更加方便的自来水受到一些“看世界”士绅的追捧，他们通过《申报》《字林沪报》《字林西报》等新兴媒体进行宣传。至19世纪80年代，自来水相关知识在上海得到了较为广泛的传播，并得到了越来越多居民的认可。

当然，在自来水推广过程中，上海确实有一部分华人一开始对自来水充满抵制，如《申报》所述陈太守、法租界老妪。①但1883年上海县城引入自来水或兴办自来水的主要阻力主要来源于“挑水夫”。“挑水夫”是处于社会底层的“无业穷氓”，又一个相当“蛮横”的社会群体。因为担心遍用自来水后生计受到影响，向用水居民编造和传播了自来水“有毒”的谣言。故，1897年，上海内地自来水公司创立，这是国人自办自来水厂之开始，上海知县黄承暄特出示晓谕，自来水厂要优先雇用上海县原来挑水夫。②

英商上海自来水公司和承销商，为了让上海居民都能获得清洁卫生的饮用水，同时实现自身的经济利益，通过尺度的转化，将行政引入，要求上海地方政府出面禁止，利用这一政治手段来达到经济目的。

随着水夫生计的保证，1884年自来水有毒的谣言很快消释，上海地方当局又有接自来水入城的实践，但遭到上海地方绅董的反对而夭折。上海地方绅董借口“利权外溢”，实际上是看到了兴办自来水可以名利双收，不仅有利于地方公益，而且在经济上也可以获利丰厚，从而导致了中国人自办的第一次自来水厂——内地自来水厂在上海的诞生。这是民族主义和爱国主义在自来水事业方面一次巧妙的利用。张仲民认为就晚清而论，这时中国社会已进入一个“消费文化的民族主义化”（nationalize consumer culture）时代，消费成为塑造民族认同的方式，它甚至可以淡化或忽略商品的使用价值，通过赋予或强调其“国籍”“民族主义”的性质，来获得合法性，并借此激发消费者的消费需求与消费认同。③

唐振常曾指出，上海的市政建设和管理，在构筑近代城市物质形态的同时，也造就和培养了近代的市民意识。这种市民意识，就是为了适应近代城市生活而发展出来的一套关于公共领域、公共事务的权力与义务。④张鹏则在研究中进一步指出，租界的自来水的建设不仅满足了租界外侨的生活用水需要，其供给面也拓展到包括华人甚至界外区域在内的广大群体和区域。在不同的市民群体与城市区域、建筑类型中，供水呈现出不同的特征。这些不同改变着人们的生活习惯、思想观念甚至城市空间。在城市供水系统的建设与运营过程中，可以清晰地看到自来水公司、市政机构、市民以及各种利益团体的互动过程，可以看到日益复杂的城市社会中各种力量的冲突与妥协。⑤

透过晚清上海地方士绅对自来水认知和态度，可以发现，虽说他们大都知晓清洁饮用水的重要性，但

① 《倾水留桶》，《申报》1883年9月26日，（23）526。

② 《县示照登》，《申报》1897年10月21日，（57）309。

③ 张仲民：《出版与文化政治：晚清的“卫生”书籍研究》，上海：上海书店出版社，2009，第288页。

④ 唐振常：《市民意识与上海社会》，《上海社会科学院学术季刊》1993年第1期，第146页，收入唐振常：《近代上海探索录》，第58—103页。

⑤ 张鹏：《都市形态的历史根基——上海公共租界市政发展与都市变迁研究》，第195页。

当时是把自来水作为一种纯商品来看待，而不是一种带有公共性的商品。也许是出于日常生活、地方卫生防疫和消防的需要，官方开始介入自来水问题，并发挥越来越重要的作用。不过，自来水专营供给包含巨额的经济利益，由此引起了地方政府、士绅、居民的不断的冲突，从而产生了城市政治空间，饮用水（自来水）问题越来越变成一个带有政治内涵的议题。在这一转变过程，近代报纸作为新式工具，在公共舆论领域中发挥了无可比拟的作用。正如张仲民所论述的，晚清时期报刊力量的增强与地位的提高，正意味着资讯的发达、民众对政治事务的关心程度在加强，表明“开明智”（包括时人常说的“开官智”）运动影响的扩大，这正是当时新政治文化形成的一个重要表征。①

新近，陈文妍博士指出，关于供水的历史，在中国近代历史中呈现出许多有趣的面向。近代供水技术的兴起和发展，首先是技术和观念的问题，其次是商业的问题，而最终在城市中如何创立和运营，则体现了城市的权力格局问题。②权力格局问题，背后显然还是不同群体的经济利益问题。

---

① 张仲民：《出版与文化政治：晚清的“卫生”书籍研究》，第299、300页。

② 陈文妍：《水的双城记：上海与苏州自来水之供应（1860—1937）》，香港中文大学博士学位论文，2016，第173页。

侨批局发展及其在民国邮政专营时的存续

孙鑫如

摘　要：侨批局是在为侨民、侨眷提供服务的过程中逐渐成长起来的民营通信组织，与官办驿站、外国客邮局、外国商民开办的书信馆以及中国民间的通信组织民信局一样为国内邮政业主体之一。在国家邮政确立专营的过程中，其他邮政业主体或被裁撤，或被取缔，而侨批局却能继续存在，这确是中国国家邮政在构建邮政专营过程中一个有趣的现象。究其原因，首先，侨批局从事侨民、侨眷通信和汇兑事业，代表广大侨民、侨眷利益。在民国创建中，海外华侨做出了伟大贡献，使得华侨在民国中有重要地位，这成为侨批局能够留存的政治基础；其次，侨批局有适合侨民、侨眷需要的服务内容、形式、特色，而这是国家邮政在短期内所不可能具备的，这就构成了侨批局能够存在的经济因素。在这两个因素中，政治因素是外因，经济因素是内因，两者相互作用，使得侨批局在邮政专营后也能够长期存在。

关键词：侨批局；邮政；信件总包；原因

侨批局是指“福建、广东等沿海地区专营华侨与其亲属间的通信、汇款业务的民信局[①]。又称郊批、批局、批信局、侨批信局”[②]。“华侨信款率托寄于常川来往水客，其信函俗名曰批，潮闽语言同源，闽南至今仍以批称书函，今虽改称曰信，但侨民信款常相联寄，合信款而言仍称为批，其收款人之回信即名回批。”[③]可见，侨批局为民信局中的专营侨胞与侨眷之间通信、汇款业务的组织，其名称来源于闽粤沿海一带的方言。它与同时的官办驿站、外国侵华客邮局[④]、外侨所办书信馆一样，为中国邮政业统一之前的市场主体之一。

孙鑫如，北京人，中国邮政文史中心（中国邮政邮票博物馆）副研究馆员，主要从事邮政史研究工作

1896年3月20日，国家邮政正式开办，从此，统一国内邮政业就成为国家邮政的一项历史使命。国家邮政开办之初，外国商民在中国境内所办的各类书信馆或停业或被国家邮政接收；作为中国传统为官方提供通信服务的

---

① 民信局，由民间出资开办的经营信业、汇兑、报刊、包裹等寄递业务的组织，通说认为起源于明永乐年间。

② 中华全国集邮联合会编：《中国集邮大辞典》，北京：中国大百科全书出版社，2009，第29页。

③ 饶宗颐总纂，黄仲渠分纂：《潮州志・实业志・商业》，汕头：汕头潮州修志馆，1949，第73页。

④ 客邮局，是中国清政府对外国政府擅自在中国设立的邮局的称呼，后一直沿用。参阅邮电史编辑室编：《中国近代邮电史》，北京：人民邮电出版社，1984，第14页；交通部编：《中国邮政统计专刊——邮政纪要》，中华民国二十年，附录第4—7页。

驿站“至民国二年（1913年），遂告裁尽”[①]。1921年10月12日，北洋政府公布《邮政条例》，其中第一条规定“邮政事业专由国家经营”[②]，这表明国家正式以政府规章的形式赋予国家邮政在邮政业中的专营地位。在1921—1922年的太平洋—华盛顿会议上，通过了撤销在华客邮的议案，到1923年1月1日前，基本上取消了外国在华客邮；而民信局则到1934年年底被取缔。这样，从大清邮政开办时起，经过近40年的努力，国家邮政基本实现了国内邮政业的统一。1935年7月5日，南京国民政府颁布《邮政法》，其中第一条规定“邮政为国营事业，由交通部掌管之”。第七条规定“无论何人不得以递送第一类、第二类、第八类、第九类及第十类邮件为营业……”，法条中几类业务分别是信函类、明信片、挂号邮件、平快邮件以及快递挂号邮件。按照法律规定，上述业务只能由国家邮政经营，从此，国家以法律的形式确立了国家邮政在邮政业中的专营地位。

然而，在国家邮政实现邮政业的统一并取得专营地位的过程中，作为同属民信局的侨批局却被允许继续经营，这既不符合国家邮政追求的目标，似乎也有违《邮政法》的规定。是什么原因导致了这样的局面？要解开这个迷局首先必须了解在国家邮政谋求专营的进程中侨批局与国家邮政有过怎样的互动；其次对它们之间的互动进行客观的解析。只有这样才能对邮政专营与侨批局续存这一看似矛盾的现象做出合乎历史真实的认识。

一、侨批局及其信件总包办法

1. 邮政专营前的侨批局状况

侨批局是随着中国民众到海外谋生的增多及侨居地与国内经济联系的增多而逐渐发展起来的。至于海外华侨与国内的有组织的通信联系始于何时，至今仍没有确切的答案，现已知一则较早关于侨民与国内通信见于福建石狮市大伦《蔡氏族谱》中的记载：“思叔弟也……娶妇后，遂往吕宋求货，叠寄润于兄弟，二兄景超全家赖之，修理旧宇，裨有宁居。”[③]族谱中记载的事情发生在明嘉靖年间（1522—1566年），一位蔡氏族人从结婚后就到吕宋做生意，经常寄款给家乡的哥哥补贴家用的事。该记述表明在明嘉靖年间，南洋侨居地侨民与国内存在畅通的通信联系，甚而风险更高的钱款寄递也可以确保安全，其中的“叠”字表明了侨居地与国内联系的紧密，但是族谱中没有记录其寄款的方式。

由于缺乏史料，在侨批局起源问题上，学者往往运用理性思维进行推导，认为最初侨民与国内的联系是由托返乡侨民、熟人捎带书信款项回乡；或由侨居地侨民推选同乡一人代各侨胞带款及信回乡；或由熟识的“水客”[④]捎带回乡；赡养告慰家属。这样的推测显然具有其合理性。起初，被称为“水客”的海上商贩为

---

① 谢彬：《中国邮电航空史》，《民国丛书》第三编（35），上海：上海书店出版社，1991，第14页。

② 仇润喜主编：《天津邮政史料》第一辑，北京：北京航空学院出版社，1988，第342页。

③ 林金枝、庄为玑：《近代华侨投资国内企业史资料选辑》（福建卷），福州：福建人民出版社，1985，第24页。

④ 水客，实际上是船上的小商贩，他们从国内带些丝绸、茶叶、瓷器到国外出售，再从国外带回香料等前来贩卖，以获厚利，俗称“走水”。水客分两种：一种是国内水客，潮汕称“吃淡水”，四邑称“巡城马”，主要来往于都会乡村间；另一种是国外水客，潮汕称“溜粗水”，漳厦称“客头”，主要是招呼“新客”出国，领“旧客”及带华侨银信包裹回国。

华侨携带银信，由托付人或其在国内的亲属付给一定的报酬，但并无确定数额，多少随意，其中有很大的“人情账”成分。后来便逐渐有了固定价位，大致是批款的3%—5%或10%[①]，应该说是相当丰厚的报酬。经营侨批有利可图，一些水客便逐渐从其他行业中分离出来，专门干起了招揽侨批的业务。水客时常往返南洋与国内之间，他们向南洋各地的同乡、亲友、熟人收集信款，达到一定批量后携带回国，亲自送交侨眷。侨眷收到信款后必须写一个回执，称为“回批”，水客返回南洋后将回批交给客户作为凭证。这是约定俗成的行规，是侨批业正常运作的信誉保证。有的水客利用所带批款购买海外商品，回国卖掉商品后再将信款交给侨眷，这样获利就更丰厚。携带侨批成了有吸引力的商业活动，很快便发展成为一个特殊行业，并且规模越来越大，也越来越规范。水客为求方便业务，于各地居留处设立行馆，称之为批馆。[②]目前已知最早的侨批局是汕头澄海黄继英于1835年（道光十五年）在新嘉坡（新加坡的旧称，后同）创办的致成信局，经营侨批业务，随后并在家乡设立致成批馆[③]；福建省目前所知最早的侨批局为1871年晋江安海开设的郑顺荣信局。[④]

鸦片战争后，中国的国门被打开，清中期开始松弛的海禁被彻底废除了，随之出现了华人移民潮。海外华侨对通信需求和汇款需求越来越多，为侨民与侨眷提供这种服务的侨批局也多起来，据1930年调查，南洋各地专营广东的批信局共有415家，其中马来亚、婆罗洲缅甸210家，印度尼西亚60家，泰国80家，印度支那50家，菲列宾（菲律宾的旧称，后同）15家。而在汕头、海口及广东其他各地的批信局只有93家，其中汕头66家，广东其他地方27家[⑤]；至于福建，在抗战前夕，南洋各地专门经营福建汇款的批信局达到646家，其中马来亚有131家，新嘉坡68家，印度尼西亚125家，菲列宾101家，缅甸18家，越南11家，婆罗洲7家，暹罗3家，至于福建各地侨批局共有126家，其中厦门最多达84家。[⑥]侨批局开设在南洋主要在华侨聚居的大埠头如马尼拉、新嘉坡、吉伦坡（吉隆坡的旧称，后同）、曼谷、仰光等，国内则以厦门、汕头、广州为枢纽。[⑦]

2. 侨批局的信件总包办法

侨批局的信件传递方式在最初的水客时代是由水客带送的，福建永春县《桃源前溪周氏族谱》记载：“联坠（字孙花），少年营商于南洋，毕壮以欲兼顾家庭，改执邮传业，年可往回三四次，获利比在洋尤

---

① 参阅王炜中：《侨批的民间属性与文献价值——以潮汕侨批为例》，载福建省档案馆编：《中国侨批与世界记忆遗产》，厦门：鹭江出版社，2014，第85页。

② 〔日〕滨下武志：《侨批与亚太区域网络：从批局・邮政・汇兑看》，载福建省档案馆编：《中国侨批与世界记忆遗产》，第8页。

③ 参阅王炜中：《侨批的民间属性与文献价值——以潮汕侨批为例》，载福建省档案馆编：《中国侨批与世界记忆遗产》，第86页。

④ 林金枝主编：《华侨华人与中国革命和建设》，福州：福建人民出版社，1993，第235页，转引自王付兵：《侨批档案的文献价值》，福建省档案馆编：《中国侨批与世界记忆遗产》，第58页。

⑤ 杨建成主编：《三十年代南洋华侨侨汇投资调查报告》，台北：台湾中华学术院南洋研究所，1983，第99页，转引自王付兵：《侨批档案的文献价值》，福建省档案馆编：《中国侨批与世界记忆遗产》，第58页。

⑥ 林金枝主编：《华侨华人与中国革命和建设》，第235页，转引自王付兵：《侨批档案的文献价值》，福建省档案馆编：《中国侨批与世界记忆遗产》，第58、59页。

⑦ 叶芬蓉、刘伯孳：《闽南侨批业运作机制和自成体系的论析》，载福建省档案馆编：《中国侨批与世界记忆遗产》，第187页。

丰。”[①]族谱记载的这位村中少年，年已长成，由水客改作侨批业务，每年往返于侨区与侨乡三四次，他的职责自然是转送侨批，但是他每年递送也只有区区三四次。族谱中没有记载他的行程，但有一点可以肯定，这位乡村青年每次都得漂洋过海，路途的遥远，受交通工具的局限，人们可以想象出每一次寄送所需花费的巨大成本，而取费又不能高，在这样的情况下还要维持递送银信应有的利润，所以他每次携带的批信数量是巨大的。为防水、防潮和携带的方便，水客往往将信打扎成包并在信保外裹上防水、防潮的保护，因此信包带运成为侨批运送的基本形式。在交通条件没有改变的情况下，在侨批局产生后的很长一段时间里仍然而此，前文提到的致成信局，由批馆聘用的侨批派员（俗称批脚）按固定的派送路线，将包括批信和批银如数送到收款人家，然后再将收款人的回批汇集起来，再由专人送给在侨区的亲人。[②]

自 1821 年起，厦门至新嘉坡开始有直达帆船，1845 年起有定期邮轮航行于中新之间，如新嘉坡与香港邮轮每月一班次，全程航期为 7 天。轮船逐渐取代了帆船，海上交通大为改善，一些轮船经营者增设了托运侨批的业务。侨批局也开始用邮轮运送批信，邮轮较于帆船既快又安全，一年可运送 12 次，效率也提高了，促进了侨批业的发展。

1840 年后，英国殖民者按照其国内的样式在其殖民地建立近代邮政。官办邮政介入对侨批局和批信的管理，1905 年，新嘉坡邮政开始采用蒸汽船只来运送邮件。[③]1907 年，马来亚邮政同盟在新嘉坡成立，新嘉坡、槟榔屿、马六甲、马来联邦、柔佛、沙捞越（砂拉越州的旧称，后同）和文莱等地加入同盟，英属婆罗洲也于 1908 年 1 月 1 日加入同盟，新嘉坡成为邮政转运中心。官办邮政的出现及邮政同盟的建立和蒸汽船的使用，使得其快捷、安全的优越性呈现在侨批局面前，于是侨批局纷纷在新嘉坡城设立侨批总局，在其他地方设立分局或代办所。侨批局将自己收集的批信捆成信包交官办邮政寄递。1883 年，暹罗邮政开办，随后要求批信局业务代理人员把装有批信的批包交由曼谷第二邮政电报局查验并按重量计算贴上邮票后，再交还业务代理人自行送上客轮运抵中国。[④]到 1907 年，暹罗设立第八邮局，专门管理寄往中中国的侨批业务。

信件总包是侨批局与这些殖民地官办邮政业务往来的形式。而随着中国国家邮政的开办，侨批局的信件总包与母国邮政的信包办法对接，成为侨批局发展史上具有深远意义的大事。

在近代中国邮政业中，国家邮政是一个后来者，与存在几百年的民信局相比，刚开办时的国家邮政力弱势微。但为了将民信局纳入国家邮政的轨道，国家邮政规定“凡有民局，仍旧开设，不夺小民之利，并准赴官局报明领单，照章帮同递送”[⑤]。意思是国家邮政开办后，民信局应向其申报领单经营，并按章则与

---

① 庄为玑、郑山玉：《泉州谱牒华侨史料与研究》（上），北京：中国华侨出版社，1994，第 208 页，转引自叶芬蓉、刘伯孳：《闽南侨批业运作机制和自成体系的论析》，福建省档案馆编：《中国侨批与世界记忆遗产》，第 179 页。

② 参阅王炜中：《侨批的民间属性与文献价值——以潮汕侨批为例》，载福建省档案馆编：《中国侨批与世界记忆遗产》，第 86 页。

③ 黎德川：《新嘉坡邮政与邮史》，第 21 页，转引自曾旭波：《东南亚潮帮批信局的经营方式》，福建省档案馆编：《中国侨批与世界记忆遗产》，第 206 页。

④ 参阅曾旭波：《东南亚潮帮批信局的经营方式》，载福建省档案馆编：《中国侨批与世界记忆遗产》，第 206 页。

⑤ 《1896 年 3 月 20 日总理衙门议办邮政折》，引自中华人民共和国信息产业部、《中国邮票史》编辑委员会：《中国邮票史》第 1 卷，北京：商务印书馆，1999，第 356 页。

国家邮政协作递送邮件。如果说这是国家邮政与民信局早期关系的原则性规定，那么在《邮政开办章程》中有关“专款”的内容则是上述原则的细化：“（1）凡民局之信件途径通商口岸交轮船寄送者，均须由该局将信件封固装成总包，交由邮政局转寄，不得径交轮船寄送，并应按往来通商口岸之章完纳岸资，至其轻重大小随后酌定，由各该邮政局晓谕众知，所有在内地往来之内资，由该民局酌定收取。（2）邮政局接运民局之封固总包，应寄交书名处所之同行民局查收，取回收单备查。（3）凡民局开设联约处所（凡设有邮政局之处应谓为联约处所——笔者注），应赴邮政局挂号领取执据为凭，无须另纳规费，倘该民局领有执据后不顾复行承办此项事件，应先赴邮政局呈明将执据缴销。”[①]在上述细则中，民信局向国家邮政转交轮船寄递的邮件明确了以邮件总包的形式办理。国家邮政为了使这种协作成为可能做了两件工作：一是1896年12月26日，海关和招商局签订了第一份独占邮件运输权的合同，合同规定“除中国邮政局交来信件之外，其余无论何人及何信局交来往来中国各码头之华洋文信件，招商局一概不得接带”。之后，海关就以这张合同为蓝本，以发还买关费一半为代价[②]，逐一和其他中外轮船公司商定同样的合同，取得了轮船运邮的垄断权利。二是以收取低廉的总包邮件代运费为诱饵，要民信局向官局登记，发给营业执照，以便取得对民信局的领导权。为此推出一系列措施，包括民信局挂号、总包邮件的登记、双方邮件的代运、对民信局极为低廉的每磅一角的总包邮件资费等，目的就是要“把民信局同国家邮局联系或合并起来”[③]。而国家邮政上述两项措施对经营国内业务的民信局来说，成果有限，“轮船信局……一律挂号，接收邮局统辖，内地信局则赴邮挂号者极少”[④]。广东的情况也可以印证这一点，1897年2月，粤海关暂行代理税务司在给赫德的函中说到“有一些信局认为现在还可以不登记，因此就不来登记，它们同省城七十二行一起反对大清邮局。有一百个人各自写禀帖分别向督、抚、司、道、府、县投送。说他们的营业受了影响，要求停办邮政局”[⑤]。这些史料足以说明国内民信局对国家新开办的邮政采取了不合作，甚至反对的态度。

国家邮政的信件总包办法和给予民信局低资费政策以及控制邮运仅从经济的角度无疑是有利于社会资源配置、发挥国家邮政与民营信局各自优势的重大举措。经营国内业务的民信局并不反对这些措施，它们反对的是政府组建国家邮政，培植民信局的竞争者，将影响民信局的业务。

而侨批局显然乐于接受国家邮政的信件总包方案，既可以享受官邮与民邮合理分工的便利，在业务流程中侨批局又可以利用国家邮政运邮的合理分工缩减自身的业务环节，减轻自身负担，享受信件总包办法中所内含的利益：既有官办邮政明示的邮政资费的优惠，又有实际业务中交邮时的资费利益。[⑥]另外从1900

① 《邮政开办章程》，引自中国近代经济史资料丛刊编辑委员会：《中国海关与邮政》，北京：中华书局，1983，第83页。

② 《1896年12月26日海关与沿海航行轮船公司签订关于带运中国邮政局信件合同格式》，引自中国近代经济史资料丛刊编辑委员会：《中国海关与邮政》，第86—87页。

③ 《总税务司关于民信局的通令》，中国邮政文史中心资料室抄件卷宗号1，目录号55，第1543页。

④ 谢彬：《中国邮电航空史》，上海：中华书局，中华民国廿二年十月再版，第40页。

⑤ 《1897年2月17日粤海关暂行代理税务司密喇（G. F. Müller）致赫德函》，引自中国近代经济史资料丛刊编辑委员会：《中国海关与邮政》，第87页。

⑥ 因为实际邮政业务是按信件的封数分别计重计费，而侨批局以信包交寄，以包计重收费，后者往往较前者省出很多。

年中国与法国邮政签订了联邮合同起[①]，到 1914 年 3 月 1 日加入万国邮联[②]，便利了中国与这些国家、地区及联邮各方的邮政联系，这对侨批局的发展无疑具有积极意义。但由于国家邮政垄断了运邮环节，并在信包办法推行中占据主导地位，因为信包办法中的利益分配、调整幅度等都掌握在国家邮政手中，因此，国家邮政在事实上也就控制了侨批局的命门。

国家邮政为了达到吸收改造民信局而推出的一些对民信局的让步措施尤其是低资费代运民信局转交的总包邮件，在国内并没有收到预期的效果，而且还因此增强了民信局与国家邮政的竞争力。[③]所以，这些措施反而成为国家邮政的负担。因此，国家邮政对民信局由限制、利用政策变为取缔的政策。而对侨批局来说，在已有的条件下，取消信件总包办法就意味着侨批局的“死亡”。

二、第一次信件总包办法存废之争

1924 年 7—8 月，中国政府出席了在瑞典首都斯德贺伦（今斯德哥尔摩）举行的国际邮联大会。会议通过并签署了《国际邮政公约》《国际邮政包裹协定》《国际邮政报信信函及箱匣协定》《国际邮政会对协定》。[④]其中《国际邮政报信信函及箱匣协定》自 1925 年 10 月 1 日起生效，该条约第三十四条第三节规定，信函内不得装有书交收件人以外任何或与该收件人同居何人之信函书简或他项文件等。

按照《国际邮政公约》规定，侨批局以往的包封邮件都不合要求，得禁止寄递并接受查处，而包封邮件数量都得按照欠资处理。如果执行该公约的效力，那么中国南部各口岸即如厦门、汕头、广州、琼州、北海与法属安南、荷属东印第斯、马来联邦、菲列宾群岛、南洋群岛以及暹罗往来的侨批局以往的包封办法即应废止。

1925 年年底，荷属东印第斯及菲列宾群岛函请，表示按照公约规定，不再接受侨批局包封邮件。为了遵守已签署的邮政公约的规定，统一国际邮件寄递的要求，邮政总局于 1925 年 12 月 29 日呈文交通部，呈明由中国寄发外国民信局包封及接收外洋寄来民信局原包封办法予以停止，通令各邮区严格遵循邮政公约规定，晓谕各民信局所有民信包封一项不再收寄，拟定了具体执行邮政公约的办法。[⑤]

其中出口信函：“凡信函疑其装有书交收件人以外何人或与该收件人同居何人之信函书简或他项文件者，即在邮局扣留，着寄件人到局眼同邮局职员将该项信函开拆。查有书交该收件人以外何人与或该收件人同居何人之信函书简或他项文件，须由寄件人按每件纳付国外邮资。倘该寄件人经邮局声请而不到者，其各该可疑之信函或可退还寄件人，抑或即将各该信函作为走私拿获之件办理。设如将各该信函作为拿获

---

① 北京市邮政管理局文史中心编：《中国邮政事务总论（1904—1943 年）》（上），北京：北京燕山出版社，1995，第 5 页。

② 北京市邮政管理局文史中心编：《中国邮政事务总论（1904—1943 年）》（上），第 214 页。

③ 参阅《1901 年 7 月 21 日海关税务司兼邮政总办阿理嗣致赫德申呈》，见中国近代经济史资料丛刊编辑委员会：《中国海关与邮政》，第 99 页。

④ 北京市邮政管理局文史中心：《中国邮政事务总论（1904—1943 年）》（中），北京：北京燕山出版社，1995，第 639—640 页。

⑤ 邮政总局：《按照斯德贺伦国际邮政公约第三十四条第三节之规定谨拟章程请核示》，1925 年 12 月 29 日《邮政总局上交通部文第三八二号》。

者，即由邮局备具拿获缘由节略，以便送司法官厅，按照邮政条例第二十七条罚办。”①

进口信函：“有外洋寄来信函，疑其装有书交收件人以外何人或与该收件人同居何人之信函书简或他项文件者，即在邮局扣留，着收件人到局眼同邮局职员将该项信函开拆。查有书交该收件人以外何人与或该收件人同居何人之信函书简或他项文件，须由该收件人按每件纳付国外邮资，并着该收件人指出寄件人姓名、住址，一面将该违法之信，封呈交邮局，然后由该接受之邮局将以上缘由备具节略，详述信函内装各件之细情，即由邮局职员暨该收信人将该节略签署。倘该收信不肯签署，即将不肯签署一节在于该节略之内，其节略连同该违法之信封随即挂号寄往原发寄该件信函之邮政，俾该邮政得以按期法律予以法办。设如该收信人不肯将该信函开拆，抑或经邮局声请而不肯自行到局，或该件信函开拆之后不肯照付国外邮资者，则该信函及其内装之件，或可退回原寄局，附以说条声明该件信函退回之原因。”②

1925 年 12 月 31 日，交通部向邮政总局发出指令，核准按拟定办法办理。③同时，中华邮政也函请英属三洲府④邮政履行邮政公约义务，请求三洲府邮政停止接收信包，凡信件寄往中国者皆须分开邮寄，每封重量每英两纳费 1 角 2 仙，并定于 1927 年 1 月 1 日实行。⑤如果说上述措施是应荷属东印第斯及菲律宾邮政的请求，行取消侨批局信包办法之举是被动之举，那么它随后请求英属三洲府取消侨批局信包办法就是主动而为，表明中华邮政有借机全面取消侨批局的信包办法，从而达到取消侨批局的目的。

首先，取消信件总包办法、按邮件具体数量纳资，如这两项办法实施，那么侨批局原来享有的包封邮件利益就将取消。侨批局如果按官方资费标准收寄侨民信件，不仅得不到任何收益，而且还要付出收集、送交邮局等环节的费用并承担保障邮件在从收集到交寄邮局期间的安全义务。仅从财务角度考虑，侨批局将因收寄侨批而出现亏损，收寄侨批越多亏损越大，这对任何侨批局都是不愿意接受的事实。其次，侨民用邮资费上涨到原邮资的 3 倍，以提高资费标准来提高用邮的门槛，这也将极大地限制侨居地华侨的用邮数量，因为侨居地侨民大都是从东南沿海出外的穷苦农民，他们在侨居地收入不高，对资费变动是敏感的。在履行《国际邮政公约》取消信件总包办法时捎带大幅度提高邮资，表面上看取消信件总包办法与大幅提高邮资是两个孤立的事件，可是这两者同时出现却实非偶然。结合取消信件总包办法和提高资费标准两者各自的直接效果可以看出：第一，国家邮政以履行《国际邮政公约》为名要求取消信包办法，实质是要取缔侨批局；第二，表面上同时提高邮资，实质是侨批局被取缔后，国家邮政一时无法满足侨民的通信需要，通过大幅提高邮资，限缩侨民通信需求，这可以看作取缔侨批局后，国家邮政为应对侨民的用邮需求推出的配套善后方案。

另外，中华邮政推出的取消信包办法及增提邮资的政策也增大了该两项政策的实际执行风险，甚至将这两方面的风险叠加。事实也是如此，英国殖民三洲府邮政当局对中华邮政的要求给以积极响应，立即公

① 邮政总局：《按照斯德贺伦国际邮政公约第三十四条第三节之规定谨拟章程请核示》，1925 年 12 月 29 日《邮政总局上交通部文第三八二号》。

② 邮政总局：《按照斯德贺伦国际邮政公约第三十四条第三节之规定谨拟章程请核示》，1925 年 12 月 29 日《邮政总局上交通部文第三八二号》。

③ 交通部：《交通部指令邮政总局第四八四五号》，1925 年 12 月 31 日。

④ 三洲府：新嘉坡、柔佛、槟榔屿三地是英国的海峡殖民地，华人称之为三洲府。

⑤ 新嘉坡中华总商会：《致交通部、农商部、侨务院 1926 年 11 月 8 日电》。

布并拟在既定日期实施该取消包封邮件和增提邮资方案。方案一经公布，三洲府各地侨批局深感惶惑，侨民也深感震惊。各批局商议，推派6名代表于1926年11月2日与英邮管理人员交涉，请求展期，以便商定妥当办法。接待官员同意将信局意见上报，以待上方定夺。三洲府侨界同时听闻反馈来的消息说国内取消信件总包办法态度坚决，不容展缓。信局及侨界一片恐慌，怨声载道。新嘉坡中华总商会以事关侨众，恐引起其他不利变化，危及社会秩序为由，于1926年11月6日召集各商团、各信局代表召开联席会议。经讨论表决，由新嘉坡中华总商会一面禀请居留地辅政司、华民政务司、邮政局陈情交涉；一面向国内交通部、农商部、侨务院陈情交涉；要求双方体恤侨情，准予展期至1927年4月1日，以便磋商两全办法。①1926年11月8日新嘉坡中华总商会致电交通部、农商部、侨务院要求国内体恤侨情及展期要求。②交通部即令邮政总局酌议具复。③显然，交通部没有意识到当时问题的严重性，只是履行官方一般的办事程式。

邮政总局研议后报交通部称：取消包封信件办法是履行斯德贺伦《国际邮政公约》的应尽义务，早在1925年10月1日就行执行，至此已一年有余，其间国际邮政中如法属安南、荷属东印第斯及菲列宾群岛多次迭请，中国与该三国邮政废止包封邮件寄递办法已有数月，由于有条约义务，势难再延。停止信件总包办法不是由中国发起，且与上述三国推行数月，福建、广东省内信局对于此项办法将推至其他侨外华工居住国，早应有所准备。马来联邦、香港及南洋群岛各国（地区）邮政已相互通知，同意自1927年1月1日起废止信件总包办法。因此，废止信件总包办法一事应当执行，但为了表示抚慰起见，关于南洋群岛废除信件总包办法可按新嘉坡中华总商会所请，展期至1927年4月1日。④从邮政总局给交通部的文中可以看出，邮政总局以邮政公约必须履行、中华邮政与三国邮政取消包封邮件已经有相当长一段时间、取消包封邮件并不由中华邮政发起、国内广东福建等地信局早已知悉取消信包一事并已经做好了应变的准备等理由，表明取缔信件总包办法不可更改，但顾及新嘉坡总商会的请求，可以延长到1927年4月1日执行。由此足见邮政总局以执行《国际邮政公约》的名义要求废止包封邮件的态度是坚决的。

1926年11月12日，新嘉坡中华总商会应交通部要求正式呈文到交通部说明前致电交通部原委，历陈取消信件总包办法既增加侨民负担，更导致侨民与国内通信的不便，指出，废总包而分寄，“则信件泛散多，而且杂，向之合为一包者，尽则分为数百件，工繁事促，分类分界，颠倒错乱。无论内地邮差曾否练习能否按址分送保无缓交误交之弊，已属疑问，即能照交，信到而银不到，且不能得其回信，必待接信之人将原信送信局领银，方可将回信交付信局，转寄邮政来洋”⑤。在这份陈情中，新嘉坡中华总商会从侨民、侨眷通信是否便捷的角度出发，站在中立的第三者角度无疑更公正、客观。交通部得到陈情书后即着

① 新嘉坡中华总商会：《新嘉坡总商会呈交通部》，1926年11月12日。

② 新嘉坡中华总商会：《致交通部、农商部、侨务院1926年11月8日电》。

③ 交通部：《交通部训令邮政总局第一三七七号》，1926年11月10日。

④ 邮政总局：《邮政总局上交通部文第三三〇号》，1926年11月26日。

⑤ 新嘉坡中华总商会：《新嘉坡中华总商会呈交通部》，1926年11月12日。

邮政总局筹议办法并报部核夺[①]，这表明交通部在了解到新嘉坡总商会的理由后，对邮政总局原来的取消信件总包办法的做法已经产生了疑问，但具体怎么办，交通部需要作为职能部门的邮政总局再思考、筹划，最后方案由交通部决定。

与此同时，新嘉坡政府受到侨民的巨大压力，不仅同意了侨民的展期请求，而且开始向中国政府施压，转告中国驻新嘉坡领事馆同意侨民信包展期请求。1926年12月29日驻新嘉坡领馆电告外交部，并呈复侨民要求中国交通部速与英政府就信包一事另订专约，以慰侨民生计。[②]显然，由于取消信件总包办法在侨界引发的情势，中国驻新嘉坡的外交机关也卷入其中，这既表明取消信件总包办法事态早已扩大，已由邮政专业层面上升到国家间的外交层面。从电文内容另订专约一词可知，驻外部门对取消信件总包办法的认识抛除了部门利益的偏见，从国家交往的外交视野出发，认同就信件包封办法另订专约的主张。外交部门的言外之意是邮政公约是邮政公约，应当执行，但信件总包办法是一种客观存在，有其历史成因，是邮政通信中的一种特殊情况，需要特殊处理，以专门条约的形式加以规定。应当说，外事部门以他们独特的视角看待取消信件总包办法一事，无疑对于取消信件总包办法一事的解决，提供了新的思路。当然，对于另订专约一事，外事部门也没有涉及具体内容，也没有作方向性的指引。另外，新嘉坡邮政作为行业管理部门，根据侨民要求，也从行业的角度电请中国交通部，要求展期以妥商良策。在这里，新嘉坡邮政目的很明确，先展期，缓解当前局势，再妥商良策，以求有一个解决信件总包办法的长久之道，很明显，妥商良策才是目的。

面对舆情与外交压力，中国交通部被迫同意展期要求[③]，但对妥商良策、另订专约似乎并没有回应。同意信件总包办法展期到1927年4月1日，只能说暂时化解了当时的紧张情势。随后，潮梅商会联合会汕头总会要求汕头寄往各港信件按新嘉坡方式办理[④]、暹京中华总商会要求暹侨信包同样展期[⑤]、贡南南圻中华商会要求法属安南侨民信包同样展期[⑥]。中华邮政迫于情势，被迫一一同意展期。[⑦]

信件总包办法展期至1927年4月1日，应当是一个很短暂的期限，这个期限一过，信件总包办法的存废问题又将摆在中国邮政当局、南洋邮政当局以及广大侨民和侨批局面前。

为了避免纷争，使信件总包办法有一个长久的安排，1926年年底，新嘉坡中华总商会以及侨批局推举代表到中国驻新嘉坡领事馆请愿，恳请中国政府交通部从速与英政府另订专约，对公约条款内容作相应变通，以维持信件总包办法，以利侨民通信便利和侨民生计，也体现母国对侨民的关怀。[⑧]外交部随即将新嘉

① 交通部:《交通部训令邮政总局第一四六〇号》，1926年12月3日。

② 《中华民国驻新嘉坡领事馆致外交部电》，1926年12月29日。

③ 交通部:《交通部训令邮政总局第一五六九号》，1926年12月27日。

④ 交通部:《交通部训令邮政总局第一五六九号》，1926年12月27日。

⑤ 交通部:《交通部训令邮政总局第一五七七号》，1926年12月28日。

⑥ 《贡南南圻中华总商会致交通部电》，载邮政司:《邮政司函邮政总局第九号—附件》，1927年1月8日。

⑦ 参见邮政司:《邮政司函邮政总局第九号》，1927年1月8日；邮政总局:《邮政总局致邮政司函第五号》，1927年1月12日。

⑧ 《中华民国驻新嘉坡领馆致外交部电》，1926年12月29日。

坡侨民的要求致函交通部，交通部即要求邮政总局具体研议。[①]

1927年1月15日，邮政总局认为维持信件总包办法实与斯德贺伦《国际邮政公约》第三十四条第三节规定相抵触，对于荷属东印第斯、法属安南及菲列宾群岛这些国家的邮政已经要求取缔信件总包办法，信件总包办法在这些地方只得废止；至于其他侨居区如南洋群岛、马来联邦以及暹罗，邮政总局将与这些地方邮政磋商，以便能找到各方都能满意且切实可行的方案。[②]

同时，汕头华侨联合会以快邮代电文分别向北京交通部、外交部、农商部、侨务院和广东国民政府交通部、外交部、总司令部、省政府侨务委员会，说明停止接收华侨信包将断绝华侨家属生活、牵动金融界、扰乱地方安宁，要求国内邮政与南洋各邮政联系，继续维持信件总包办法，以维民生。[③]交通部随即将该快邮代电文发交邮政总局，令其详细斟酌，妥议具复。[④]而国内汕头华侨批业公会也向中华全国商会联合会函请要求声援。随后，中华全国商会联合会一面以会长张志良，副会长王文典、虞和德的名义向交通总长提出维持信件总包办法的要求[⑤]；一面于1927年2月4日召开评议会，议决公推代表吴贯因、高金钊会同副会长王文典三人于2月14日到交通部陈情。[⑥]对于中华全国商会联合会的函件，交通部仍旧训令邮政总局研议具复[⑦]；对于面谈，由于双方各持己见，会谈没有进展。[⑧]

同时，南洋英属马来联邦中华商会联合会也就此向交通部呈文[⑨]，暹京中华总商会也呈请交通部要求维持信件总包办法[⑩]，在其中提出了取缔信件总包办法带来邮局难负邮寄重任，侨批局倒闭影响侨民生计，分寄批信与银信于民极为不便，国内邮局无法承担侨民信件重任，取缔信件总包办法将累民、困民、贫民等问题。

面对各方陈情，交通部一般训令邮政总局妥研办法，但邮政总局鲜有实质性的符合陈情者要求的回复。然而，在交通部收到暹京中华总商会的陈情后训令邮政总局的文中指出暹京中华总商会“与各处商会所主大致相同，而尤以第三、四、五各节最为切实困苦之事。……将来即可并入以前迭次令发各抄件内，摘要与各国邮政相商，以为特别订约之依据”[⑪]。暹京中华总商会呈文涉及的第三、四、五各节内容是说国家邮政满足不了侨民的需要，取消信件总包办法实质是取消侨批局，这将给侨民与侨眷的生活带来灾难。[⑫]

---

① 交通部：《交通部训令邮政总局第一一号》，1927年1月10日。

② 邮政局：《邮政总局呈交通部文第八号》，1927年1月15日。

③ 《汕头华侨联合会代电》，1926年12月24日。

④ 交通部：《交通部训令邮政总局第四六号》，1926年12月29日。

⑤ 《中华全国商会联合会呈交通部》，1927年1月28日。

⑥ 《中华全国商会联合会致交通部函》，1927年2月12日。

⑦ 交通部：《交通部训令邮政总局第一二五号》，1927年2月1日。

⑧ 邮政司：《邮政司函第一一五号》，1927年2月5日。

⑨ 《南洋英属马来亚联邦中华商会联合会》，1927年1月29日。

⑩ 《暹京中华总商会呈》，1927年1月21日。

⑪ 交通部：《交通部训令邮政总局第一九四号》，1927年2月23日。

⑫ 参阅《暹京中华总商会呈交通部文》，1927年11月24日。

这样，在经过多方与邮政总局的反复交涉之后，交通部明确了要考虑侨情，与南洋各地邮政就信件总包办法商订专约。而此时的邮政总局，面对来自多方的压力，也拟定了两个办法“或依中国代表在斯德贺伦签署之国际公约所规定；抑或不顾此等规定。总局念及中国驻外领事以及中国商会、中国侨外联合会等纷纷呈请，将现行不合之习惯予以维持。故于此事并不愿严格办理。业于本年一月三十一日电致香港、马来联邦、暹罗南洋群岛等邮政，提议将废止信包办法予以无限定之展期”①。在这两个办法中，第一个办法事实上已是行不通的，所以，邮政总局只能选择第二个办法，与其他有关邮政相商，将信件总包办法予以无限期延长。

邮政总局将废止信件总包办法无限定之展期的呈文得到了交通部的肯定，在交通部给邮政总局的指令中指出“所拟亦是，本部当先行批答各处，俾免悬望。然此不过一时权宜之计，犹非根本办法。……查各国邮政之所以要求中国邮政废止总包办法者，不过以斯德贺伦《国际邮政公约》第三十四条第三节有此规定耳。殊不知此节规定仅指个人而言，恐其取巧减少邮资，故为此防弊之法。若南洋群岛华侨向来之寄信习惯办法，据各商会所称，则由银信局转寄，包外注明内信若干封，按信计算邮资，于此节殊无甚抵触。况该公约第一章第五条又明明载有特别约章，其第一节所云联邮各国有权维持其原有协定及订立新协定等语。中国侨民既有种种特殊情形，中国邮政自可根据此条，向各国邮政详细商告，仍照旧时接收信件总包办法，另订专章，无庸更改，以其根本解决”②。而由于决策的迟滞特点，当交通部及其所属邮政总局就信包问题进行决策时，远在新嘉坡的侨商仍在就维持信件总包办法进行呼吁，经外交部转发交通部侨商呈文，有 324 家侨商 433 人联名呈文中国驻新嘉坡兼代理总领事许瑞鋆，要求维持信件总包办法。③

到此时，邮政总局与南洋各邮政就信件总包办法一事已经商议停当，1927 年 3 月 4 日，邮政总局向交通部报告“总局于本年三月一日电致香港、马来联邦、暹罗、南洋群岛等邮政，提议将废止信包办法，予以无限定之展期等情。……所述之各邮政，业经通知总局，声明各该邮政对于总局提议，均表同意”④。这样，在侨居地华侨、侨商的陈情呼吁声中，国内邮政主管部门交通部顺应侨情、民意，对信件总包办法予以维持。中华邮政试图以履行《国际邮政公约》废止邮件包封办法为由，行取缔侨批局之实的行动失败。

三、中华邮政取缔侨批局再度受挫

1928 年 6 月国民革命军北伐取得胜利，实现了国家的统一，国民政府发表对内宣言，宣布结束军事，开始训政，公布厉行法治、澄清吏治等五大施政方针，建设新国家，对外关系应另辟新纪元，谋求签订相互尊重主权的平等新约。⑤国民政府各部门，在国家统一后也开始了新的规划，作为主管邮政的交通部在同

---

① 邮政局：《邮政总局呈交通部文第五四号》，1927 年 2 月 18 日。
② 交通部：《交通部指令邮政总局第三九九号》，1927 年 2 月 23 日。
③ 《外交部公函》，1927 年 3 月 15 日。
④ 邮政局：《邮政总局呈交通部文第九〇号》，1927 年 3 月 4 日。
⑤ 杨天石主编：《中华民国史》第六卷，北京：中华书局，2011，第 624 页。

年8月，召集行业内外专家、行业管理者、中央各部门及各地政府代表共126人召开全国交通会议，描绘交通事业的宏伟蓝图，以求开创交通建设的新局面。

在全国交通会议上，林卓午等人提议的取缔民信局的议案成为会议讨论的重点问题之一，会议“最关重要者，厥为发行总理纪念邮票，推广乡村邮务，发展邮政储金，划一邮包税，长途汽车载运邮件与夫管辖及取缔民信各端”[①]。对民信局一事议决，认为“邮政为国家专营事业载在《邮政条例》，亦为各国通例，私人递信事业自应取缔。惟邮政曾得民信局补助，而商民恃之营生亦有年，所若一旦令其停业，则邮局方面已有准备。一、人民不致因民信局等歇业而感不便；二、私人恃递信业务以谋生者，邮局宜设法维其生计。故本案审查结果以为，邮局应于民国十八年以内将上述两项筹备完妥，呈候交通部核准颁布命令，尽于民国十九年以内取消民信局是否有当，敬候公决”[②]。这样，全国交通会议为取缔民信局做出了基本的政策安排。

1. 信件总包办法存废争议再起

在全国交通会议后，邮政总局即着手逐步废止信件总包办法，其中汕头邮局于1929年年初，开始对寄往一些地区的侨批信件不准按信件总包办法付邮，如由汕头转付诏安信件逐封加费，荷属区邮件须由新嘉坡转驳封寄等措施。

为了了解取消信件总包办法的效果以及因应取消信包寄递可能带来的不利影响，邮政总局一面命汕头邮局长乐思到闽粤侨乡侨批局设立地进行调查，并邀请各信业公会代表于1929年1月29日在汕头、2月1日在厦门召开协调会。由于信业公会代表坚持要求恢复信包办法，信业公会的要求与邮政方面的目标南辕北辙，协调会无疾而终。

汕头邮局取消信件总包办法的举措给侨民与侨眷带来巨大不便，一时间各省商会联合会、厦门商民协会、厦门商民协会信业联合会、汕头批业公会、旅港潮州八邑商会、潮梅商会联合会、汕头总商会等团体纷纷函电交通部陈述侨民不便，要求恢复信件总包办法。[③]新嘉坡潮州银信局总团体暨各字号信局20家联名致书新嘉坡中华总商会要求就汕头邮局废止民信局总包办法推翻无限展期成案与国内进行交涉。1929年2月26日，新嘉坡中华总商会以会长薛秀岚、副会长李伟南为名联署致函国民政府交通部要求维持旧例，以安民生，并重申了以往要求维持信包邮件制度的理由。[④]

邮政总局研议后说，早在1928年8月间，荷属东印第斯邮政函告中华邮政，称“交换信包为东印第斯国法律所不许”[⑤]，要求废除信件总包办法，中华邮政被迫函复同意。由此一来，国内与荷属东印第斯侨区的侨批通信不能再以总包的方式进行，地处侨乡的汕头邮局也只得拒绝总包付邮，如欲与其商谈恢复信

① 中华民国交通部邮政总局：《邮政事务年报》第二十五版，上海：交通部邮政总局驻沪供应处印刷，第3页。

② 国民政府交通部秘书处：《全国交通会议汇编》，上海：商务印书馆，中华民国十七年十月，第68—69页。

③ 邮政局：《邮政总局呈交通部文第九七号》，1929年3月15日。

④ 新嘉坡中华总商会：《新嘉坡中华总商会呈交通部》，1929年2月26日。

⑤ 邮政局：《邮政总局呈交通部文第九七号》，1929年3月15日。

件总包办法一事，宜将于 1929 年 5—6 月召开伦敦国际邮政会议时与之口头交涉。同样，邮政总局从汕头邮局调查中确信，侨民交由侨批局寄回国内的信件，较之直接交邮局寄递并不低廉，则恢复信件总包办法实为侨批局渔利而对侨民毫无利益。然而，按既定政策，侨批局也应在 1930 年前被取缔，只剩不到 10 个月时间，故恢复信件总包办法事实上没有必要。为此，邮政总局提出在侨批局未被取缔前而又不寻求与荷属东印第斯恢复信件总包办法的过渡办法：对于荷属信件和英属信件总包付邮及寄往荷属信件由新嘉坡转驳封寄，勿加限制，倘荷属、英属邮政不加反对，中华邮政不必过问，要求汕头邮局对于这些总包，不问其内容如何，均予收寄。①

就该过渡办法看：其目标是以 1930 年取缔侨批局为指向的，其直接目的就是拒绝恢复信件总包办法；该过渡办法是建立在邮政总局错误的认知基础上的，即国内侨批局的邮件总包是以侨居区侨批局的邮件总包为基础的，而取消信件总包办法是邮政发展的大势所趋，侨居区有些国家邮政开始取缔信件总包办法这一进程；侨居区邮政取消了信件总包办法，国内相应的自然也得取消与该区域的信件总包办法；该过渡办法集中反映了中华邮政冀望取消信件总包办法的策略——拖或等待，期盼侨区地政府邮政主动取缔信件总包办法，然后中华邮政加以配合，这样取缔侨批局的信件总包办法就水到渠成了，中华邮政似乎既可达到自己的目的，又可避免来自侨区、侨乡的压力。这表明中华邮政到此时为止，既没有从前次拟取消信件总包办法而被迫做无限展期的实践中吸取教训，更说明邮政总局对侨批局的服务对象、服务特点还没有正确的认识；没有分析取消信件总包办法将给侨民带来什么影响，以及自身该如何应对这些可能的影响，尤其是当各侨区地邮政对待信件总包办法政策存在根本不同时，作为母国邮政的中华邮政在应当如何从侨民、侨居区邮政和中国邮政三方利益的平衡点出发进行沟通与协调问题上缺乏应有的思考，当然更不可能有关于应对这些问题的方案。因此，取缔侨批局的过渡办法为邮政总局在处理侨批局的问题上埋下了隐患。

作为主管邮政总局的交通部在是否恢复邮件包封制度这一问题上显得更为谨慎，时任交通部部长王伯群在给邮政总局的指令中就说“至分期取缔办法，仍仰审慎妥速筹议呈后核夺，务使海外侨胞不因民局废止而感不便，是为至要”②。在这里，王伯群对于取缔侨批局的态度表现得十分谨慎，要求邮政总局要有妥善的办法。当然，在文中王部长并没有指明什么办法，但联系随后的文句看，显然是指取缔侨批局后邮政如何满足侨民的通信需要的办法，这个办法妥善的具体标准就是在侨批局被取缔之后，侨民不因此而感到不便。王部长的要求明显戳中了邮政总局的痛处，但邮政总局显然在尽力回避这一问题，因而没有认真对待王部长的关切，而是以上述的过渡办法回复他。

1929 年 4 月 3 日，交通部以邮政总局的过渡办法为依据，对新嘉坡中华总商会来函做出批示，认为停止信件总包办法是履行《国际邮政公约》义务的要求，如侨区地邮政不反对信件总包办法，则国内亦不反对；邮政作为国营事业为各国通例，取缔民信局已势在必行，信件总包办法已无展期的必要；为使信局有

① 参阅邮政总局：《邮政总局呈交通部文第九七号》，1929 年 3 月 15 日。

② 交通部：《交通部指令邮政总局第一三九三号》，1929 年 4 月 23 日。

改业准备，取缔民信局将分步办理。为避免取缔民信局给海外侨胞与国内通信及汇兑可能的不便，着由邮政总局切实注意、统筹办法，以无疏漏。①

2. 侨批局被允许继续存在

邮政总局取缔侨批局的过渡办法得到了交通部的支持，但交通部还存有犹豫，对邮政总局有所要求，即“着邮政总局切实注意、统筹办法，以无疏漏”。尽管该表述具有很强的官话色彩，但结合前文交通部王部长的表态可知，在对待侨批信件总包办法这一问题上，交通部上层确有顾虑，表现为对随后的局势有更多的担忧，因而令邮政总局密切关注事态发展，统筹办理，希望不出任何纰漏。

按照交通部的旨意，邮政总局随即派巡员林卓午、黎仪燊前往汕头、厦门等侨批局集中地区进行实地考察。这两位巡员到达汕厦之后，深入众多侨批局，就侨批局的人事、投递、付款、总包及邮费等涉及民信局经营有关的问题做了深入细致的了解；尤其是对这些地区与南洋各地侨民之间的信件寄递、侨汇等跨越国境的信件、资金流动问题做了深入的考察；并根据自己的思考形成了关于对待民信局尤其是侨批局应坚持的立场，并以说帖的形式呈送邮政总局经划、总务、联邮处等职能部门。

说帖主要内容为以下三方面，首先对待侨批局的态度：认为侨批局服务的侨民与侨眷具有特殊性，侨批局服务方式也具有特殊性；不论在南洋各地还是在国内，官方邮政无法满足侨民、侨眷需要，因此，侨批局一时不可取消，故仍应维持侨批局的存在。其次对于信件总包办法：认为信件总包办法是侨批局服务特殊的体现，是适应侨民、侨眷通信的最有效形式。取消信件总包办法，无疑将中断侨民与国内侨眷之间的最有效、最普遍的联系方式。因此应维持信件总包的寄递形式，充分利用信件总包带来的便利，但又不违联邮公约义务，因此，每封信件均应按联邮要求粘贴邮票，但仍准侨批局捆束成包，交邮寄递；给以侨批资费优惠，同时给侨批局以酬金，以照顾侨批局、侨民利益。最后邮政应加强对自己政策的宣传，以消除误解。②可以说，林卓午的说帖提出了对待侨批局的全新方案，这个方案既能照顾到侨民、侨眷的利益，又能照顾到侨批局的利益；同时，在形式上又符合联邮公约的规定，可谓两全其美。

林卓午的这份说帖，既是林卓午这位邮政巡员对自己巡查侨批局工作的分析、思考和总结，更是他对侨批局全面、全新的认识。如果说此前侨区商会组织陈情中言及侨批局不可取代，还可以说是陈情方的一面说辞，那么林卓午作为一个力主取缔民信局的邮政工作者，在侨乡、侨批局的所见所闻所引发的思考以及他对侨批局态度的巨大转变，在中华邮政内部无疑犹如一声惊雷。另外，林卓午的呈文以说帖，而不是以一般的考察报告、意见和建议等形式出现，既表明林卓午这位巡员对工作的责任与担当，更表明他深切体念到自己以及中华邮政整体过去对侨批局存在的种种误解，现实使他感到有责任和义务向各相关部门做出说明，以改变邮政对侨批局的认识。说帖对侨批局的各方面所做的介绍在中华邮政内部无疑更客观、准确，也更能令邮政管理者信服。

---

① 交通部：《交通部给新嘉坡中华总商会批示》，1929 年 4 月 3 日。

② 林卓午：《林卓午说帖》，1929 年 9 月 30 日。

林卓午说帖引起了邮政总局高层的重视，邮政总局会办多福森在林卓午说贴上批注说“查阅林君所具报告，足见该员对于虚悬至今情节复杂之民局问题，深悉其根本微节之所在，会办对其建议完全赞同”[①]。同样，收到说帖的邮政总局各职能部门从各自职能的角度对林卓午说帖进行了详细审核。从这些职能部门审议说帖呈交邮政总局的文中可以看出，说帖不仅给各职能部门提供了关于侨批局出路的完整方案，让他们耳目一新，给他们以启迪，也让他们就有关维持侨批局相关的如资费及其优待、信包与国际联邮、零星侨汇与侨信、侨批局的特色等问题与将要进行的实践进行了充分的研议，并提出了部门审核意见。随后邮政总局再召集各处处长共同研究，拟定了初步方案，即保留侨批局，给批局和侨民以优待。邮政总局的这些行为表明，维持信件总包办法、保存侨批局事实上已经得到了邮政高层的广泛认可。当然至于优待的标准，是需要与侨批局讨论的。为此，邮政总局代理总办林实再次要求林卓午即刻前往汕头、厦门与当地商会、民信局及侨眷具体磋商。[②]

而与此同时，南洋各岛及马来群岛政府决定，将于 1930 年 1 月 1 日起取消民信局，最迟延至该年 8 月 31 日，停发侨批局营业执照[③]，这即意味着上述地区也将取侨批局。

南洋取消侨批局的消息一出，侨界为之震动。暹罗中华总商会会长黄庆修就此致电交通部要求保留民信局；新嘉坡侨界组织请愿，并于 1929 年 7 月成立侨界全体大会，推举侨领林义顺[④]为总负责人，分别向中国国民党中央党部、中华民国中央政府暨五院中央侨务委员会、交通部函电吁请，并推此时在国内的新嘉坡侨领陈楚楠[⑤]为代表，分向请愿，面陈原委，要求取消废止侨批局决议。

随即国民政府立法院胡汉民院长、中央侨务委员会、国民政府文官处、中央执行委员会秘书处先后致函交通部要求交通部体察侨情，将废止民信局之议缓办，以慰侨望。[⑥]因侨批局问题，交通部及其所属邮政总局一时面临巨大的社会压力。

事实上，邮政总局在督促林卓午到汕头、厦门与各相关方面洽谈时，也拟以林卓午说帖拟就的意见为蓝本，与南洋各有关邮政进行协商，以求在国际邮章所许可范围内，谋求变通办法，既能以此保持中国邮政在国际中的地位，又能满足侨民愿望并兼顾商人利益。

侨界反对取消侨批局的抗议声浪以及国内的党政高层就侨批局一事的批复，事实上给邮政总局造成巨大压力，迫使邮政总局加速了保存侨批局政策的及早落地。

邮政总局首先与荷属邮政商定保留侨批局，俟相当长时期再予取消，但所有批局都应在双方邮局挂号；保留总包形式，但每一包封内每件信函按国际资例按七成纳费，其余三成作为批信局经办邮件酬劳。嗣后，

① 《照译会办对于林卓午君所具民局案报告之批注》，载中国邮政文史中心资料室抄件：《中国民信局在国民党统治时期的情况》第二册，第 212 页。
② 邮政总局：《令巡员林卓午》，《交通部邮政总局训令》，1929 年 10 月 26 日。
③ 《马来群岛邮政第一二九八/二九号函》，《邮政总局上交通部呈文第四〇一号附件》，1929 年 10 月 21 日。
④ 林义顺（1879—1936 年），字发初，号蔚华，又号其华，新加坡华侨，杰出的民主革命活动家和爱国侨领。
⑤ 陈楚楠（1884—1971 年），男，祖籍福建厦门，生于新加坡。原名连才或连材，别号思明洲之少年。鼓吹反清革命，被誉为南洋革命党第一人。
⑥ 交通部：《交通部训令邮政总局第三六一三号》，1929 年 11 月 8 日。

邮政总局也与英属等邮政当局商定了类似的方案。这些方案既符合联邮章程规定，又与各方要求较为接近，也符合中国邮政法规规定。《邮政条例》第四十六条规定“本条例施行前，以第二条之事项（信函、明信片之收取寄发及投递）为营业，曾经邮政局所许可或于本条例施行后三个月以内呈请邮政局许可者，视为邮局之代理机关，不适用第五条之规定。但邮政局认为必要时，得停止其营业”[①]。这样，侨批局从事实上或法律上都已经成为邮政的代理了，长达数年侨界要求维持信件总包办法、保存侨批局也终于以基本符合侨民需要的形式落幕了。

为了加强对侨批局的管理，邮政总局制定了《批信局事务处理办法》十四条，规定登记挂号领取执照、每年年底换发新照，分号增设或歇闭，邮政巡员对侨批局巡查等手续及其程序，侨批局从业规定、办理手续、禁业规定，以及侨批局违反规定的处罚等。这个办法，明确了邮政对侨批局的登记、执照、巡查、业务、违规处罚等管理方面的权限，侨批局事实上成了邮政的代理组织。然而，这种代理关系与邮政代办所等邮政代理机构又有所不同，首先，国家邮政事实上不能决定侨批局的存废，决定其存废者是侨批局组织的经营者；其次，只要符合相关条件，侨批局就可以申请挂号、领照，进行营业，而邮政方面只能批准，并不得拒绝。

在以后的岁月里，邮政总局与侨批局一般维持较为正常的关系，矛盾多存于具体的经营层面，诸如邮资的调整、邮件走私等方面。这种情况一直到中华人民共和国成立前，中华邮政对待民信局的政策没有多大调整。

四、侨批局在国家邮政专营进程中存续原因探析

中华邮政在对待侨批局的政策以 1929 年 10 月下旬为分界，前后政策有着根本的不同，即由前期的企图通过废止信件总包办法来取缔侨批局到维持信件总包办法并与侨区政府邮政洽谈维持侨批局的存在。检视其中的变化，对于更好地了解和认识侨批局和当时的邮政业态无疑具有重要意义。

1. 侨批局代表侨民、侨眷利益，这是它能够存在的政治因素

19 世纪末 20 世纪初，由孙中山领导的以推翻清王朝专制统治和创建国民政府为目的的资产阶级民主革命，在中国历史上具有深远意义。在这一革命历程中，海外华侨成为孙中山倚靠的重要力量，他曾多次评价说 “华侨是革命之母”[②]，形象而又高度地评价了海外华侨在那场革命中所做出的巨大贡献。这些贡献表现为“中华民国之开创，实以海外华侨之参加国民运动为始基……推翻……专制，创建民国，亦以海外华侨社会为基础，以进行组党、宣传、起义诸项工作，其经济之支援，尤多赖华侨之捐助也”[③]。

如果说华侨对中国资产阶级民主革命所做的巨大贡献是一历史事实，那么对于革命的后来者如何对待

---

① 《邮政条例》第四十六条，引自刘承汉：《邮政法总论》，上海：商务印书馆，中华民国二十八年十一月初，第 37 页。

② 参阅冯晓蔚：《华侨对辛亥革命的巨大贡献》，《炎黄世界》2011 年第 2 期，第 21 页。

③ 蒋永敬编：《华侨开国革命史料・引言》，台北：正中书局，1977，第 1 页。

它显得极为重要。孙中山曾这样说："我海外同志，昔与文艰苦相共，或输财以充军实，或奋袂而杀国贼，其对革命之奋斗，历十年如一日。故革命史上，无不有'华侨'二字，以长留于国人之脑海"[①]。在这里，孙中山更是告诫全体国人，要将华侨的革命功勋铭记于心。

海外华侨在孙中山领导的民主革命中做出了巨大贡献，在革命中享有那样崇高的地位。作为革命产儿的中华民国政府理应善待侨民、侨眷，为侨民、侨眷的生产、生活提供便利，为保护侨民、侨眷的合法权益不懈努力，而不是相反。事实上，中华民国政府也在做着这方面的努力。1912 年 8 月 11 日颁布的《中华民国国会组织法》规定，民国议会由参议院、众议院组成，并规定华侨得选参议员 6 名。[②]这就从法律上正式确认华侨有参政权，参与管理国家，这是中华民国史上的一个创举，也是中国历史上具有开创性的事件。[③]此外，还有关于华侨国籍认定的法律规定；在海外广设使领馆，对华侨进行外交保护；以及设立管理华侨事务的侨务机构等，这些足以说明，辛亥革命后华侨在国内政治地位的提高以及华侨事务得到国家的重视与保护。

就侨批局这一具体问题来看，它作为联系侨区与侨乡、侨民与侨乡侨眷的纽带，深得侨民与侨眷的信赖，有着深厚的侨民、侨眷基础。作为中华民国的各级政府、职能部门有责任和义务为侨区与侨乡、侨民与侨眷的沟通联系提供便利，或直接提供可供侨民与侨眷选择的更好的联系途径，而不是相反。因此，当没有比侨批局更适合为侨民与侨眷提供联系的有效形式而要求废除信包办法以求扼杀侨批局，甚而直接要求取消侨批局时，侨区与侨乡、侨民与侨眷的对此进行抗争那是最自然不过的事。

应当看到，国家邮政追求邮政专营有其合理性和紧迫性。"案查欧美各国邮政事宜，统归各国之政府经理，不准商民寄信为业，以期利权不致外益。"[④]这表明邮政专营是各国近代邮政的通例，因此，作为 1896 年才开办的中国邮政，追求邮政专营是它的一项政策取向，也是它发展的一个阶段性目标。这样，取消民营的侨批局从国家邮政发展考量，具有其必然性，这也是在前文中叙述到的国家邮政总是想通过废止信件总包办法将侨批局绞杀的原因。

然而，同样必须看到维护侨批局的存在具有其合理性与必要性。维系侨民与侨眷的联系的方式是侨批通信。侨批是当时侨民与侨眷维系联系最便捷、最高效、最低廉、最温馨的形式，深得侨民与侨眷的信赖。因此，在没有更好的、可以取代侨批局的有效联系形式前，保存和发展侨批局也是维护侨民、侨眷利益的最好选择。这样在国家邮政谋求专营的道路上，此时出现的国家邮政与侨批局之间的冲突需要政治力量进行平衡。

侨民、侨眷从政治层面要求政府体恤侨民利益，维持信包办法及维持侨批局的经营，如在新嘉坡中华

---

① 中山大学历史系孙中山研究室、广东省社会科学院历史研究所、中国社会科学院近代史研究所中华民国史研究室合编：《孙中山全集》第 56 卷，北京：中华书局，1985，第 52 页。

② 《政府公报》第四册，台北：文海出版社，第 53 页，转引自蒋顺兴、杜裕根：《论北洋政府的侨务政策》，《民国档案》1993 年第 4 期，第 68 页。

③ 蒋顺兴、杜裕根：《论北洋政府的侨务政策》，《民国档案》1993 年第 4 期，第 68 页。

④ 《大清邮政民局章程》，引自仇润喜主编：《天津邮政史料》第一辑，第 87 页。

总商会陈情函中谈到“国家立法旨在利民。革命成功，华侨不无微劳。今所求便于我侨者，仅此批包问题。乃竟未蒙政府之体恤。揆之情理，似有未平”①。该段陈情，意涵清晰，字字千钧。国家的任何法律法规都应当有利于人民，这应当是国家立法的宗旨。涉及华侨的法律法规也应当有利于广大的华侨，这也应当成为国家制定涉侨法律法规的起点。不仅如此，中国革命的成功，华侨是做出了巨大贡献的，为顾及广大侨民利益更是国民政府应尽的基本责任。然而，现今涉及广大侨民侨批信件总包办法这样细小问题，竟未能得到国民政府的体恤，这不仅于法不合，更于情与理不符，广大的侨民为此愤愤不平。对于这样的呼声，交通部显然是不可轻易处置的。

新嘉坡中华总商会还就邮资上调一事指出“即使邮政因信局之保存或至邮费有所短少，亦当体念侨商之报效祖国者，无论水旱偏灾及兴学一切善举，动输数十万数百万之巨款，源源接济，年年如是，而政府何惜此区区减少之邮费，而不肯怜恤侨界之苦力，反欲与信局为难，致使侨民之寄养其家者，有所阻碍，音信不能常通，是岂国家建设邮政之本意也哉”②。

前文也曾谈到，在邮政总局欲以履行《国际邮政公约》为名，拟取消侨批信包办法以及随后历次围绕侨批局的存废问题的抗争中，南洋多地的侨领如林义顺、陈楚楠、黄庆修等出面交涉。其交涉的层级也由邮政主管部门的交通部，转而递进到外交、侨务、国民党中央党部、国民政府暨五院中央侨务委员会直陈事实原委。而这些部门的首长转饬交通部要求照抗争方所请办理③，典型的如立法院院长胡汉民亲自发函文到交通部要求严肃对待华侨的诉求。这表明，华侨在国内有巨大的政治影响力，侨领在国内有巨大的个人声望。

侨批局所拥有的这种政治上的优势，与国内取缔民信局时民信局的政治地位形成了鲜明对比。1933 年 11 月 22 日，交通部做出决定限令民信局于 1934 年年底以前停业；并训令邮政总局遵照执行，在限定期内，一律结束，不得展缓。④鉴于邮局在对待民信局登记、挂号、领照以及走私信件上遇到的困局，担心没有地方军政机关协助，难以达到取缔民信局的目的，因此交通部在同年 12 月呈请国民政府行政院“通行各省市、军政机关，饬行所属地方长官，尽力协助邮局，严行取缔民信局，于本部限定期内，一律结束，不得展缓，以维邮权而资统一”⑤。行政院准允了交通部的呈请，并通令各省市政府暨军政部转饬遵照办理。⑥由于国内民信局没有如侨批局一样的政治地位，所以国家邮政利用自身在政治上的优势，对民信局做出了取缔的处理决定。而国家邮政不可能采用类似的手法来对待侨批局，即使采用也难以获得政府高层政治上的支持，前文有关所述就是最好的证明。

---

① 新嘉坡中华总商会：《新嘉坡中华总商会呈交通部》，1929 年 2 月 26 日。

② 新嘉坡中华总商会：《新嘉坡中华总商会呈交通部》，1926 年 11 月 12 日。

③ 参阅交通部：《交通部训令邮政总局第三六一三号》，1929 年 11 月 8 日。

④ 参阅交通部：《交通部训令邮政总局第一六三九四号》，1933 年 11 月 22 日。

⑤ 参阅《交通部呈四三五号》，1933 年 12 月。

⑥ 参阅《行政院令第三七五三号》，1933 年 12 月。

由上可见，由于华侨在革命中的特殊地位，华侨的事业在国内也都具有相应的政治地位，这是侨批局在国家宣称维护邮政统一工作中能够继续存在的政治原因。

2. 侨批局在服务侨民侨眷中有官办邮政不可比拟的优势，这是侨批局存在的经济基础

侨批局与国家邮政虽然都是邮政业经营主体，但将两者对照，可以看到两者之间的协同关系。在共同的邮政业中，侨批局与国家邮政的这种协同关系也可以看成是相互间的优势与不足，它们主要体现在以下几方面。

首先，侨批局服务的对象是南洋各地的侨民及其眷属，其经营活动是跨越国境的活动。侨批局的经营仅从邮政业本身的角度就涉及侨居地邮政及其侨批局政策，也涉及国内的国家邮政及国家的侨批局政策，这几个方面而且往往交织在一起。

其次，在长期的发展过程中，侨批局与官办邮政形成了一种合理分工，并在这种分工的基础上构建起了一种以完成相关邮政业务为目的、相互不可替代的业务协作关系。对于这种业务协作关系，新嘉坡中华总商会给交通部的呈文中作了清晰的说明。

从成本费用上、侨民的小额侨汇这项业务看，呈文中写道："其在近于信局者，尚不见其为难，若距信局至数日路程者，往返工费，或须舟车隔夜之费，至少非数金不可。其在寄有十元者，除开销外，或可存期大半，若寄二三元者，恐不抵其开销之费，安得尚有余资以养其父母妻儿者乎？若其家仅有妇孺而无壮丁，得信而不得银，其痛苦之景象，不知其如何设想矣？"[①]这段话说的是国家邮政服务只便于设立邮政局所附近的用户，对于距离邮政局所较远的用户，用邮成本太高，而侨批局正好可以弥补国家邮政的这一缺陷，侨批局收费低廉，契合侨民、侨眷本身的经济状况。同时在业务上，由于成本费用问题，所以侨汇业务很难在国家邮政系统内开办起来，侨汇在很长一段时间内只有侨批局经营，而且侨批局经营侨汇业很有特色，侨汇与侨信是紧密相连的，侨民汇出款项，侨批局将侨汇送达侨眷，即将侨眷回批带回侨民，这种一一对应关系成为侨批业的显著特色，且侨民每次汇款数额较小，汇费低廉甚至免费。特别是随着社会经济的发展和外出侨民的增多，对侨批局的服务需求越来越多，而官办邮政更无法满足侨民的这种需要，如 1935 年以前，银行几乎没有侨汇业务，侨汇业务主要由侨批局经办。[②]侨批局经营侨汇业务方式主要是从各侨居地先把华侨汇款汇到香港联号，然后由香港转拨到国内的侨批业。国内侨批业在接到国外寄来的批信后，就抄写正副两份"解条"，派专人投送到侨眷手中去。派送的方式有四：①专人派送。在城市或近郊的侨款，均直接派人按址投送，妥交本人，收回回批。如见不到本人，要凭保付款。②通知领取。如侨眷居住在山谷地区，就托妥人带回，认人付款，一般四五天也可取得回批。③转托水客。在无代理店情况下，委托水客将汇款送交侨眷收领。④委托同业。对于既无代理店，又无水客可托的地方，改交距离侨眷最近的同业代投，偏僻的地区有时要辗转经过二三重手续。据学者研究认为，华侨汇款总额，1902—1913 年，每年

---

① 新嘉坡中华总商会：《新嘉坡中华总商会呈交通部》，1926 年 11 月 12 日。

② 焦建华：《取缔与存留：试论南京国民政府侨批业政策的初步确立》，载福建省档案馆编：《中国侨批与世界记忆遗产》，第 369 页。

平均达到银币一亿五千万元。侨汇对于弥补国内每年巨额的国际贸易入超，起了极重要的作用。可是侨汇总额虽巨，每笔汇款却是很琐细的。据邮政储金汇业局1935年所做的每百户侨汇汇额的百分比：20元以下的占总汇额17%，20—50元占49%，50—125元占21%，125—250元占13%，也可以看出2/3的华侨汇款是每笔不超过50元的小额。[①]

从业务手续上看，侨批局与国家邮政也有较大分别，"当知华侨商家之寄银信也，由外洋至中国，全属银行汇票，两头皆有铺号，门牌住址分明，邮差可直接送交无误，不必转寄信局，较为便捷，商家亦不惜此邮票及挂号之小费，自能单独邮寄，与信包之存废全无问题。若苦力之寄银信由外洋至中国内地者，在外洋无铺号门牌之可记，或住山圆，或居海面，或做散工，或做小贩，居无定处，食无定时，非其素识无从寻觅，所寄银信皆视其所识之信局为依归，回信之迟速皆能自到信局查问，而保无或失。若寄邮政，既非挂号之信，自然不敢过问，此邮政不若信局便利，显而易见。宜乎苦力之喜寄信局，不欲直寄邮政明矣。其信件至中国内地，仅有里名与姓名，亦无铺号门牌之可查，又无详细地图之可考，邮差所不能直接送交者，信局皆有熟悉之人，可以按址按时而交收无误"[②]。这段话是说国家邮政有严格的操作规程，邮件交寄规范，但不适合侨民、侨眷需要；而侨批局十分简便，很多信件都没有收发人名姓、地址等，但正契合侨民、侨眷实际，符合他们的需要。所以"是信局可以补充邮政所不及，而无损邮政之权力。邮政如元首，信局如股肱；邮政犹轮船，信局犹杉板。非邮局不能助信局之速，非信局不能全邮政之功；是邮政与信局可相辅而行而不可相离，往来信包两得其便，何可废也！"[③]又说"谓中国未有邮政，先有信局，既有邮政，尤不可无信局。盖信局之利益，在于一方，邮政之利益，在于全国"[④]。

国家邮政与侨批局的这种协作关系，从另一角度理解，实际也就是国家邮政在服务社会中所表现出来的不足与侨批局在服务社会中所表现出来的优势。这样，在国家邮政服务社会的不足没有弥补前，侨批局服务侨民、侨眷的优势没有被取代前，侨批局就有其存在的基础。正如称文中所说"……假使邮政果大加整顿，细心研求，得如信局接收银信之规模，得如信局交信交银并取回信之快便，其邮费能比信局为尤廉，则大众之寄托银信者，必皆趋附邮政而不倚赖信局矣，凡各信局必当自行停业，尚何理由而敢与邮政争乎！"[⑤]

可见，当侨批局的这些优势被国家邮政取代后，侨批局也将自动退出历史舞台了，作为侨民、侨眷也就乐于用邮而无怨了。

纯粹从经济的角度出发，官办邮政在相当长一段时间内无法取代侨批局这一事实，时人也做了明确的回应。时人多有认为取缔民信局而保留侨批局是美中不足，且侨批局存在种种弊害无异于民信局，主要表

---

① 参阅焦建华：《取缔与存留：试论南京国民政府侨批业政策的初步确立》，载福建省档案馆编：《中国侨批与世界记忆遗产》，第369页。
② 新嘉坡中华总商会：《新嘉坡中华总商会呈交通部》，1926年11月12日。
③ 新嘉坡中华总商会：《新嘉坡中华总商会呈交通部》，1926年11月12日。
④ 新嘉坡中华总商会：《新嘉坡中华总商会呈交通部》，1926年11月12日。
⑤ 新嘉坡中华总商会：《新嘉坡中华总商会呈交通部》，1926年11月12日。

现在：侨批局“系私人经营，以盈利为目的，并无便利公众之观念。对于延搁批信、误投或沉匿批信视为常事。盖批信业无章则，流弊滋多，近年来因不景气影响，批信局倒闭时闻，则华侨血汗换来之款项，被其倒欠，无法交涉，绝无保障”①。同时还说侨批局“私带邮件，邮局并无缉私专员之设，被其走漏者，不凡知几，实发展邮政之一大障碍，非用断然手段取缔，则闽粤邮务殊难发展”②。应当说，这是他们关于侨批局的主要观点，他们放大侨批局的弱点和缺陷，从发展邮政的角度出发，要求采取断然措施取缔侨批局。当然，他们在要求取缔侨批局时也认识到因取缔侨批局将留下服务空白，因而要求中华邮政“通函南洋各埠汇兑局从速与中华邮政订立合同，将外洋所收之批信与汇款统行交寄国内各邮局代发代兑”③。并提出了具体措施，包括吸收侨批局的长处，“事须简单易行，予华侨以便利，但收款人除回批外，必须另具收据，以便查考”④。同时降低汇款手续费，由侨批局的“每千元十五元……我邮承受办理，自应较轻，使侨民减轻负担，每千元只十二元或十元”⑤。因取缔侨批局“事关侨民利益，及邮政统一，华侨应乐于接受，一面先期派员到南洋各处宣传，以免误会。邮局在闽粤各局，增设华侨汇款批信分发处，专营此项业务，列为邮局特种营业。闽粤两区增设稽查差，专缉私带邮件，以绝批信局暗中活动”⑥。从取缔侨批局后应采取的这些补救措施看，这些中华邮政需要补足的，正是它所缺乏的，而正是侨批局所拥有的。事实上，他们提出的要求中华邮政的补救措施，也是中华邮政在相当长一段时间内不可能实现的，如在国内，中华邮政难有条件在乡村增设服务网点，尤其是将网点延伸到穷乡僻壤以满足民众对邮政服务的需求，特别是侨批局从事的为跨国境的通信活动，中华邮政不可能越过国境设点以弥补取缔侨批局后留下的邮政空白。这也从反面说明从经济因素方面看，取缔侨批局不可行。

当然，在维持侨批局存续的政治因素、经济因素中其地位作用是不一样的。其中，经济的因素是侨批局在国家邮政构建邮政专营中得以留存的内在原因，是它存在的客观基础，如果侨批局丧失了较之国家邮政服务侨民、侨眷的优势，则侨民、侨眷“必皆趋附邮政而不倚赖信局矣，凡各信局必当自行停业”⑦。同样政治原因是侨批局能够存在的外部原因，没有海外华侨对国民革命的贡献和民国政府建立之后华侨在国内地位的提高以及相应的对华侨利益的维护，侨批局的命运很可能与国内民信局的命运一样在国家构建邮政专营的过程中被强行取缔。但是，影响侨批局存在的政治因素是起次要作用的，是以侨批局能够留存的经济因素为基础的，没有这一基础，政治上的干预就丧失了合理性。

因此，侨批局的留存，使国家邮政专营留下了缺憾。1935 年，中华邮政总局局长郭心崧对这种留存

---

① 郑兴仁：《取缔批信局之必要》，《中华邮工月刊》第二卷第八期，民国二十五年，第 7 页。
② 郑兴仁：《取缔批信局之必要》，《中华邮工月刊》第二卷第八期，民国二十五年，第 7 页。
③ 郑兴仁：《取缔批信局之必要》，《中华邮工月刊》第二卷第八期，民国二十五年，第 7 页。
④ 郑兴仁：《取缔批信局之必要》，《中华邮工月刊》第二卷第八期，民国二十五年，第 7 页。
⑤ 参阅邮政总局：《邮政总局通饬第五二〇号·附件》，1930 年 9 月 29 日；《邮政总局通饬第五八一号·附件》，1931 年 1 月 14 日。
⑥ 郑兴仁：《取缔批信局之必要》，《中华邮工月刊》第二卷第八期，民国二十五年，第 7 页。
⑦ 新嘉坡中华总商会：《新嘉坡中华总商会呈交通部》，1926 年 11 月 12 日。

与缺憾作了官方说明“各地民信局，限令于去年（1934年）年底停止营业，现在各区报告，都已遵限停业，数年的悬案，可告结束，在邮政史上，亦是值得注意的一件重大事体”[①]。然而，郭局长又说“批信局系民业信局的一种，本在取缔之列，惟为南洋各处华侨寄递银信便利起见，特准继续经营”[②]。这段话透露出国家邮政在专营中所做的努力与无奈，也显示出了侨批局的独特性，数年的悬案因侨批局而没有真正结束。

---

① 郭心崧：《最近邮务概述》，《中华邮工月刊》第一卷第二、三期，民国二十四年，第8页。
② 郭心崧：《最近邮务概述》，《中华邮工月刊》第一卷第二、三期，民国二十四年，第9页。

1931—1937年国民政府主计处统计局研究

冯国林

摘　要：自1931年国民政府主计处统计局设立后，其组织架构及各项制度不断完善。从国民政府时期统计局的各项统计活动来看，这一机构一定程度上改变了既往统计机构各自为政、方法不一的情形，实现了统计的中央集权化，对推进国家科学治理以及统计制度的完善起到了十分重要的促进作用，具有相当重要的历史意义。不过，也应看到，1931—1937年的主计处统计局仍处于初步发展阶段，其在制度建设及职能的践行过程中并非十分完善。这一最高统计机构是以往任何时期所未有的，与此前的各类统计机构相比，国民政府统计局具有专业性、科学性、独立性等特点，是国民政府推行国家治理的重要一环，这一机构仍值得认真研究。

关键词：抗日战争；南京国民政府；主计处统计局

统计在中国可谓源远流长。[①]但与之相较，学界关于统计史的研究则极为薄弱。有鉴于此，不少学者呼吁要加强对统计史的研究。华中师范大学教授郑成林在论及近代统计的研究时，曾呼吁要更为关注统计活动、统计组织以及这些统计活动、制度及结果对政府决策、社会经济的影响。[②]正如郑成林所言："具体而言，研究的重点不在于统计数据，而是近代统计在中国的兴起与演变，诸如主持统计的有哪些机构、组织和个人，他们统计的主旨、内容和实施过程有何异同，统计制度经历了怎样的变革历程，这些统计活动、制度及结果又是如何影响政府决策、社会经济等，对上述问题的研究大有扩展的空间。"[③]但遗憾的是，迄今为止学界对上述问题的研究尚不多见。本文试图对1931—1937年的国民政府主计处统计局作一研究，以加深对国民政府统计工作的认知。[④]

冯国林，江苏南通人，华中师范大学历史文化学院博士研究生，研究方向为中国近现代史

---

① 吴大钧：《我国统计制度之研究》，载陈长蘅：《统计论丛》，上海：黎明书局，1934，第48页。

② 郑成林：《中国近代统计及其学术内蕴》，载郑成林选编：《民国时期国情统计资料汇编》第1册，北京：国家图书馆出版社，2016，第5—6页。

③ 郑成林：《中国近代统计及其学术内蕴》，载郑成林选编：《民国时期国情统计资料汇编》第1册，第5—6页。

④ 相关研究参见关永强、赵雪莹：《国民政府时期主计处统计局研究（1931—1949）》，"第一届中国经济史青年学术研讨会"会议论文，2018年4月13—15日。

一、主计处统计局设立的背景及其隶属

（一）以往统计工作的弊端

国民政府成立后，对调查统计工作尤为重视，从中央到地方纷纷成立各级统计机构，但这些统计机构彼此缺乏合理分工，工作容易重复。[①]1931年国民政府主计处统计局设立。统计局设立的背景之一，是以往统计工作存在诸多不足之处，亟须一个新的领导机构加以管理。在主计处统计局设立之前，统计工作由于缺乏统一的联络机关，统计工作步履维艰。具体而言，主要包括专业偏枯、方法纷歧、经费虚糜、民间惊扰四点。所谓“专业偏枯”，是指“各机关统计组织，既系各个分立，无集中汇总之机关，则遇事无从通盘筹维，详细规划，事业之进行，遂不免重复缺略，易得之统计，重见纷出，繁难之统计，搁置未办”。“方法纷歧”即指各机关统计工作各自为政，并无统筹机关，统计方法也不一致，“于是同一调查，而应用之表式不同；同一事项，而时期之起讫互异；同一统计，而整理之方法各别。他如名称，单位等，无不参差歧异，以致无从综合比较，汇成整个统计。虽属分工，实未合作”。此外，“经费虚糜”也是以往统计工作中存在的一大问题，统计工作缺乏统一领导，各机关又不互通生气，导致统计多有重复性质，对人力、物力、财力也是一种浪费。加之当时人民对统计工作缺少正确认识，不免惊疑，就连承办机关，也是“疲于应命，以致唯有捏造事实妄填数字，敷衍塞责而已”[②]。对于主计处设立之前的统计工作，赵金山等人的观感也大致类似。[③]一些人还认为1927—1931年，“统计机关组设虽多，然以办理人员未必有相当之统计知识与经验，而机关长官又多不明统计之意义，难期指导监督，故统计事务全系盲目进行，重复缺略之处殊多”[④]。盛俊为此感慨道：各统计机关“各行其是，有分治而没有合作，如何能够得到整齐划一的结果呢？”[⑤]为此，他建议要在中央设立一个办理统计的领导机关，以免各机关统计工作“各自为谋，用力多而成功少”[⑥]。可见，当时已经有类似设立中央统计局这样的呼吁了。

统计属于近代以来新兴的学科，国内对此知之甚少，时人对统计也缺少正确的了解。各地对办理统计虽然兴趣盎然，但都对统计缺乏正确的认知，“误认统计为会计者有之，以统计为审计或预算决算者亦有之”。其原因就在于当时风气未开，人们对统计工作尚未了解。[⑦]时人对于统计工作的意义也有种种误解，

---

① 梁莎莎：《中国统计学社研究（1930—1949）》，河北大学硕士学位论文，2014。

② 郑成林选编：《民国时期国情统计资料汇编》第42册，北京：国家图书馆出版社，2016，第245页。

③ 赵金山、卜升华：《国民政府主计处统计局实习总报告》，《主计处统计局之经济社会资源及各项统计事业实习报告》，载南京图书馆编：《二十世纪三十年代国情调查报告》3，南京：凤凰出版社，2012，第279—281页。

④ 唐宗寿、叶定安、王述安：《实习报告》下册，《实习报告第二编——主计处统计局之部》，载南京图书馆编：《二十世纪三十年代国情调查报告》6，南京：凤凰出版社，2012，第356页。

⑤ 盛俊：《统计的分治合作》，《统计月报》1929年第1卷第1期，第2页。

⑥ 盛俊：《统计的分治合作》，《统计月报》1929年第1卷第1期，第3页。

⑦ 林玮：《中央党部及政府机关统计工作之调查》（1929年2月），载广东省统计科学研究所、广东省统计志编辑室合编：《民国时期统计史料选编（1912—1949）》（内部发行），1988，第14页。

统计专家刘大钧观察后说道："我国人对于统计的意义多未明了，致有种种误会。有人看得统计太容易，以为有数目字的便算统计。……反过来，有人看得统计太难，以为统计系极深奥的事，非应用高深算学及统计公式不算统计，此亦系误会。"①

统计工作各自为政，缺乏统一领导。其结果，致使基层统计人员疲于应付，"每有同一事件之调查，甲机关业已举办，而乙机关又同样另制表式令发查填，中央机关亦来一表，只以一二项目之不同，遂演成三四次之调查，繁复过甚，耗费人力物力，不可胜计"②。各机关统计缺乏联系，还导致统计结果不易运用。由于各省调查户口及编制统计，所采用的方法并无一致，调查统计的结果不容易比较，"南京、上海、北平等处，调查表式已经不同，编成统计，南京又与浙江互异。南京是分学童、壮丁、老幼三类，浙江却是按二十年为一级，分二十以下，二十至四十，四十至六十和六十以上，共为四级"。其结果，导致各种表式放在一起，根本无法比较。③此外，除了统计方法多样外，调查表格更是种类繁多，吴大钧就认为"我国现在缺少标准统计表式、合宜的分类方法和有系统的调查计划"，种种因素叠加在一起，导致办理全国统计，"难之又难"④。调查统计的一大目的即在以资运用，但由于各地统计方法不尽相同，调查表格也五花八门，调查结果无法比较，使调查统计的意义也大打折扣。时人就认为"过去我国统计制度之缺陷在于各机关各自为政，系统未立，职责未明，各自重复与进行困难——总括言之，即为缺乏统计中心机构"⑤。

统计人才的缺乏也是统计工作的一大困难。一些统计人才，"每因薪金过薄，工作过难，而改执他业"⑥。各地方政府缺乏专任统计与调查人员，导致许多统计不能按期举办，"政府院部会等均制有调查或统计表格，颁发各地，然查其确实照式填用者，百分中只一分至四分。其原因非由各机关故意立异，实缘地方机关丛脞，而无统计人才专司其事，故有不能按期报告或竟未举办者"⑦。

统计工作并未受到应有的重视，不唯如此，以往的统计工作还存在诸多失实之处，"我国一般行政机关，对于统计工作，大多不甚注意；间或编制统计，亦多虚报数字，其与实际之情形，多半不符，加以分类标准及统计方法，亦未能统一，纵有真实之统计之材料，其结果亦难精确；故应由省政府根据中央统计法令，厘定编制统计统一办法，使各县省派会计主任，根据帐（账）簿记录，按期编制统计图表，以为决

---

① 刘大钧：《我国的统计》（1929年3月），载广东省统计科学研究所、广东省统计志编辑室合编：《民国时期统计史料选编（1912—1949）》（内部发行），第16页。

② 杨仁则：《广东的统计工作》，载郑成林选编：《民国时期国情统计资料续编》第27册，北京：国家图书馆出版社，2017，第446页。

③ 刘大钧：《我国的统计》（1929年3月），载广东省统计科学研究所、广东省统计志编辑室合编：《民国时期统计史料选编（1912—1949）》（内部发行），第19页。

④ 刘大钧：《我国的统计》（1929年3月），载广东省统计科学研究所、广东省统计志编辑室合编：《民国时期统计史料选编（1912—1949）》（内部发行），第21页。

⑤ 卫挺生，杨承厚：《我国之统计制度》（1944年1月），载广东省统计科学研究所、广东省统计志编辑室合编：《民国时期统计史料选编（1912—1949）》（内部发行），第220页。

⑥ 黄秉庸：《扩充本县统计组织计划》，载郑成林选编：《民国时期国情统计资料续编》第27册，第563页。

⑦ 林玮：《中央党部及政府机关统计工作之调查》（1929年2月），载广东省统计科学研究所、广东省统计志编辑室合编：《民国时期统计史料选编（1912—1949）》（内部发行），第15页。

定政策编制预算之根据”[①]。由于统计组织未能确立，统计人员也成为各机关可有可无的摆设，处境尴尬。“因统计组织系统迄今未能确立，统计机构与人员在一般行政机关中成为可有可无部分，统计人员低位不为人所重视，因而感于关注之难于展开而急欲求去。”[②]

（二）由“破坏”到“建设”：统计与科学管理[③]

按照黄仁宇的观点，传统中国并无真正的“数目字管理”。“数目字管理”是一种精细化管理，对国家科学治理有着重要作用。国民政府时期对统计工作的重视，正是因为统治者看到了科学治理的重要性。随着统计工作在国民党训政时期的重要性亦日益凸显，时人对于统计也更为重视。早在统计局设立之前，一位学者即曾撰文指出：国民党进入训政时期后，开始由“革命的破坏”走向“革命的建设”，而其中统计则扮演着重要角色，“因为统计一科，实包罗万有，用大量观察之方法，从搜集之材料，或推算之数目，分析归类而整理之；化繁为简，化零为整，凡自然界或社会一切现象，均可以图表上观察之，此统计之功用也”[④]。持相同观点的人不在少数，有人就认为“将来中国建设事业，必须有赖于统计学之发展”[⑤]。

在国民政府高层，不少人也认识到，作为统治技术，统计也有着不容轻忽的重要性。在蒋介石看来，“政治之组织，在时地人事之分析统计”[⑥]。统计之所以重要，在于其是一种科学的方法，“如果没有这种分析判断的能力，则对于一切客观的事物，必不能辨认清楚，而始终陷于纷乱糊涂、无条理、无次序的状态中，找不到一条合理的成功的途径”。蒋介石还进一步解释：“譬如我们作战，对于敌情地形等等，平时必须注重调查，分析统计，而加以精密的研究；临事更有正确的判断，才可以随机应变，应付自如。所以对于事物的分析统计和判断，是我们为学做事所必需的工夫。”[⑦]鉴于统计的重要性，蒋介石还不时要求学者给其讲解统计学知识。[⑧]

此外，统计局之设立还有辅佐主计处增强财政监督的意图。统计、岁计、会计三者有着紧密联系。正如时人所言：“统计产生岁计。岁计产生会计。会计又产生统计。执统计可以观岁计会计之虚实，执岁计会计亦可以证统计之当否，三者相为因果，相为体用，正如连环之不可破判。”有论者认为统计局不应隶属主计处，与会计、岁计无关，针对这一质疑，卫挺生认为这是不了解三者连环性的缘故，“岁计、会计、统计合并由同一机关办理，则由多种便利。各自为政，徒然增多方之不便利而已，更无其他利益也”[⑨]。主计长陈其采也赞同此说，“推立法之原意，岁计为事先筹画（划）之基础，会计为平时监理之程序，而统计则一

---

① 余炳祥：《县财政监督之方法》，《之江经济期刊》1936年第5期，第9页。

② 广西省政府十年建设编纂委员会编：《桂政纪实：一九三二—一九四一》，北京：国家图书馆出版社，2015，第459页。

③ 本文说的“科学管理”，是指通过数字化管理来实现国家治理。

④ 吴文春：《训政时期中央各省市统计局组织之商榷》，《革命之花》1928年第155期，第1页。

⑤ 唐庆增：《浙江省建设月刊》1930年第4卷第4期，第9页。

⑥ 黄自进、潘光哲编：《蒋中正总统困勉记》卷三十四，1935年9月8日，台北：“国史馆”，2011，第469页。

⑦ 《科学的道理》（1935年），载秦孝仪主编：《总统蒋公思想言论总集》卷十三，《演讲》，1984，第30页。

⑧ 黄自进、潘光哲编：《蒋中正总统学记》卷三，1931年5月10日，台北：“国史馆”，2011，第32页。

⑨ 卫挺生：《民国计政之过去现在与将来》，《卫挺生文存》，台北：远东图书公司印行，1973，第118—119页。

面采访国情，一面记述政绩，借以检讨以往之设施，而策励将来之进步，三者相辅为用，具有连环性者也”[①]。由于“三计”之间存在密切关联，主计制度的设立者决定将统计、岁计、会计三者纳入同一机构，以期彼此相互配合，达到监督财政的目的。

1931 年 4 月国民政府主计处设立，下设岁计、会计、统计三局，其中统计局是全国最高统计机关。主计处统计局前身为立法院统计处。立法院统计处“专任调查统计国内关于人口农业工商经济军事政治财政事项，以为立法之参考”[②]。从早期的统计局来看，其实不少地方仍然承袭了立法院统计处。统计局设立未久，即开始编就工作计划，分别涵盖人口、家庭、教育、卫生、劳工等统计要目，此外还拟派经济专家分赴大连、香港、上海等各商埠从事调查报告，以供参考。[③]

（三）统计局的隶属问题

主计处隶属国民政府，因而被称为超然主计组织。按照吴大钧的解释，统计局称为超然组织之一，在于“五院在行使职权时，各需统计以为根据，惟一院所据之统计，因职务之特殊，与权限之关系，不能由他院为之供给，势必于五院以外另有统计机关，庶材料无偏倚之处，而五权方能充分行使也”。统计局隶属主计处，确有其独特的优越性。不过这样的隶属关系带来的问题也不少，因此也引起时人不少争议。比如从统计局的角度而言，由于隶属主计处，办事常受掣肘，最现实的即是经费问题。中央政治学校曾派出一些学生去主计处统计局等处实习，一位曾在统计局实习的学生观察到：统计局隶属于主计处，缺乏独立的经费预算，“以偌大之统计局，每月办公费仅此三百元，无怪乎局中设备简陋，一切重要之统计均未及举行矣”[④]。另一位实习生也认为统计局经费未能独立，“每月之经费，实不出一万二千元左右，一切出版费、调查费、办公费等极感困难”[⑤]。为解决统计局办事常受掣肘这一问题，有实习生即主张将统计局独立出来，隶属国民政府，“则其工作之效能，自易发挥尽致”[⑥]。尽管实习生实习时期不长，但观察极为仔细，实习也并非走马观花，所记录下的文字绝非道听途说，而是确有所见。对于统计局经费不足一项，统计局高层也并未讳言。曾任统计局局长的朱君毅认为，统计局隶属主计处，办事上常受掣肘，统计局由于隶属主计处，缺少组织上的独立性，“如果举办大规模的户口普查，必须增加大量经费，添置大批人员，这就与岁计、会计失去平衡，发生矛盾，因而在实施上就有了阻碍”。朱氏甚至认为统计局因组织地位所限，是其

---

① 陈其采：《序》（1940 年 2 月），载国民政府主计处统计局编：《中华民国统计提要》（1940 年），中国社会科学院近代史研究所藏书。

② 徐廷贵：《主计处统计局实习总报告》，《国民政府主计处统计局实习总报告》，载南京图书馆编：《二十世纪三十年代国情调查报告》1，南京：凤凰出版社，2012，第 38 页。

③ 《统计局工作计划》，《申报》1931 年 5 月 27 日，第 5 版。

④ 徐廷贵：《主计处统计局实习总报告》，《国民政府主计处统计局实习总报告》，载南京图书馆编：《二十世纪三十年代国情调查报告》1，第 47 页。

⑤ 杜品山：《实习总报告》，《国民政府主计处统计局农业统计科进行与主持之各种农业统计报告》，载南京图书馆编：《二十世纪三十年代国情调查报告》3，第 25 页。

⑥ 徐廷贵：《主计处统计局实习总报告》，《国民政府主计处统计局实习总报告》，载南京图书馆编：《二十世纪三十年代国情调查报告》1，第 188—189 页。

统计成绩乏善可陈的原因之一。[①]

反观同一时期的西方，其国家最高统计机关隶属也不尽一致。这些国家的最高统计机关主要隶属内阁、商部或工部、内政部或社会部、财政部、经济部等，其中又以隶属内阁或商工两部为多。[②]学界对于统计局的隶属问题，也积极进言献策，当时甚至有一种意见倾向于将统计局隶属于全国经济委员会，不过最终还是将统计局直接隶属国民政府，保持超然地位的意见占了上风。[③]事实上，国民政府内部一度也有将主计处隶属关系加以调整的讨论。1933年6月27日南京国民政府监察院第二十七次院会上，监察院曾主张裁并主计处，借此节省经费，具体办法如下："①岁计局主管全国岁计，仍划归财政会主管之，统计局关于行政事项，应划归行政院，设一局或一处管理之。②会计局应予完全裁撤所有各机关会计主任，仍由各主管长官，自行选派。"[④]不过从统计局后续的隶属关系来看，这一决议并未被中正会所采纳，其原因则不得而知。

二、统计局业务之组织架构及推行情形

统计局隶属主计处，它的职掌主要分为以下几点："①各机关统计人员及其所办事务的指挥与监督；②各机关统计图表格式的制定颁发及一切编制统计办法的统一；③各机关统计范围的划分及统计工作的分配；④办理基本国势的统计；⑤调查编制不属于任何机关范围的统计及各机关未及编制的统计；⑥编制全国统计总报告。"[⑤]

主计处下设岁计、会计、统计三局，统计局下设五科。第一科办理征集并研究人口、家庭、教育、卫生及其他社会统计；第二科办理征集并研究农业、渔矿、畜牧及其他天然资源统计；第三科办理征集并研究金融、物价、工商、交通、财政及其他经济统计；第四科办理征集并研究立法、司法、外交、军事及其他政治统计暨国际统计；第五科办理各机关统计人员任免、迁调及其他人事事项，关于汇编、核校、绘制、印刷各种统计图表报告等事项，以及关于文书、庶务及不属于其他各科事项。[⑥]

与其他两局相比，统计局的业务推行较为迟缓，在第一次全国主计会议上，陈长蘅即指出："就统计方面言之，似比岁计、会计工作尤为落后，可见各机关对于工作尚不甚重视，而主计机关亦未积极推进统计工作。"[⑦]统计工作进展迟缓一方面与各机关对统计不重视有关，另一方面与当时统计经费不足也有着重要关联。加之当时统计人才缺乏，基层统计机构并不完善，限制了统计局的工作成效。

---

① 朱君毅：《民国时期的政府统计工作》，北京：中国统计出版社，1988，第17—18页。

② 吴大钧：《我国统计制度之研究》，陈长蘅：《统计论丛》，第43—47页。

③ 褚一飞：《中央统计局可否隶属于经济委员会》，《时代公论（南京）》1933年第79期，第11页。

④ 《监察院开例会，讨论主计处改隶问题》，《申报》1933年6月28日，第3版。

⑤ 朱君毅：《民国时期的政府统计工作》，第21页。

⑥ 朱君毅：《民国时期的政府统计工作》，第21页。

⑦ 民国时期文献保护中心、中国社会科学院近代史研究所编：《第一次全国主计会议报告》；韩永进、王建朗主编：《民国文献类编》经济卷594，北京：国家图书馆出版社，2015，第41页。

在第一次全国主计会议上，关于统计工作的报告也有不少的内容：“本会议认为统计组织在纵的方面，中央及地方各机关及其附属机关应一律设置，在横的方面全国各特种公务及公有营业、公有事业等机关应普遍设置以完成全国统计网。户口普查条例现已公布，亟应于各省市县分别举办户口普查，以奠定国势调查之基础。公务统计尚待推广，本会议已将中央及各省市政府公务统计方案纲目详加厘定，以划分范围统一方法。”事实上，这一报告为此后的统计工作指明了方向。不过限于各种原因，上述工作并未能完全做到。

统计局设立以来，主要致力于以下几方面的工作。

（一）颁布统计法规

统计工作的推进，离不开统计法规的颁布。欲推行新的统计制度，必须制定各种统计法规，“法规之不全，则机关之组设，事权之划分，人员之训练、任免，方法之取舍划一，以及统计报告之造送时期与程序等，均失所依据”①。一位在统计局实习的学生曾提出统计局应从速颁布统计各种法规，“统计材料，要真确数字，而人民往往对于调查工作，或因误会而捏报，或因不经意而错报，甚或不经意而错报，甚或玩视而妄报，致使调查数字，失其真确之根据。故政府第一须颁布统计法，凡统计机关之横的关系，直的关系以及统计人员之任免权、考试规定及资格，皆应载于斯法令中……制定统计人员保障法及奖励法，务使统计事业因政府奖励及保障，达于发展之途也”②。

地方统计组织是供应统计材料的重要机关，因“各地情形复杂，所有统计组织向归地方机关自由设置，并无一定规程可循，以致办理至为分歧”③。因此，缺少相应的统计法规，则会导致各机关统计工作各自为政，缺少统一标准。

面对社会各界的呼吁，国民政府并非没有认识到颁布统计法规的重要性。同时，统计法规的出台并非易事，“徒以各地法规，搜集不易，其发布或废止变更情形，更难追考。即就中央方面而言，机关之裁并、增设时有变迁，其规程有经政府明令公布者，有系各院部会自行制定修正，仅呈奉核准者，甚至机关之名称已改，而仍援用旧章，或虽未明文取消，而章则业经失效，凡此种种，均非多方搜求，广为参证，不易明其真相”④。尽管困难重重，统计局仍然不遗余力地努力推进颁布各项法规的进程，最终各项统计法规相继颁布实施。1934 年 5 月 1 日《统计法》正式施行，共计 32 条。1934 年 4 月 24 日《统计法施行细则》

---

① 唐宗寿、叶定安、王述安：《实习报告》下册，《实习报告第二编——主计处统计局之部》，载南京图书馆编：《二十世纪三十年代国情调查报告》6，第 417 页。

② 杜品山：《实习总报告》，《国民政府主计处统计局农业统计科进行与主持之各种农业统计报告》，载南京图书馆编：《二十世纪三十年代国情调查报告》3，第 215—216 页。

③ 唐宗寿、叶定安、王述安：《实习报告》下册，《实习报告第二编——主计处统计局之部》，载南京图书馆编：《二十世纪三十年代国情调查报告》6，第 286 页。

④ 吴大钧：《〈关于统计各种法规摘要〉弁言》（1933 年 10 月 1 日），载广东省统计科学研究所、广东省统计志编辑室合编：《民国时期统计史料选编（1912—1949）》（内部发行），第 99 页。

正式公布，共计 65 条。[1]统计法规颁布后，为统计工作实行提供了法令上的依据，对推动统计事业具有极其重要的促进作用。卫挺生及杨承厚评价《统计法》，认为此法“不啻现行统计制度之范型”，其原因就在于“此法实施之后，统计制度乃能普遍推行也”[2]。

统计法规及其细则具有宏观上的指导意义，不过并非完全涵盖统计工作的所有内容，因此各机关需要另外指定统计规程，“各机关自定之调查登记规程则例等尚未集中审查，仍各据以工作，范围之抵触，方法之纷歧，终未有显著之改善也”[3]。显然，统计法规的实施，还需要各机关制定相应的统计规程，如此才能相互配合，收到相应的效果。

（二）制定统计方案、统一统计方法

制定统计方案是为了统一统计方法。国民政府统计局首任局长吴大钧认为，统计方案应包括统计机关单位与等级、统计区域、分期统计计划、统计科目、统计单位、统计表册格式、调查及编制方法等八个方面，如此，统计工作才有准绳可依，统计方法才能归一。[4]

制定统计方案、统一统计方法对推进工作至为重要。统计工作的重复和缺漏是当时统计工作中存在的一大弊端，为避免这种情形，制定统计方案就显得尤为重要。设立统计组织的省市区“均感觉中央各机关颁发表格纷繁重复，填报困难，请求早定统一办法”，制定统计方案、统一统计方法迫在眉睫。[5]有论者即认为，“近年以来，各方面汇编之统计，汗牛充栋，不可历数，然试一加检讨，则觉较易办理之统计重出纷见，工作繁杂之国势调查少人过问，即或有之，又感标准不一，时间参差，残缺不完，无以致用”。其根本原因还在于未能统一统计制度。[6]

按照统计法规定，主计处要按照需要拟具统计方案，以便划分各机关统计范围。但在实际上，统计局在成立后，工作千头万绪，并未能立即拟具统计方案，“各机关统计工作之进行，仍循旧轨，唯间有少数机关遇事商承统计局之意见而已”[7]。

统计方法的统一也是当务之急，“年来各方处理统计，既已办法歧出，莫衷一是，况值兹统计事业正在

---

① 《主计处统计局最近之工作》，《福建省统计月刊》1936 年第 2 卷第 1 期，第 158 页。

② 卫挺生、杨承厚：《我国之统计制度》（1944 年 1 月），载广东省统计科学研究所、广东省统计志编辑室合编：《民国时期统计史料选编（1912—1949）》（内部发行），第 221 页。

③ 唐宗寿、叶定安、王述安：《实习报告》下册，《实习报告第二编——主计处统计局之部》，载南京图书馆编：《二十世纪三十年代国情调查报告》6，第 418 页。

④ 吴大钧：《我国统计制度之研究》，陈长蘅：《统计论丛》，第 62 页。

⑤ 《国府主计处拟召开全国统计会议》，《申报》1935 年 7 月 6 日，第 9 版。

⑥ 赵金山、卜升华：《国民政府主计处统计局实习总报告》，《主计处统计局之经济社会资源及各项统计事业实习报告》，南京图书馆编：《二十世纪三十年代国情调查报告》3，第 647 页。

⑦ 唐宗寿、叶定安、王述安：《实习报告》下册，《实习报告第二编——主计处统计局之部》，载南京图书馆编：《二十世纪三十年代国情调查报告》6，第 275 页。

演进，法则更随时嬗变，月异日新，不加研讨阐释，何以遵率改善？”[①]

（三）健全统计机构

健全的统计机构是推动统计工作的重要保障，国民政府统计局统计机构的建立步骤，一般由中央至地方，由普通公务机关至公有营业及公有事业机关。[②]统计局设立之初，主要致力于完善中央各机关统计机构，其后逐渐开始完善地方统计机构，最终目标则是形成覆盖全国的统计网络。

中央方面，1932 年 11 月实业部统计长办公室设立，随后中央各机关亦相应成立统计部门。[③]截至 1936 年 5 月底，中央各机关统计组织设置情形大致为：设置统计处的有内政部统计处、实业部统计处；设置统计室的则有行政院、立法院、监察院、外交部、军政部、海军部、教育部等 21 个中央机关。[④]截至 1937 年时为止，中央各机关统计组织基本设置完毕。此后，统计局开始致力于划分中央各统计机关统计范围，制订统计图表格式，编制统一的统计方法，拟订中央各统计组织联系办法等。[⑤]与此同时，统计局对设置地方统计组织一度也做出了尝试。1935 年 7 月，统计局拟订《地方政府临时主办统计组织规则草案》，但最后未能得以施行。[⑥]

地方方面，各省市地方统计组织主要有两种：其一是统计委员会；其二是统计室。其中成立统计委员会的计有江苏、安徽、浙江、山西、陕西、湖南、甘肃、青海、察哈尔、贵州、山东、河北等 12 省，上海及青海两市，威海卫管理公署，共计 15 个省市。成立统计室的，计有湖北、江西、河南、福建、云南 5 省。[⑦]

值得注意的是，统计委员的委员和干事都是兼职，1934 年浙江省政府统计委员会设立，其委员长由省政府秘书长兼任，委员则由省政府秘书处、民政厅、财政厅、教育厅、建设厅、保安处主办统计人员兼任。[⑧]统计委员会的成员皆非专职，对其工作效率亦有影响，以湖北省政府统计委员会为例，其委员与干事因“各有本身职务，不能以全力兼顾会务”，特呈请省政府“酌加办事人员，并请转饬各厅、处、府，增加专办统计人员，增进工作效能”[⑨]。

统计机构不健全几乎是时人的共同观感。统计机构的健全有赖中央与地方层级共同建设。与中央各机

---

① 赵金山、卜升华：《国民政府主计处统计局实习总报告》，《主计处统计局之经济社会资源及各项统计事业实习报告》，载南京图书馆编：《二十世纪三十年代国情调查报告》3，第 648 页。

② 《国民政府主计处统计局办理及督导全国统计工作之经过》，1942 年 5 月 8 日，台北“国史馆”藏，典藏号：001-026000-00001-019，第 45 页。

③ 《主计处统计局最近之工作》，《福建省统计月刊》1936 年第 2 卷第 1 期，第 158 页。

④ 唐宗寿、叶定安、王述安：《实习报告》下册，《实习报告第二编——主计处统计局之部》，载南京图书馆编：《二十世纪三十年代国情调查报告》6，第 395—398 页。

⑤ 张镇德、温文海：《统计法令》，《统计月报》1939 年第 37 期，第 1 页。

⑥ 唐宗寿、叶定安、王述安：《实习报告》下册，《实习报告第二编——主计处统计局之部》，载南京图书馆编：《二十世纪三十年代国情调查报告》6，第 405—406 页。

⑦ 《主计处统计局最近之工作》，《福建省统计月刊》1936 年第 2 卷第 1 期，第 158 页。

⑧ 《浙江省政府设立统计委员会》，《统计月报》1934 年第 24 期，第 99—100 页。

⑨ 《湖北省政府统计委员会》，《统计月报》1934 年第 18 期，第 135 页。

关统计机构的完善相比，地方层级统计机构的建设更显艰难，“一般均视统计为不急之需，各机关所设统计部分亦纯系粉饰点缀之具，故于筹设中央统计组织时，已感莫大困难，以我国财力之薄弱，各地情形之复杂，而欲完成地方统计系统，其困难程度将千万倍于中央也”[①]。蒋介石对于统计工作也有如下的判断：“大致统计事项之查编，明晰易而精常难，中央易而地方难。”[②]可见，蒋介石也认识到地方统计工作存在诸多难处。

基层统计组织承担着繁重的统计工作。基层统计组织并不健全，正如时人所言，“市县政府之统计组织健全者，颇不多见，即置有专办统计人员者，恐亦如凤毛麟角”，尽管主计处统计局三令五申地要求加强基层统计组织，不过因经费不足、人才缺乏等所限，很难达成这一目标。[③]实际上，不独基层统计组织，就连省这一层级统计组织也并不完善。[④]1940 年 8 月，郑彦棻担任广东省政府委员兼秘书长，据他回忆“当时各级机关虽然都有统计机构和人员，但并不被重视，各县的统计人员曾经专业训练的犹如凤毛麟角，省府统计业务都由会计处兼办，所以统计资料很不完备”[⑤]。正如一位学者所观察到的：国民政府“统计体系的正规化程度呈现出强烈的落差，层级愈低正规化程度愈低”[⑥]。

地方统计机构是统计组织的基础，是统计资料的重要来源。从各省统计组织来看，大都极为简陋，“除统计组织繁重之少数机关有切实之设施外，大抵因陋就简，殊鲜健全之组织，或名为专科专股，实则兼理他物，或由各部分分办，事权杂乱，职责未专；或仅临时处理，并无固定人员主持，以致事业推行，极感困难”[⑦]。统计机构不健全对统计工作影响极大，以编制全国统计总报告为例，各省市造报者，殊为寥寥，或有少数地方能够及时造送材料，因各自为政，办法分歧，同一事项，调查时期不一，单位名称各异，“以致纵有材料，亦每感无从综合比较，汇编困难”，其中一大要因就是当时地方统计机构设置尚未健全。[⑧]

各地统计机构的完备程度不一，一些地区尚未设置这一机关，“我国下级统计机关尚未臻完备，且有大部地方，根本尚无此种机关设置者”[⑨]。下级统计机构的不健全，对统计局办理各项统计影响极大。各国中

① 唐宗寿、叶定安、王述安：《实习报告》下册，《实习报告第二编——主计处统计局之部》，载南京图书馆编：《二十世纪三十年代国情调查报告》6，第 403 页。

② 《统计学社开年会　主席颁训词勉精益求精》，《申报》1946 年 12 月 23 日，第 2 版。

③ 《如何完成统计组织以促进计政效率之商讨》（1934 年 3 月），载广东省统计科学研究所、广东省统计志编辑室合编：《民国时期统计史料选编（1912—1949）》（内部发行），第 101 页。

④ 唐宗寿、叶定安、王述安：《实习报告》下册，《实习报告第二编——主计处统计局之部》，载南京图书馆编：《二十世纪三十年代国情调查报告》6，第 403 页。

⑤ 郑彦棻：《我在广东省政府担任秘书长的回忆》，载中国人民政治协商会议广东省委员会文史资料研究委员会编：《广东文史资料》第 66 辑，中国人民政治协商会议广东省委员会文史资料研究委员会，1991，第 161 页。

⑥ 赵胜忠：《数字与权力：中国统计的转型与现代国家成长》，南京：江苏人民出版社，2015，第 116 页。

⑦ 唐宗寿、叶定安、王述安：《实习报告》下册，《实习报告第二编——主计处统计局之部》，载南京图书馆编：《二十世纪三十年代国情调查报告》6，第 288 页。

⑧ 《各省市统计组织法规》，国民政府主计处编印：《统计季报》第 4 号，1935 年 12 月，参见郑成林选编：《民国时期国情统计资料汇编》第 43 册，北京：国家图书馆出版社，2016，第 324—325 页。

⑨ 徐廷贵：《主计处统计局实习总报告》，《国民政府主计处统计局实习总报告》，载南京图书馆编：《二十世纪三十年代国情调查报告》1，第 38 页。

央统计局主要工作即收集和整理下级统计机关汇报之材料，在下级统计机关未能普遍设立的情况下，上级统计机关只得自行开展调查统计，其困难情形不言而喻。[①]各省虽设有统计科，但统计工作并不为省政当局所重视，“不设统计科者固不足论，而已设统计科者，亦多简陋，毫无成绩可言。在省之下，县政府更无统计机关之设。一旦中央统计机关有可调查或索要某种数字，各省各县皆瞠目不□，或置若罔闻，或乱填聊以塞责，故往往一省所报之人口，各县所报之人口，数目加之竟有二倍三倍于省报之人口数目”[②]。主计处统计局设立后，统计系统并未真正统一，加之“各县又无统计组织之设立，调查表格纷然而至，县政府乃感应付不暇，其结果唯有闭门造车，虚构数字”[③]。实习生的上述观察大致不误，国民政府的统计机构越到基层，统计力量就越为薄弱，面对铺天盖地的统计表格，基层往往只能敷衍了事。

统计机关的设立，各地进程不一，有些较为偏远的地区，统计机构的设立也较迟。以陕西省为例，1941年，陕西省政府设立统计室，这才有了专司统计的机关。陕西省政府统计室李农直陈，此前的统计工作极不系统，“本省过去向无专司统计之机关，即或有统计资料，类多零星分什，缺乏系统之编制。检查考阅，殊感困难”[④]。

下级统计机构在抗战时期有所健全。随着全国三十二个省统计处的相继设立，时人对此评价道：“我国统计事业将来得以发扬光大，这实在是意旨远大的步骤。”[⑤]表面上看来，统计机构日益增加，各省统计工作也有条不紊，但时任统计局局长的吴大钧也承认统计机构并未完全普遍[⑥]，尤其是中央机关附属部门以及县政府与事业机关这一层级，统计机构尚未普遍设置[⑦]。

那些设有统计机构的地方政府，统计机关有时只是形同虚设，1942年11月30日，四川省第九区行政督察专员兼保安司令公署呈文中透露：“区署各县府统计室额设人员，间未设齐或缺额未补，或则改派其他工作，影响统计行政，实非浅鲜，似应从严取缔，以符功令，复查各县府调查统计工作，仍沿旧习，主办纷歧，以致查报各殊，莫衷一是，兼之责任不专，督导亦感困难。”[⑧]

---

① 杜品山：《实习总报告》，《国民政府主计处统计局农业统计科进行与主持之各种农业统计报告》，载南京图书馆编：《二十世纪三十年代国情调查报告》3，第100页。

② 杜品山：《实习总报告》，《国民政府主计处统计局农业统计科进行与主持之各种农业统计报告》，载南京图书馆编：《二十世纪三十年代国情调查报告》3，第213页。

③ 唐宗寿、叶定安、王述安：《实习报告》下册，《实习报告第二编——主计处统计局之部》，载南京图书馆编：《二十世纪三十年代国情调查报告》6，第407页。

④ 李农：《陕西省统计资料汇刊》（1941年），载陕西省地方志编纂委员会编：《陕西省志》第46卷《统计志》，西安：三秦出版社，2001年，第2页。

⑤ 胡元璋：《岁末话统计》，《台湾统计通讯》1947年第1卷第9—10期，第7页。

⑥ 吴大钧：《我国之统计事业》（1947年2月），载广东省统计科学研究所、广东省统计志编辑室合编：《民国时期统计史料选编（1912—1949）》（内部发行），第256页。

⑦ 朱君毅：《中国政府超然统计制度》（1947年10月），载广东省统计科学研究所、广东省统计志编辑室合编：《民国时期统计史料选编（1912—1949）》（内部发行），第293页。

⑧ 张群、李景清：《令各区行政督察专员兼保安司令公署：为令饬督察各县政府统计室应遵照规定设置人员并不得放弃职责敷衍从事令仰照遵一案由》（1942年11月30日），《四川省政府公报》1942年第140期，第24页。

（四）健全统计人事，培养统计人才

健全的人事制度，是主计处统计局业务推行的重要动力。按照各国经验，统计权高度集中于中央统计机构者，统计成绩亦较优，“各国统计成绩良好，靡费最少者，大半事权集中于中央统计机关，而各部署则以办理行政统计为限”。而反观主计处统计局的制度，事权也较为集中，统计局“对于各机关统计人员负任免迁调、训练及考核等事项之责任，可谓比任何国家中央统计局之事权，尤为集中，就其组织之系统与所负之事权而论，实可谓为一新制度”①。据统计局的一位实习生听闻，统计局局内所用职员，对于统计事业皆具有相当之学识、兴趣与经验。一部分职员初入局时，都经过考试方予录用，“至各科科长负指导督率各科人员工作之责，任务至为繁重，现局中各科科长，大都由前立法院统计处各科长调任，故国内知名硕学之士，对于统计之学识与经验，尤为湛深云云”②。按理说这应该是一支拥有优良素质的专业人才队伍，不过揆诸实际情形，则要复杂得多。

按照主计制度规定，各机关主办及助理统计人员皆由主计处任免，所在机关无权过问，但在实际上并非如此，“新改统计机关之人员，故皆仍旧贯，即已设统计机关之主管及助理人员之任免，恒与所在机关长官同进退者；亦有统计机关之佐理人员，因主管人员而进退者，此种情况在内政部统计处虽不甚明显，而检查其他统计机关之情形，仍多未能尽满人意”③。条文的规定往往只是流于形式，据实习生观察，“惟条文虽有如此之规定，而事实上因我国政府机关已形成一种特殊之用人制度，根深蒂固，一时未易更张。故现在各机关统计人员之任免与迁调，均一仍旧制，统计局当无力实现条文上所负与之任务也”④。在这一主计制度之下，统计机关及统计人员具有超然地位，但在实际运行中，统计工作能否顺利展开，仍然受机关长官意志所挟制，“过去政府机关里面的统计，恒视机关长官之重视与否而为转移，如其重视也，乃有统计数字之编报，统计图表之绘制，其不重视也，则统计工作无由推行，甚而统计机构因轻视而遭裁撤者有之，统计人员因缩编而遭核减至不能工作者有之”⑤。

在实习生徐廷贵看来，统计局用人制度方面也亟待改善：“在封建政治意识尚未铲除之今日，法规所赋予统计局之职权，终属具文而已，离实行之期尚远也。”欲实现当前统计事业之突飞猛进，“非从速实现统计局之用人制度不为功”⑥。

---

① 徐廷贵：《主计处统计局实习总报告》，《国民政府主计处统计局实习总报告》，载南京图书馆编：《二十世纪三十年代国情调查报告》1，第170、173页。

② 徐廷贵：《主计处统计局实习总报告》，《国民政府主计处统计局实习总报告》，载南京图书馆编：《二十世纪三十年代国情调查报告》1，第101页。

③ 萧承禄、刘坤阊、黄存性：《实习报告》（1936年6月），载南京图书馆编：《二十世纪三十年代国情调查报告》4，南京：凤凰出版社，2012，第198—199页。

④ 徐廷贵：《主计处统计局实习总报告》，《国民政府主计处统计局实习总报告》，载南京图书馆编：《二十世纪三十年代国情调查报告》1，第102页。

⑤ 戴自培：《与本社同仁共勉几点》，《云南统计通讯》第1卷第1期，1948年元旦创刊；郑成林选编：《民国时期国情统计资料续编》第25册，北京：国家图书馆出版社，2017，第496页。

⑥ 徐廷贵：《主计处统计局实习总报告》，《国民政府主计处统计局实习总报告》，载南京图书馆编：《二十世纪三十年代国情调查报告》1，第193页。

对于统计人员的任用与考核，也大成问题。各机关并未认真办理，有时竟将上级机关的命令视为具文。即使到了1947年，这种现象仍然存在于各个机关："一、各机关遴用统计人员必须严格，非具有学习统计之学历或办理统计之经历者，不得派用。其派用手续并应遵照主计法令办理。"财政部统计处的签呈暗示，各机关任用统计人员有时并未严格遵照主计人员任用条例，间或有滥竽充数之辈。其原因颇为复杂。一方面，各级机关确有滥用私人、所用非人之事，另一方面，基层统计人才缺乏也是一个重要原因。对于统计人员的考核，各机关主管有时也并未严格执行，甚至将之视若具文。[①]1937年前的主计处统计局也存在类似问题。

事实上，健全统计机构与培养统计人才两者关系较为紧密。统计机构的扩充，势必需要一支庞大且具相当素质的统计人员队伍。统计局是国民政府最高统计机关，即使就统计局本身而言，其职员人数与同时期西方国家相比，也是明显不足。统计局隶属国民政府主计处，统计局职员仅为60余人，与同时期其他国家的统计局动辄百余人的规模相比，不免黯然失色，为此，实习生建议道："我国之大，及各种统计正待举办之初，自应增多工作人员以加工作效率，即使因经费关系，不能增加多人，亦应与各国工作人数保持相当比例，统计工作方不致偏废。"[②]

统计人才的缺乏，几乎已经成为时人的共识，就连最高统计机关也常受统计人才不足的困扰，曾在统计局实习的学生在实习报告中透露：统计局统计人才较为缺乏，"因国内向少主张统计之人，习此学者甚少。故甚感统计人才之缺乏。有时局中欲延揽关于某种统计人才，常有遍寻不得之苦。间或就已有之工作人员加以统计学识之训练，但因统计工作本甚干枯刻苦，而工作人员之待遇，又非甚优，故局中职员，多存五日京兆之心，每有适经训练完毕职员，一遇别种事业另有高就，又行他往矣"[③]。

统计人才缺乏，导致各项统计工作无法正常展开，许多统计常有错误，"中国之统计人才，极感缺乏，是以中央统计局可得之报告表，名为百分数，实则加各数之和，超一百数倍，名为平均，实则不均，错误之处，无表无之。是故训练统计人员，亦为今日之急图也"[④]。针对下级统计机关人才缺乏的情形，实习生纷纷建言献策，主张"可由中央先就各省挑选人才，施以适当之统计训练，俟此批人才训练完毕后，即派还各省，一方面从速挑选各县人才，施以统计之训练，他方面同时负担各该省内各项统计事业之开办，能

---

① 《财政部检发加强统计工作注意事项的训令》(1947年5月11日)，《财政部所属各级机关加强统计工作应行注意事项》，陕西省档案馆馆藏档案；江苏省中华民国工商税收史编写组、中国第二历史档案馆编：《中华民国工商税收史料选编》(第一辑)，下册，南京：南京大学出版社，1996，第2709页。

② 杜品山：《实习总报告》，《国民政府主计处统计局农业统计科进行与主持之各种农业统计报告》，载南京图书馆编：《二十世纪三十年代国情调查报告》3，第204—205页。

③ 徐廷贵：《主计处统计局实习总报告》，《国民政府主计处统计局实习总报告》，载南京图书馆编：《二十世纪三十年代国情调查报告》1，第105—106页。

④ 杜品山：《实习总报告》，《国民政府主计处统计局农业统计科进行与主持之各种农业统计报告》，载南京图书馆编：《二十世纪三十年代国情调查报告》3，第214—215页。

如是，只须（需）三两年，下级机关即可渐臻健全矣”[①]。

随着统计业务的逐渐展开，统计人才不足问题日益凸显。“本局办理统计以来，事务繁赜，与时俱增，不特指导需才，抑且佐理人员，渐有不敷之虞，将来推行全国，深恐更形艰窘。”[②]另外一位实习生对此也深有体会：统计局是一种对专业技术要求极高的机关，局内职员需有相当之训练，才能恪尽职守，“但考诸实际，各职员之具有此项专门技术者，为数盖寡”[③]。有鉴于统计人才之缺乏，统计局于1934年9月在国民政府内创设统计训练班，参加的部门主要有主计处、参军处、实业部统计长办公处，“其课程为统计学，社会统计及经济统计三种，每周三小时，每科四个月”[④]。此后，所培训的课程又略有调整，由笼统的规定改为受训者选择一门与主办事务相近的课程进行自修。[⑤]不过这样的培养只是补习性质，只是权宜之计，所培育的也只是中下层统计人才，若无根本性的措施，人才不足问题始终难从根本上予以解决。

从各省市统计组织统计人员的学历背景来看，在抗战之前统计人员总数为190人，其中留美1人，留日5人，大学毕业55人，高等或专门学习毕业28人，国内统计专修学校毕业13人，中学毕业50人，其他学历38人。[⑥]从学历层次来看，应该说并不低。不过从上述统计人员所修的专业来看，绝大部分并非统计学出身，知识结构也难以胜任统计工作。以广西省为例，“全省统计人员且均为短期训练之学生，学识能力自不十分优越，以之应付一法制未备、组织未健全之环境，益觉捉襟见肘”[⑦]。

统计人员待遇微薄，这在一定程度上也影响着年轻学生从事工作的积极性，一些青年学子往往视统计为畏途。统计人员待遇微薄，几乎是各地普遍存在的情形，而且越是基层，这种情形越严重。统计人员之待遇不足，导致各省统计人员难以罗致。例如，河南省为储备统计人才，曾在全省范围内进行人才甄审，但该省因经费所限，统计人员待遇微薄，以致统计专业学生感到待遇太低，不愿应甄。[⑧]县统计人员薪俸因地方财政问题，生活难以为继。河南省各县统计员“因地方款欠发，生活几无法维持”[⑨]。广西省也频频发生统计人员改业的情形，其原因在于“待遇微薄，在三十年六月以前，省县地方之公务员俸给及中央文官

---

① 徐廷贵：《主计处统计局实习总报告》，《国民政府主计处统计局实习总报告》，载南京图书馆编：《二十世纪三十年代国情调查报告》1，第192—193页。

② 《本处统计局举办职员补习教育统计训练》，《统计月报》1934年第23期，第93—94页。

③ 赵金山、卜升华：《国民政府主计处统计局实习总报告》，《主计处统计局之经济社会资源及各项统计事业实习报告》，载南京图书馆编：《二十世纪三十年代国情调查报告》3，第325页。

④ 《朱君毅先生莅计政学院报告统计局之组织与工作》，《中央政治学校校刊》1935年第101期，第5页。

⑤ 赵金山、卜升华：《国民政府主计处统计局实习总报告》，《主计处统计局之经济社会资源及各项统计事业实习报告》，载南京图书馆编：《二十世纪三十年代国情调查报告》3，第328页。

⑥ 赵金山、卜升华：《国民政府主计处统计局实习总报告》，《主计处统计局之经济社会资源及各项统计事业实习报告》，载南京图书馆编：《二十世纪三十年代国情调查报告》3，第276—277页。

⑦ 广西省政府十年建设编纂委员会编：《桂政纪实：一九三二—一九四一》，第457页。

⑧ 《统计行政计划》，《河南统计月报》1936年第2卷第4期，第164页。

⑨ 《县统计员薪俸》，《河南统计月报》1936年第2卷第1期，第158页。

俸标准之二成至三成，抗战军兴后，省内所设之中央机关恒就地招考人员任用，增加统计人员改业之机会。三十年六月后，省县公务员待遇虽已逐渐提高，但物价之高涨程度却又过之，而中央机关此时却另有生活补费之发给，以资补救。以致地方公务员之相对低位仍未见改善”①。这种现象在抗战结束后，依然存在。有论者认为人事的稳定是统计工作发展的重要条件之一。②主计处成立以来，统计机关的人事较从前更为稳定，但远未达到需要，“普通行政机关一两年整个换过了一批新人，统计机关也是两三年后不容易有老同事”。换言之，统计机关人事更迭频繁，许多统计人员往往不安其位，最重要的原因在于统计人员收入缺乏弹性，加之又是清水衙门，别无“油水”可捞，“由于心灵安慰、工作志趣、生活要求之驱使，不免这山望那山高，骑着马找马，另求比较合适的工作”③。

加强对统计人员的管理，是健全统计人事制度目的之一。不过，统计人事制度之下，各种乱象也是层出不穷。实习生批评最多的，莫过于统计局职员工作态度、工作效率及专业素养等方面。

这些实习生认为统计局工作效率太低，这与统计局工作人员的工作态度有关。实习生的观察可能带有一定的主观倾向性，不过其观察大致不差。按照主计处统计局的工作规定，每天需工作八个小时，早、午共有两次考勤，但实际上“法律如此，习惯各异，签到而去者有之，代人签到者有之，以一般而论，迟到一刻早退半旬，绝非难能之事，此犹号称工作紧张之统计局也。似此考勤，意义尽失”④。考勤制度似乎已成儿戏。此外，主计处统计局的职员工作态度上也存在问题。职员“日常工作，要皆且拖且延，以为一事未了一事又来，速亦无闲，迟亦不误，故一方感人手之缺少，他方则尽可大闹玩笑。……所谓工作效率云云，不过为科学管理家之讲论而已”⑤。这样的工作态度，明显是敷衍了事，很难想象统计局工作效率能有多高。实习生中有同样观感的绝非少数，在实习结束的报告中，实习生感慨“统计局工作效率之低若程度，言之殊令人惊异。一项统计工作自开始至完成，每需要悠久之时间”⑥。不过，对于统计局内一些科室的工作态度，实习生还是比较认可，比如认为统计局第二科专门负责农业统计，工作上十分努力，且现有人员皆由立法院统计处调来，具有多年统计经验，工作效率也并不低。⑦

---

① 广西省政府十年建设编纂委员会编：《桂政纪实：一九三二—一九四一》，第458页。

② 刘堃闿：《统计工作发展的条件》（1947年1月），载广东省统计科学研究所、广东省统计志编辑室合编：《民国时期统计史料选编（1912—1949）》（内部发行），第250页。

③ 刘堃闿：《统计人员尽其在我的途径》（1947年2月），载广东省统计科学研究所、广东省统计志编辑室合编：《民国时期统计史料选编（1912—1949）》（内部发行），第251—252页。

④ 陈增吉：《统计局实习报告》，《主计处统计局之沿革与职掌及中国统计事业概述》，载南京图书馆编：《二十世纪三十年代国情调查报告》2，南京：凤凰出版社，2012，第84页。

⑤ 陈增吉：《统计局实习报告》，《主计处统计局之沿革与职掌及中国统计事业概述》，载南京图书馆编：《二十世纪三十年代国情调查报告》2，第93—84页。

⑥ 赵金山、卜升华：《国民政府主计处统计局实习总报告》，《主计处统计局之经济社会资源及各项统计事业实习报告》，载南京图书馆编：《二十世纪三十年代国情调查报告》3，第715页。

⑦ 杜品山：《实习总报告》，《国民政府主计处统计局农业统计科进行与主持之各种农业统计报告》，载南京图书馆编：《二十世纪三十年代国情调查报告》3，第216页。

统计局成效不彰，固然与诸多因素有关，但主要原因不在财力不足以及资料缺乏，最关键的还在于统计人员工作效率过低：“统计价值之有无，大小成因甚多，然吾人以为工作人员之努力未达理想程度乃其主因所在。财力薄弱，资料缺乏，统计事业当然不能突飞猛晋（进）；但吾国设置统计机关已非一日，财力贫弱亦不得谓为毫无，试以成就与所需经费相较，则知工作效率过低，实乃不可隐讳之事实。”①

此外，统计人员的专业素养也频频受到实习生的质疑。“统计局现有职员大半均无充分之统计学术训练，职员中甚有不解对数之意义及使用法者，因以工作十分迟缓，而且差误多多，覆核之时颇感费力”，其结果导致局中所有重要工作为一二能力较强者所包揽。②就连最高统计机关的统计人员素质都如此，更别提其他统计机关了。一位中央政治学校的实习生即观察到，各机关出身统计学专业的统计人员并不多。“各机关对于统计人员之任用，虽已渐趋重于为事择人，终以漫无标准可循，致用非所习者仍不在少。据前此所调查（约在二十三年），中央各机关统计工作人员二百七十六人中，仅有五人系专修统计学业，各省市统计工作人员一百九十人中，仅有十三人曾习统计，约占全体人员百分之四，竭蹶情况，概可想见。”③统计人员素质不高，很大一部分原因是统计人才缺乏，以致有些机关往往滥竽充数。为此，统计局积极采取多种措施，试图培养统计人员，统计学术及工作之演讲、实施统计补习教育、培养低级统计人才。④从上述培养措施来看，培训时间短，主要还是集中于培养低级统计人才。

（五）制定统计方案，办理各种调查统计

统计局设立后，先后推行的调查统计有物价调查、国势调查、公务统计、人口调查等。

以物价调查为例，抗战时期，主计处十分重视物价调查与统计，在主计处的直接推动下，大后方各省政府及统计机关积极配合，克服种种困难，进行了多次调查，在提供物价信息、平抑物价方面发挥了十分重要的作用。⑤

人口调查进展甚缓，“人口统计为一切统计之最基本者。全国人口之状况如有正确之统计，不独足以作施政之参考，兼足以供社会科学、自然科学之研究，藉此以得理论之印证”⑥。而作为国势调查重要组成部分的户口调查则迟迟未能展开。国民政府主计处统计局于1937年才开始筹备人口调查，计划于1941年举行第一次户口调查，因为抗战，这一计划也被搁置。官方和民间对统计局的评价可谓大相径庭，相

---

① 唐宗寿、叶定安、王述安：《实习报告》下册，《实习报告第二编——主计处统计局之部》，载南京图书馆编：《二十世纪三十年代国情调查报告》6，第432页。

② 赵金山、卜升华：《国民政府主计处统计局实习总报告》，《主计处统计局之经济社会资源及各项统计事业实习报告》，载南京图书馆编：《二十世纪三十年代国情调查报告》3，第719页。

③ 唐宗寿、叶定安、王述安：《实习报告》下册，《实习报告第二编——主计处统计局之部》，载南京图书馆编：《二十世纪三十年代国情调查报告》6，第290页。

④ 唐宗寿、叶定安、王述安：《实习报告》下册，《实习报告第二编——主计处统计局之部》，载南京图书馆编：《二十世纪三十年代国情调查报告》6，第291—292页。

⑤ 参见冯国林：《战时湖北省物价统计的运行机制探析（1939—1942）》，未刊稿。

⑥《国民政府主计处统计局办理及督导全国统计工作之经过》，1942年5月8日，台北“国史馆”藏，典藏号：001-026000-00001-019，第91页。

差悬殊。当时统计局高层人士众口一词，对统计局的贡献肯定之处为多。不过在当时的一般人士的观感中，统计局的统计成绩及工作效率似乎并不令人满意。一位在统计局实习过的学生对主计处的统计成果曾这样评价："（一）由于时间方面观察：统计局所办各种动态统计材料，时期先后不一，远者有二三年前之材料，近者为期亦在三月之前，然社会现象日新月异，统计数字乃亦与时推移，各项政策之施行须以最新鲜之材料为根据，方足切近事实，不致发生凿枘。（二）由于内容方面观察：概括言之，则以转载汇编者多，创造革新者少，而转载汇编仅能提其纲领或择其简易，对于应办未办或诚为国家必要而未易举办之各种统计，又畏于从事。职是之故，致统计局所编制各项统计，用做学术之研究，则嫌其过于简单，不堪推究。供施政者之参考，又嫌其琐碎陈腐，不得要领。结果各项统计之用途，只有供诸装点卷帙之一道耳。"①

1937年前，统计局成绩不多，就连统计局高层也不讳言："目下各机关统计之组织散漫，方法纷歧，人员既少专司，数字亦难正确。主计处成立，于今四载，虽有实业部统计长之设置，而其他廿余机关之统计组织，一如旧观，统一之制度，仍鲜推进。"②事实上，统计局成立后，为减少推行统计工作的阻力，对原有统计组织及统计人员改动不大，"先将中央各机关一律设置统计处或统计室，其原有统计组织者，照此改正，以不扩大各机关原有统计部分及不更动现任统计人员为原则"③。统计处成立初期，基本沿用旧人，统计人员的素质并未有明显改善。④

（六）统计资料搜集与编制

统计局还致力统计资料的搜集与编制，诸如《全国统计总报告》《省市统计总报告》《中华民国统计提要》《国内问题统计丛书》和《统计期刊》等。

统计局的上述活动，主要目的有三：其一是为各级政府机关厘定政策、制定行政计划及考核行政效果提供依据，比较典型的有全国统计总报告、省市统计总报告以及各部门统计总报告等；其二是适应某种业务之需要以及为学术研究提供参考，比较有代表性的就是各种问题之统计分析；其三是促使人民认识本国国情及其变迁。⑤

统计局对于统计资料的搜集与编制，赢得社会上不少好评。比如《中华民国统计提要》一书出版后，

---

① 赵金山、卜升华：《国民政府主计处统计局实习总报告》，《主计处统计局之经济社会资源及各项统计事业实习报告》，载南京图书馆编：《二十世纪三十年代国情调查报告》3，第720—722页。

② 《统计局提案》（1935年4月16日），载郑成林选编：《民国时期国情统计资料汇编》第42册，北京：国家图书馆出版社，2016，第246页。

③ 《主计处呈国民政府文》，1935年4月25日，载郑成林选编：《民国时期国情统计资料汇编》第42册，第247—248页。

④ 唐宗寿、叶定安、王述安：《实习报告》下册，《实习报告第二编——主计处统计局之部》，载南京图书馆编：《二十世纪三十年代国情调查报告》6，第290页。

⑤ 吴大钧：《我国之统计事业》（1947年2月），载广东省统计科学研究所、广东省统计志编辑室合编：《民国时期统计史料选编（1912—1949）》（内部发行），第266—267页。

社会学家陶孟和就将之誉为“一个划时代的新事件”。[①]而充当国民党喉舌的《中央日报》也对《中华民国统计提要》一书称颂备至：“新近出版的《中华民国统计提要》一书，尤其算得是一部博大的，综合的，空前的，值得大书而特书的统计巨著。……统计报告是政绩的清算，也是政治兴革的指南针；是国民的重要参考书，也是国民对于政治应有的知识。”[②]

以《国内问题统计丛书》为例，其为国民政府科学决策及学术研究提供了一定参考。“我国统计事业之发展，实近十余年间事，以发轫伊始，基础未固，从政与为学者，多感资料之有欠完确，但以已往对于各类之统计资料，未有系统之整理与分析，因此仅知材料之缺乏，而未悉其缺乏之程度，确信统计之需要，而未能为合理之运用，致统计在政治及学术两方面，均未能发挥其切实之功效。”有鉴于此，统计局编辑《国内问题统计丛书》，先后出版《中国土地问题之统计分析》《中国人口问题之统计分析》《中国租佃制度之统计分析》等。[③]

三、余　　论

统计与现代国家的构建密切相关，有学者即认识到：“中国在现代化建设过程中，统计无疑是关键的技术和实务。”[④]可见，现代国家离不开完善的统计工作。此外，统计还关系到国家治理。现代国家通过加强统计在治理实践中的应用，借以加强国家治理。[⑤]那么，国民政府时期的统计究竟成效如何？客观而言，较之北洋政府时期，国民政府时期的统计工作有着不小的进步，但仍然存在诸多不足之处。统计的范围集中于人事统计及行政统计等，而比较重要的国势调查并未付诸实施，“今天统计机关所做的事，所能为力的，只是一些文书统计和统计文书，人事统计和统计人事，经费统计和统计经费，应该切切实实举办的与国计民生关系密切的基本国势调查统计（人口、土地、资源之普查）还是原封未动；考核行政成效的公务统计，也只能是聊备一格，何尝尽到了一点考核的功能”[⑥]。此外，当时统计的结果也并不完全可靠，无法反映各地的社会经济状况，以河南省为例，“虽布置有各种统计报表，但执行很差，统计资料大都数字不准确，内容不完整”[⑦]。言外之意，对于当时国民政府统计工作并不满意。综上，任何事物的发展都要经历一定的发展阶段。通过对1931—1937年国民政府主计处统计局的考察，表明其仍处于较为初级的发展阶段。

① 陶孟和：《读〈中华民国统计提要〉书后》，《独立评论》1936年第207期，第10—14页，参见《〈中华民国统计提要〉（廿四年辑）国府主计处统计局编 学术界评论一斑》，《申报》1936年7月24日，第1版。

② 《中央日报》，1936年6月21日，参见《〈中华民国统计提要〉（廿四年辑）国府主计处统计局编 学术界评论一斑》，《申报》1936年7月24日，第1版。

③ 吴大钧，朱君毅：《序》，载国民政府主计处统计局编：《中国租佃制度之统计分析》，台北：正中书局，1946，第1页。

④ 韦端：《心中有数（上）——统计发展与国家现代化》，《中国统计》2002年第1期，第45页。

⑤ 赵胜忠：《数字与权力：中国统计的转型与现代国家成长》，第278页。

⑥ 刘堃闿：《中国为什么没有统计》，《湖南统计通讯》1947年第12期，第2页。

⑦ 河南省地方史志编纂委员会编纂：《河南省志·统计志·概述》，郑州：河南人民出版社，1995，第2页。

自1931年主计处统计局设立后，其组织架构及各项制度不断完善。从国民政府时期统计局的各项统计活动来看，这一机构一定程度上改变了既往统计机构各自为政、方法不一的情形，实现了统计的中央集权化，对推进国家科学治理以及统计制度的完善起到了十分重要的促进作用。

不过，也应看到，1937年前的主计处统计局仍处于初步发展阶段，其在制度建设及职能的践行过程中并非十分完善，但需要肯定的是，主计处统计局的设置仍具有相当重要的历史意义。这一最高统计机构是以往任何时期所未有的，与此前的各类统计机构相比，国民政府统计局具有专业性、科学性、独立性等特点，是国民政府推行国家治理的重要一环，这一机构仍值得认真研究。

二战后日本科技创新体系的演变与发展研究*

刘绮霞　赵晋平

摘　要： 日本的科技创新体系是支撑其国家经济发展的重要因素。本文纵观日本科技创新体系经由“贸易立国”“科技立国”到“科学技术创新立国”的发展历程，并将日本科技创新体系归纳为：在科技管理体制上，由综合科学技术创新会议担任指挥职能、各省厅和独立行政法人等各司其职；在制度执行上，彻底贯彻“产官学”合作模式，发挥各自的优势从而形成合力；在科技举措上，尤其关注科技对产业的促进作用，重视科技成果转化。最后立足于中国实现建设“科技创新型强国”的目标，归纳得出加强顶层设计、深化“产官学”合作、提高科技成果转化率等促进中国科技创新体系发展的政策性建议。

关键词： 日本科技创新体系；演变；综合科学技术创新会议；“产官学”合作；科技成果转化

引　　言

随着国际竞争日益激烈，科技创新能力已经成为衡量一个国家全球竞争力和综合国力的重要指标。当前，中国经济发展正处在经济转型的关键时期，创新是引领发展的第一动力，是建设现代化经济体系的战略支撑，努力建设“创新型强国”已成为国家发展的重要战略方针，构建具有中国特色的科技创新体系对中国的经济发展非常重要。中国应坚定不移地走自主创新的道路，同时积极探索并借鉴国外提升科技创新能力的经验。

第二次世界大战（简称二战）后的日本从技术的引进、消化、模仿、改良和创新，逐步形成了具有特色的科技创新体系。2000 年至今，日本已经产生了 18 个诺贝尔自然科学奖得主。在

刘绮霞，中南财经政法大学经济学院副教授，硕士生导师，经济学博士，财政部财政科学研究所应用经济学博士后，主要研究领域为日本经济史

赵晋平，武汉理工大学外国语学院研究员，硕士生导师，教育学博士，原日本科学技术振兴机构研究员，主要研究领域为日本教育和科技政策

* 本文为国家社会科学基金一般项目（项目编号：15BJL062）、2019 年湖北省技术创新类（软科学研究类）一般项目（湖北省对日科技创新合作机制的构建与路径研究）阶段性研究成果。

国际权威研究机构科睿唯安发布的《德温特 2018—2019 年度全球百强创新机构》中，日本企业占据 39 席，数量居全球首位，而中国入榜的只有 3 家。在此意义上，探索并借鉴日本构建科技创新体系、建设科技创新强国之路的研究显得尤为必要。

对于日本科技创新的相关研究始于 20 世纪 80 年代。其中，英国著名的科技创新研究专家 C. Freeman 在研究日本经济高速增长的经验时于 1988 年首次提出了国家创新体系（national innovation system）的概念，他认为国家创新体系是由政府公有部门和企业私有部门共同组成，在日本经济腾飞中政府、企业都起了较大作用。[①]美国经济学家 Richard Nelson 进一步研究了日本资助技术创新的国家制度体系，从政府研究机构和大学的角度丰富了日本国家创新体系的内涵。[②]中国学者胡萍、何丹、卢姗结合政策因素对日本技术创新模式的转换进行了分析，认为日本政府在技术创新模式转换中起到了引导和扶持作用。[③]日本学者三藤利雄提出技术创新观念的普及对于日本经济社会来说具有很大的价值，同时他认为企业家活动和政策因素能够促进技术创新的发展。[④]中国学者陈海华、谢富纪对日本技术创新的模式及阶段进行了研究，提出了模仿创新、消化吸收模仿创新、自主创新和知识创新的演进过程。其后，久保康弘分析了日本的国家创新体系和日本技术创新的相关政策，认为政府引导的全国科技创新活动是日本在经济缓慢增长时期取得科技成就的主要原因。[⑤]冈村麻子则通过对比美国、欧洲和日本的技术创新现状，认为政府在技术创新过程中有着不可替代的作用，政策支持是企业有效开展技术创新活动的有力保障，政策的科学性对于国家科学技术创新体系的构建来说意义重大。[⑥]

由上述学者的研究可知，当前国内外学者主要从政府、研究机构和大学的角度对日本科技创新体系进行了不同程度的探讨且研究成果颇丰。虽然近年日本经济增速放缓并出现衰退的现象，但国内外学术界对于日本科技创新的关注度反而有所增加。这是由于日本的科技实力不容忽视。正是在被认为“失去的二十年”内，日本的科技创新获得了持续性发展，成为支撑其国家经济发展的重要力量，进而影响其高新技术产品的国际竞争力，在此意义上关于日本科技创新体系的研究具有重要的实用价值和借鉴意义。本文通过纵观二战后日本科技创新体系的演变与发展历程，解析其科技创新体系得以成功实施的核心要素，最后将立足于中国实现建设“科技创新型强国”的目标，归纳得出可为中国借鉴的促进科技创新体系发展的政策性建议。

---

① Freeman C.“Japan：A New National System of Innovation?”，*Technical Change and Economic Theory*，1988.

② Nelson R.“National Innovation Systems：A comparative Analysis”，*Columbia Journal Of Word Business*，Oxford and New York：Oxford University Press. 1993.

③ 胡萍、何丹、卢姗：《日本技术创新模式的转型及相关政策研究》，《科技与经济》2007 年第 3 期。

④ 三藤利雄. イノベーション・システムの構造と機能：技術の創出、普及、活用の視点から，2008.

⑤ 久保康弘. 日本の科学技術イノベーション政策について. 科学特集「安全な社会と表面科学」Vol. 37. 2016.

⑥ 岡村麻子. 「科学技術イノベーション政策の科学」の構築に向けて. 研究技術計画，2013.

一、日本科技创新体系的演变与发展分析

日本经济腾飞的奥秘在于实施了适应时代特征的科技发展战略与政策措施，并逐步形成了其独特的科技创新体系。二战后的日本经济发展经历了战后经济复兴时期（20世纪40—50年代）、经济高速增长时期（20世纪60—70年代中期）、低速增长和调整时期（20世纪70年代后期—80年代末）、泡沫经济崩溃后的萧条时期与经济改革时期（20世纪90年代初期至今）。[①]因为经济复兴时期和经济高速增长时期，日本科技创新的特征比较相似，所以与经济发展时期相呼应，可以将日本科技创新体系的发展归纳为经历了从最初的引进国外成熟技术，对引进技术进行模仿、消化吸收和技术改良，到发展本国技术、实现技术自立以摆脱对欧美发达国家的技术依赖，最后到追求自主知识创新和技术创新、集中力量研发自主的独创性科学技术，使日本逐步成长为科学技术强国的三段演进历程。

第一阶段：技术引进阶段（20世纪40—70年代中期）。这一阶段日本凭借着“贸易立国”战略带来的经济红利，通过引进、消化、吸收、改良国外的先进技术，逐步革新本国相对落后的技术与生产方式，提高了综合国力，使日本经济实现了复兴。随着科技实力的增强、开放型经济体制的形成，日本的产业结构大幅度升级，出口产品的国际竞争力也逐步提高，成功实现了对发达国家的经济追赶。

20世纪40—50年代为日本在二战后经济的重建和奠基期，日本制定的科技战略主要围绕恢复经济，实现复兴。1945—1959年，日本全盘引进美国等先进国家的成熟技术及实验室技术，其技术引进以企业为主体、以市场为导向。1959年开始，面对与欧美发达国家依然存在的巨大经济与技术差距，日本转而采取技术引进、消化、吸收并改良的策略，在大量引进国外先进技术的基础上，加以消化吸收和改良后再投入生产，从而依靠“进口技术”弥补本国科技相对落后的问题。通过技术引进，日本逐步改变了产业结构，增强了综合国力。

20世纪60—70年代中期，日本经济的增长速度达到10%，开始进入经济高速增长期，这期间的科技政策以扩大经济增长和社会经济基础为目的。1961年日本制定了《国民收入倍增计划》，将科学技术的自立作为其中的一项重要课题，随着科技实力的增强和实行开放型经济体制所带来自由化程度的加大，日本开始逐步过渡到“确立自主技术”时期，出口导向型经济得到高速发展。至20世纪70年代中期，由于长时间的技术引进和积累，日本已掌握了基础的技术能力，并开始拥有可供自主研发的技术生命线，日本的产业结构大幅度升级，出口产品的国际竞争力也逐步提高。可以说正是技术创新促进了日本经济的恢复和振兴，使日本顺利完成了对发达国家的经济追赶。

第二阶段：发展本国技术阶段（20世纪70年代后期—80年代末）。这一阶段，日本确立并实施了“科技立国”的发展战略，推动了其科技创新体系的初步形成。日本首先通过推行“自主研究和创造型”的科

---

① 杨栋梁：《日本近现代经济史》，北京：世界知识出版社，2010。

技战略，注重发展本国技术、力图摆脱对欧美发达国家的技术依靠，并将研究重心从应用研究转向基础研究，力图获取尖端的高新技术，以推动高科技产业的发展。同时，政府和企业不断加大研发经费投入力度来保障基础研究的稳定实施，随着“产官学”模式的发展和深化，日本科技创新体系初步形成。

进入 20 世纪 70 年代后期，日本经济进入了低速增长期。随着 70 年代世界政治经济格局的变化和两次石油危机的爆发，世界经济发展速度放缓并开始进入调整期，日本的产业技术与世界水平的差距日益缩小，加上其他国家所实施的保护主义，日本已难以从国外引进先进的技术。以此为背景，日本推行了“自主研究和创造型”的科技战略，即摒弃长期以来依赖吸收别国基础研究成果，忽视基础研究、偏重应用研究的科技发展战略，在国家的直接干预和指导下，确定科研重点，开展自主独创性的基础研究，从单纯的“技术大国”发展成为“科学技术大国”，推动了“科技立国”战略的顺利实施。

20 世纪 80 年代的日本经济发展虽然遇到不少困难和挑战，但依然保持了年均经济增长率高出欧美发达国家 1—2 个百分点的长期增长态势，成为发达国家经济的领跑者。至 80 年代末，看似如日中天的日本经济实际上已经危机四伏。①与经济发展态势相对应，这一时期日本科技政策的目标是重视创造性的科学技术，应对新的挑战。日本在科技上注重发展本国的技术，力求实现技术自立以摆脱对欧美发达国家的技术依赖，实施战略的主要特点是：其一，把发展独创性的科学技术提高到国家经济发展的战略高度，把过去“吸收型”的“收获型技术”转变为自主开发型的“播种、培育型技术”；其二，开发智力资源，以弥补物质资源的不足，即发展资源和能源消耗少的知识密集型工业技术，以克服资源小国的先天不足；其三，靠技术力量来提高国际地位，为从经济大国走向政治大国创造条件。之后，日本科学技术研究的重心也开始从应用研究转向基础研究，政府和企业不断加大研发经费投入力度来保障基础研究的稳定实施。这一时期，“产官学”合作模式②在科技创新要素中得到重视，该战略成为日本跻身世界经济与科技强国的重要保证。

第三阶段：科学技术创新阶段（20 世纪 90 年代初期至今）。这一阶段，日本确立并实施了“科学技术创新立国”战略。在泡沫经济崩溃后经济出现长期萧条的情况下，日本在科技领域相继出台了相关法律和一系列重要的科技政策，通过并实施了每五年一次的《科学技术基本计划》，不仅加大了科技投入，而且进一步加速了科技体制改革的步伐，使日本的综合科技实力增强，提高了企业的国际竞争力，并重视以创造性科技应对 21 世纪新的挑战和问题，全面推进了科技创新立国战略。至此，日本科技创新体系日趋完善，逐步成长为科技创新型强国。

20 世纪 90 年代，日本经济进入了长期萧条时期。1991 年 4 月，随着股市和不动产价格的跌落，泡沫经济崩溃，平成景气结束。从 90 年代初到 21 世纪初被称作“失去的十年”里，日本经济疲态尽显，连续出现零增长甚至负增长，对此，日本政府想方设法制止经济滑坡，刺激景气回升，尤其对本国的科技创新体系进行了深刻反思，决定走“自主创新之路”。面对世界的经济形势与科技发展趋势，日本政府为迎接 21

① 杨栋梁：《日本近现代经济史》，第 368 页。

② “产官学”合作模式：由日语「産学官連携」一词翻译而来，指企业、政府、大学及科研机构通力合作的一种科技创新模式。

世纪的挑战，提出了实现“高科技大国”的战略目标，并在1995年颁布了《科学技术基本法》[①]。这是日本第一部有关科学技术的根本大法，正式提出了“科学技术创新立国”战略，其核心是“创新”，而创新的前提是拥有强大的基础研究能力。这要求日本彻底告别技术的模仿和改良，集中力量研发独创性科学技术。1996年6月，日本科学技术会议开始实施每五年一次的《科学技术基本计划》，这是在《科学技术基本法》的基础上为实现“科学技术创新立国”而实行的行动计划。[②]其后，1998年日本公布了《促进大学等的技术成果向民间事业转移法》。一系列科技政策和相关法律的实施使日本综合科技实力增强，并依靠科技实力使摆脱了泡沫经济崩溃后最困难的经济时期，取得了经济上的复苏。

进入21世纪后，日本的经济持续衰退并在2008年全球经济危机中再次受创，在国内经济长期低迷的情况下日本企业加快了海外投资的步伐，在经济全球化和信息化的世界环境中力图获得共赢式经济发展。这段时期，日本也非常重视科技在应对全球化条件下所面临的新挑战和新问题，如气候变化、能源问题，老龄化、少子化问题等，更加重视创造性的科技以应对新的挑战，重视科技外交，强化国际竞争力。与此同时，日本进行了科技体制改革，全面推进科技创新立国政策，推进国际合作。随着信息技术的快速发展，日本相继推出了“E-Japan战略”，并制定了《科学技术基本计划》的第二期、第三期和第四期及《创新25战略》等，形成了日本21世纪科技体制的基本框架，至此日本科技创新体系日趋完善。

“科学技术创新立国”战略是日本“贸易立国”和“科技立国”科技战略的发展与延伸，是具有划时代意义的举措，标志着日本科技政策进入到进一步重视基础研究和强调创新的阶段，使日本逐步成长为科技创新型强国。

二、日本科技创新体系的构成和决策要素分析

如上所述，在二战后日本的科技创新体系演变过程中，在经济发展的不同时期日本的科技政策和主要目标也在不断变化和调整：20世纪40—50年代以生存和恢复经济及自立为目的；60年代以经济增长和扩大社会经济基础为目的；70年代科技发展的重点在治理经济高度增长所带来的弊病，以及适应动荡不安的世界形势上；80年代为重视创造性的科学技术，应对新的挑战；90年代提出了“高科技大国”的战略目标；21世纪以来则转而全面推进科技创新立国政策。

在科技发展的历程中，日本构建了集中协调的科技行政体制（图1），各机构在体系中“各司其职”。其中，科学技术政策的决策机构是国会和内阁，科学技术的管理机构主要有综合科学技术创新会议、文部科学省，独立行政法人则是国家核心技术的实施部门，尤其是其中的29个独立行政法人机构主要从事研发。为了发挥科研机构的主体能动性，文部科学省下设的10家独立行政法人于2016年改制为国立研究开发法人。

---

① 1995年11月日本国会通过《科学技术基本法》，该法的效力介于宪法与专门法之间，明确提出将科学技术创新立国作为日本的基本国策。

② 智瑞芝、袁瑞娟、肖秀丽：《日本技术创新的发展动态及政策分析》，《现代日本经济》2016年第5期，第84页。

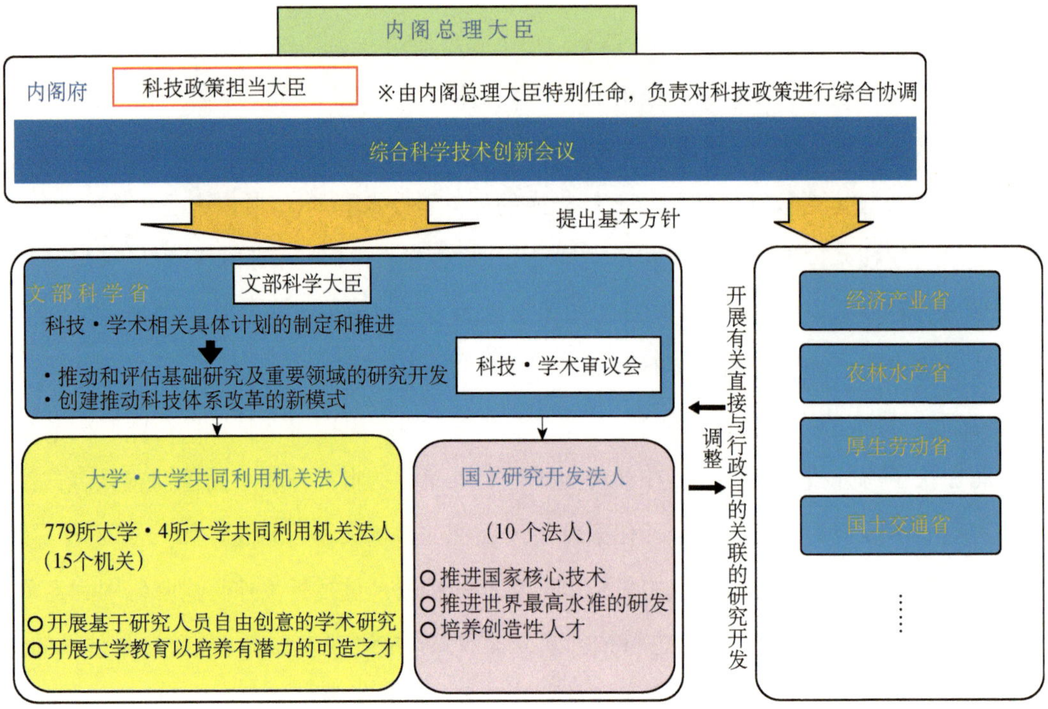

图 1　日本科技行政体制一览图

资料来源：日本文部科学省相关资料

由图 1 可知，综合科学技术创新会议是强化日本首相和内阁职能的重要一环，它直接影响到内阁一些重要政策的出台。而“产官学”合作模式及促进高校科技成果转化的举措作为日本科技发展的典型战略，有效促进了日本科技创新水平的提升，增加了日本高新技术产品的国际竞争力。

（一）综合科学技术创新会议

在 2001 年政府改革以前，日本政府的最高科技审议机构是科学技术会议，日本政府的科技发展规划、重大科技战略和计划一般都是由科学技术会议回答总理大臣咨询的方式提出，权力有限。主管科技活动的通商产业省、文部省和科学技术厅各有其责，职能不同，一定程度上还存在竞争关系，不利于科技管理部门之间的合作。2001 年日本实施内阁改革，设立法律地位高于各政府部门的内阁办公室，以及相应的智囊机构（称为“会议”），负责科学技术的是综合科学技术会议。内阁办公室内设科学技术政策担当大臣。法律上，综合科学技术会议由内阁总理大臣领导，实际上由科学技术政策担当大臣具体负责，其规模、组织、权威和职能，以及所能发挥的作用远超过科学技术会议。与此同时，行政体制改革也开始实施，原来各司其职的文部省和科学技术厅合并为文部科学省，这样有利于打破条块分割和相互之间的隔阂，推进合作，促进“产官学”合作。

至此，综合科学技术会议成为名副其实的科学技术的“指挥塔”，它既是首相的咨询机构，也是科技政策最高的决策机构。综合科学技术会议由内阁总理大臣担任议长，由科学技术政策推进担当大臣及具有相关经验的 14 名成员构成。会议以宏观政策为工作重点，研究和决策科技发展的大政方针，决定国家的重大研究领域。它从比各省厅更高一层的角度制定综合性科技政策，并负责协调和理顺各省厅的关系，以及根据总理大臣的咨询，调查审议科技振兴的基本政策、拟定科技预算和制定人才资源分配方针等重要事项。因此，综合科学技术会议是强化首相和内阁职能的重要一环，它直接影响到内阁一些重要政策的出台，发挥着科学技术“指挥塔”的作用。

另外从组织结构来看，综合科学技术会议从 2001 年 4 月开始运作，原下设五个分会组织：①重点领域发展战略调查会（主要是对生命科学、信息通信、纳米技术材料等重点领域的资源配置、实施战略等进行调研）；②评价调查会（主要对重要的研发项目进行评价，并指定评价方法和规则）；③科学技术体制改革调查会（主要进行研发系统的改革，提高产业科技竞争力）；④生命伦理调查会（主要对生命科学领域的发展进行研讨）；⑤日本学术会议运行体制调查会。综合科学技术会议的设立，无疑增强了政府对科技政策形成领域实施机制的调控能力。

此后，综合科学技术会议的专门调查会增设为七个（图 2），即基本政策专门调查会、重点领域推进战略专门调查会、评价专门调查会、科学技术系统改革专门调查会、生命科学伦理专门调查会、宇宙开发利用专门调查会以及知识产权战略专门调查会，并专门成立了一些特定领域的项目推进小组，这些调查会向综合科学技术会议提出各领域的研究战略和方针等，对日本开展科学研究有着重要影响。

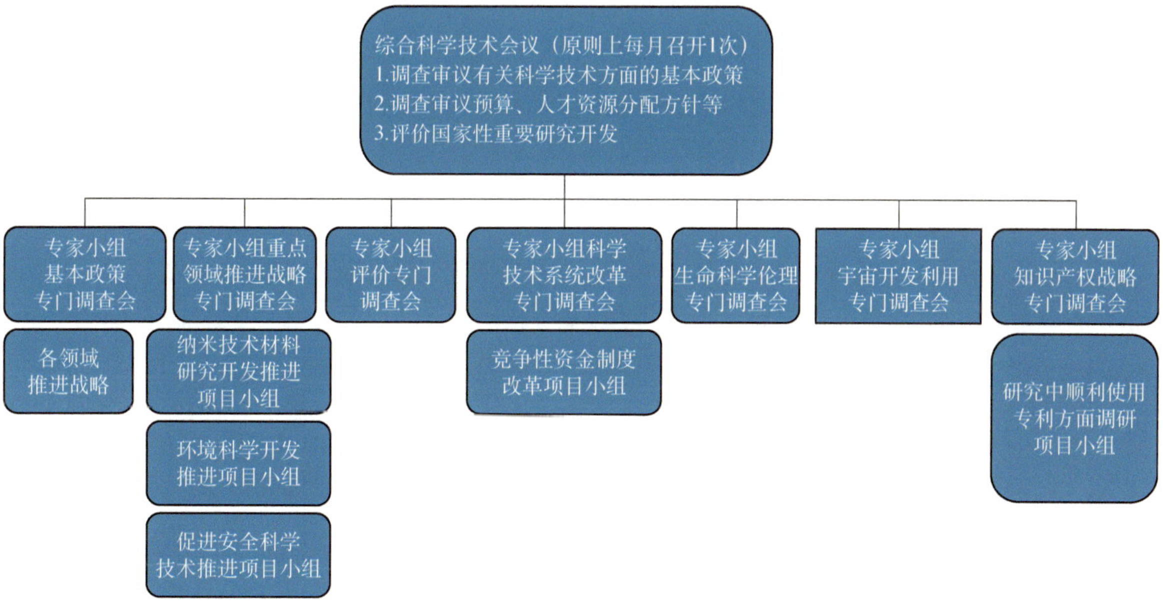

图 2　综合科学技术会议组织图

资料来源：日本《科学技术白皮书》

2014 年，日本政府为进一步推动科技成果的转化、促进创新环境的综合发展，决议将综合科学技术会议更名为综合科学技术创新会议，该会议继续发挥着科学技术“指挥塔”的作用。

（二）“产官学”合作模式

日本作为世界科技强国，已形成了良好的科技创新体系，并具备了较高的科技创新能力，在其发展的过程中，“产官学”合作模式及促进高校科技成果转化的举措作为日本科技发展的典型战略，有效促进了日本科技创新水平的提升，增加了日本高新技术产品的国际竞争力。

为了促进本国科技创新能力的提升，使日本在全球范围内持有技术优势和较强的国际竞争力，日本政府引导企业与研究型大学、研究机构等开展广泛的合作，共同推进研发，逐步形成了具有日本特色的“产官学”科技创新模式。具体而言，“产”主要指企业，日本的企业在技术创新体系中居于主体地位，主要开展应用型研究，大中型企业和部分中小企业将各项科技成果转化为社会需要的商品与服务；“官”是指政府机构及其职能部门，政府在技术创新中起引导、扶持和必要的干预作用。政府负责制定科技计划和政策，引导研发主体高效开展技术创新活动并做好服务工作，促进高校及科研机构与产业界的合作、驱动产业发展；“学”是指大学和科研机构，包括日本各都道府县的研究型大学、国立研究机构、地区及公共团体的研究机构、特殊法人研究机构以及民营研究机构等，以大学和公立研究机构为主。其中，日本的大学主要从事科学研究或基础研究，公立研究机构主要从事发展研究。

在“产官学”的合作模式中日本政府起到了引导的作用，并在企业与大学和科研机构之间起到纽带的作用，通过制定《科学技术基本计划》等一系列政策确定当前科学技术的重点发展领域，给国家技术创新定下了总基调，激励各单位从事科学技术创新活动。此外，政府还充分发挥财政的作用，加大在公益性和极具发展潜力的高新技术领域方面的研发投入力度，推动技术创新全面协调发展。

日本企业在这一模式中，学会了充分解读和利用国家各项技术创新的优惠政策来促进自身发展。日本企业立足于自身发展的实际情况，着眼于全球市场，以领先世界的技术优势不断刷新人们对高科技产品的认知。①日本企业是技术创新的主体，拥有研发机构的数目占全日本的4/5，日本企业在技术创新上有极高的积极性，开展了大量研发活动且自身承担了大部分的研发费用，企业支出的研发经费占日本全部R&D经费（研究与试验发展经费）的比例超过60%，从研究人员配置来看，日本超过半数的科研人员活跃在企业的研究机构内。②

日本的大学和研究机构在这一模式中起到对科技创新的支撑作用。日本大学在政府的引导下主要从事生命科学、材料科学、信息科学等领域的基础研究。大学与企业的合作是全面且多场景的，较普遍的形式是企业与大学进行项目的共同研究或者企业委托大学进行一定阶段的研究。此外，大学还和企业签订校企合作协议，接受部分大学生到企业中进行实习、接受企业教育，进而完成合作项目的开发。虽然大学在“产官学”合作模式中不是主导，但还是充分发挥了自身优势，尽可能与产业接轨，通过产学结合不断促进该

---

① 〔日〕吉村慎吾：《日本的创新——日本企业如何迎接第四次工业革命》，张培鑫译，北京：人民邮电出版社，2018，第138—139页。

② 相关数据来源于日本文部科学省《科学技术白皮书》。

模式的优化，大学已成为日本科技创新中不可或缺的支持力量。

（三）促进“高校科技成果转化”举措

20世纪90年代，日本经济出现了发展的停滞，日本在总结“失去的10年”的经验教训时认识到，其主要原因之一在于高科技的研发远落后于欧美各国，另一个重要原因在于高科技成果没有转化为生产力。而科技创新的高效率转化需要有权威的机构和完善的制度作保障。为推动基础研究、应用研究和开发研究的协调发展，加强大学科技成果转化，日本果断采取了一系列有效举措：一是通过颁布法律法规促进并规范科技成果转化，二是建立新型科技成果转化机构（TLO）。

为了规范科技成果转化并提高科技创新的效率，日本于1995年颁布了《科学技术基本法》，首次将提高科技水平明确到法律层面，对社会各界都有了较强的指示作用。《科学技术基本法》具有较强的操作性，它从经费额度、设备更新办法、研究员配置比例等方面作了规定，给开展技术创新的部门与机构以明确的形式规范，极大地提升了技术创新的行政效率。随后于1998年颁布了《促进大学等的技术成果向民间事业转移法》，该法是日本科技发展史上第一部以促进转化大学科技成果为宗旨的法律，《促进大学等的技术成果向民间事业转移法》的出台有效地解决了高校专利等技术成果与市场严重脱节的问题，意味着日本把科技创新成果转化放在了重要位置。

1998年《促进大学等的技术成果向民间事业转移法》颁布后，TLO应运而生。TLO是专门从事科技成果转化的机构，这一机构的主要工作内容就是搭建校企间合作的桥梁，从事专利等科技成果转化的中介工作。TLO主要负责对高校的科技成果进行筛选、挖掘寻求专利买方市场，做好成果转化后的利益分配等工作。TLO的中介服务一方面可以让高校了解产业和市场的需求，利于高校科研人员开展有针对性的研究，进而帮助高校和研究机关获得技术和转让许可，降低科研成果的闲置率。另一方面，TLO与高校密切相关，对于高校科研状况较为了解，因而能够帮助企业快速寻求到有利资源，进而使企业在较短时间内有效提升技术水平。

TLO这一新型科技成果转化机构的出现，很好地解决了日本高校科技成果转化率低的问题，为科技创新提供了更加便利的制度环境。自2000年以来，日本TLO专利公开数量持续攀升，为高校科技成果的转化做出了较大贡献，提升了科技创新效率。[①]

此外，为了鼓励高校申请海外专利，加速高校成果的科技转化并提升高新技术的国际竞争力，高校持有科研成果在申请海外专利的相关费用均可向文部科学省所管的事业单位——科学技术振兴机构申请“大学知识产权基础强化资助项目”，获取全额补助，从而跨越高校专利持有人的资金门槛。“大学知识产权基础强化资助项目”的实施，大幅度提高了高校海外专利的申请数，促进了日本高新技术产品的出口。

---

① 平力群：《日本TLO法在促进科技成果转化中的作用》，《国际技术经济研究》2006年第2期，第33—34页。

三、经验借鉴分析

当前中国正处在经济转型的关键时期，创新是引领发展的第一动力，是建设现代化经济体系的战略支撑，为了实现建设科技创新型强国的目标，我们有必要借鉴日本提升科技创新水平的经验和打造科技创新强国的有效举措，从政府、企业、高校和科研院所等几方面共同合力构建具有中国特色的科技创新体系，以提高中国高新技术产品的国际竞争力。

（一）加强顶层设计，推动国家创新体系的构建

中国科技创新体系的构建需要加强顶层设计。科技政策涉及的利益主体较多，由日本科技体系发展的经验和教训中可知必须打破科技管理层面各自为政的局面。由科技管理的权威部门在充分认识产业界、学术界以及政府职能部门所面临的科技发展的现状和问题的基础上，经过反复的协调和论证，保证政策的全覆盖性、前瞻性，并能切实解决各类科技问题，从国家层面推动科技创新体系的构建，以确保科技创新体系发挥为科技创新发展保驾护航的作用。

（二）深化“产官学”合作，发挥政府和企业的主体作用

日本的科技创新体系中，政府作为“产官学”合作模式的推动者，起到了不可替代的关键作用。推动“产官学”深度融合发展是加强国家创新体系建设的重要途径，中国政府应充分发挥在科技创新体系中的引领作用，继续制定对企业和高校有利的科技政策，为科技创新创造条件、优化环境，有效进行资源配置，大力推动校企合作，加快中国产学研融合发展的进程，从经费上为产学合作提供更多支持和保障。尤其是对于部分技术转移企业无实力实施的高风险、高回报技术，政府要勇于“买单”；对于企业的研发投入政府应尽可能地通过税收等形式给予减免，充分发挥政府对提高科技创新水平的保障职能。

企业是创新的主体，也是确保创新政策落地的主要参与者之一。日本企业作为创新的主体在这一模式中充分参与、解读并有效利用国家科技创新的优惠政策促进了其自身发展。因此，中国应该更好地发挥企业的主体作用，从政策出台的前期论证、制定阶段企业就应开始介入，从而保证产业界所面临的现状和问题能纳入到政策中，使政策有更强的现实指向性。同时，作为政策执行主体的企业应发挥团体的凝聚力，聚焦共性问题、加大资源共享，提高自主研发的能力，不断推动中国科技创新体的发展。

（三）鼓励高新企业申请海外专利，提高科技成果转化效率

从促进日本科技水平提高的要素来看，海外专利的持续增长为日本高新技术产品的出口带来了重大利好，根据日本专利申请的有关经验，中国政府可鼓励高新技术企业申请海外专利，这将有助于企业提升国

际竞争力和扩大出口。此外，为促进高校科研成果转化，可借鉴日本 TLO 的有关经验，中国也可适当发展专业服务于科技成果转化的中介机构，引导市场主体通过合法途径进行专利技术的交割转让，加快技术的产业化进程，从而提高科技成果转化效率。并且，政府应设置专项资金，为高校申请海外专利提供资助，以促进高校优秀科研成果“走出去”。

此外，在中国科技创新体系发展和完善的过程中，还应该立足未来，借鉴发达国家处理较为显著的政策问题的经验，未雨绸缪，及时制定并调整相关战略。

人工智能技术发展及其在产业中的应用

张　涛　米威名

摘　要： 人工智能技术经过几十年的发展，终于在近几年发生了巨大的突破。以深度学习为代表的人工智能新技术引起了产业界的高度重视，在不同领域逐步发挥了巨大作用，由此也引起了人工智能热。各国政府也期待着人工智能技术带来新的工业革命。本文将重点阐述人工智能技术发展及其在产业中的应用，主要内容包括：人工智能发展的三个阶段、人工智能发展的三大因素以及人工智能技术在产业中的应用。通过上述介绍充分肯定了人工智能技术对当今世界科技与经济发展所发挥的巨大作用，同时也期待着新的人工智能技术的涌现和新的工业革命的爆发。

关键词： 人工智能技术；人工智能发展；产业；深度学习；大数据

人工智能（Artificial Intelligence），英文缩写为 AI。它是研究、开发用于模拟、延伸和扩展人的智能的理论、方法、技术及应用系统的一门新的技术科学。它企图了解智能的实质，并生产出一种新的能以人类智能相似的方式做出反应的智能机器，该领域的研究包括机器人、语言识别、图像识别、自然语言处理和专家系统等。人工智能从诞生以来，理论和技术日益成熟，应用领域也不断扩大，可以设想，未来人工智能带来的科技产品，将会是人类智慧的“容器”。

张涛，工学博士，教授，博士生导师，现任清华大学信息学院副院长，自动化系系主任，主要从事机器人学、人工智能、控制理论与应用等领域研究

米威名，清华大学自动化系博士研究生，主要研究方向是人工智能方法在医学领域应用以及机器人控制

一、人工智能发展的三个阶段

人工智能研究始于 20 世纪 40 年代，从人工智能概念的诞生至今已有 60 余年。根据人工智能技术及产业发展的整体形势，可以将其分为三个阶段。

（一）第一阶段（20世纪50年代中期到80年代初期）

1943年，神经元模型建立①；1950年，图灵发表文章，探讨机器是否会思考，提出了“图灵测试”②。1956年，达特茅斯会议召开，首次确立了“人工智能”概念，代表了人工智能正式诞生与兴起。

但好景不长，1969年，作为主要流派的连接主义与符号主义进入消沉；1973年英国发表James Lighthill报告③，指出AI在解决更宽和更难的问题时效果均不理想。此后不久，美国、英国相继缩减经费支持，人工智能进入低谷。

（二）第二阶段（20世纪80年代初期至21世纪初期）

1986年D. E. Rumelhart等人发明BP算法④，基于人工神经网络的算法研究突飞猛进。20世纪80年代初期，人工智能已逐渐成为产业，第一个成功的商用专家系统R1为美国DEC（数字设备）公司每年节约4000万美元左右的费用。截止到20世纪80年代末，几乎一半的“财富500强”都在开发或使用“专家系统”。

受此鼓舞，日本、美国等国家斥巨资开发第5代计算机——人工智能计算机。20世纪90年代初，IBM（国际商业机器公司）、苹果推出的台式机进入普通百姓家庭中，奠定了计算机工业的发展方向。第5代计算机由于技术路线明显背离计算机工业的发展方向，项目宣告失败，人工智能再一次进入低谷。

尽管如此，支持向量机、Boosting和最大熵等方法在20世纪90年代得到了广泛应用。

（三）第三阶段（21世纪初期至今）

2006年，Geoffrey Hinton和他的学生在*Science*上提出基于深度信念网络（Deep Belief Networks，DBN）⑤可使用非监督学习的训练算法，使得深度学习在学术界持续升温。2012年，应用DNN技术，Hinton的学生在ImageNet评测中取得了非常好的成绩。

另外，摩尔定律和云计算带来的计算能力的提升、移动互联网带来的海量数据的积累，以及产业融资规模的快速增长，人工智能商业化高速发展，深度学习算法在各行业得到快速应用。围绕语音、图像、机器人、自动驾驶等人工智能技术的创新创业大量涌现，人工智能迅速进入发展热潮。

未来，人工智能的热度将可能会有所回落，但人工智能技术的发展将深入到金融、交通、医疗、工业等各个领域，逐渐改变人类的生产生活方式。

---

① McCulloch W S，Pitts W. “A Logical Calculus of the Ideas Immanent in Nervous Activity”，*The Bulletin of Mathematical Biophysics*，1943（4）：115-133.

② Turing A M. “Computing Machinery and Intelligence”，*Mind*，1950（236）：433-460.

③ Lighthill J. “Artificial Intelligence：A General Survey”，in *Artificial Intelligence：A Paper Symposium*，Science Research Council，1973.

④ Rumelhart D，Williams R，Hinton G. “Learning Representations by Back-propagating Errors”，*Nature*，1986（323）：533-536.

⑤ Hinton G，Salakhutdinov R. “Reducing the Dimensionality of Data with Neural Networks”，*Science*，2006. 313（5786），504-507.

二、人工智能发展的三大因素

人工智能的概念虽然在20世纪已经出现，但由于彼时软硬件条件的不成熟，数据资源的缺乏，人工智能并未实现广泛的应用。如今，随着算力、算法等基础条件日渐成熟，行业数据大量积累，人工智能得以应用于各个领域（图1）。

图1 人工智能发展的相关条件①

（一）计算能力

GPU拥有多内核，擅长完成与显示相关的数据处理，拥有远超CPU的并行计算能力。此外，FPGA也在越来越多地应用在AI领域。其作为专用集成电路领域中的一种半定制电路而出现的，既解决了全定制电路的不足，又克服了原有可编程逻辑器件门电路数有限的缺点。

由于深层神经网络包含多个隐含层，大量神经元之间的联系计算具有高并行性的特点，具备大规模并行计算的GPU和PFGA架构已成为了现阶段深度学习的主流硬件平台。

（二）算法

深度学习（deep learning），是目前人工智能领域最流行的技术。具体来讲，深度学习模型由一系列相互关联的神经元组成，经训练后得到关联权重，数据通过整个网络便可自动得到具有语义的特征表示，进一步解决分类和归纳问题，甚至是控制问题。

深度学习使用包含复杂结构的多个处理层对数据进行高度抽象，与人脑的神经元模型接近，符合人类层次化地组织概念的认知过程。深度学习可以模拟人脑从外界环境中学习、理解甚至解决模糊歧义问题的

① 图片源自阿里研究院。

过程。与浅层学习相比，深度学习可以利用神经网络实现更层次化的特征表示，取代人工挑选特征表示，并能够在具体任务上达到更好的效果（图 2）。

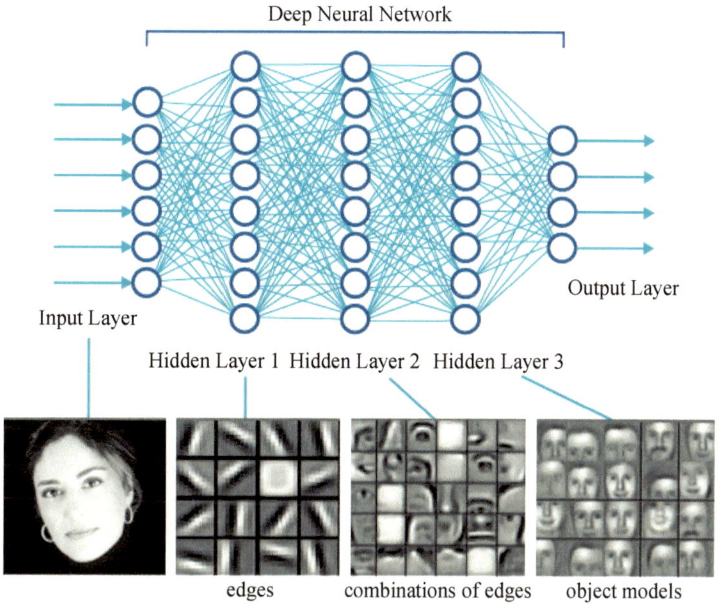

图 2　深度学习结构示意图①

进一步强化学习也重新成为焦点，2016 年 Google 子公司 DeepMind 研发的基于深度强化学习网络的 AlphaGo，与人类顶尖棋手李世石进行了一场“世纪对决”，最终赢得比赛。AlphaGo 突破了传统程序，搭建了两套模仿人类思维的深度学习网络：价值网络承担棋局态势评估、策略网络选择如何落子。

（三）大数据

随着大数据时代的到来，来自全球的海量数据为人工智能的发展提供了良好的基础。据 IDC（互联网数据中心）统计，2011 年全球数据总量已经达到 1.8ZB，并以每年翻一番的速度增长，预计到 2020 年全球将拥有 35ZB 的数据量，数据量增长近 20 倍；数据规模方面，预计到 2020 年，全球大数据产业规模将达到 2047 亿美元，中国产业规模将突破万亿元。

三、人工智能技术在产业中的应用

目前，人工智能产业格局在逐步形成“基础层—技术层—应用层”的生态模式。基础层主要由运算平台和数据工厂组成，通过部署大规模 GPU 构成的计算资源池来解决人工智能所需要的存储与运算问题。基于基础层提供的存储和计算资源，通过机器学习建模，技术层开发面向不同应用领域的应用技术。而应

① http://www.amax.com/blog/?p=804. 访问日期 2017 年 12 月 30 日。

用层则是利用技术层的技术为用户提供智能化的服务与产品。

特别值得一提的是，人工智能技术是人工智能发展的核心，智能产品和服务是否能够切中用户的关键需求，依赖于人工智能技术在产品背后能够给予支撑的大小。当前，国内的人工智能技术在产业中的应用主要聚焦于计算机视觉、语音识别和自然语言处理领域。

（一）计算机视觉

计算机视觉指计算机从图像或视频中识别出物体、场景以及活动。其终极研究目标是使计算机能像人一样通过视觉观测世界并理解世界，具有自主适应环境的能力。该领域最早尝试深度学习，从早期的卷积神经网络，到更深层次网络，整个领域逐渐从人工特征挑选和浅层学习，转向基于大数据和深度学习。

2012 年，深度学习模型首次被应用于 ImageNet 图像识别大赛，将错误率降至 16.4%。2015 年，微软通过 152 层的深度学习网络，将图像识别错误率降至 3.57%，而人眼的识别错误率约在 5.1%，深度学习模型的识别能力已经超过了人眼。

（二）语音识别

语音识别领域关注的是自动且准确地转录人类语音的技术，目的是改变人机间的交互方式。该技术必须面对不同口音处理、背景噪声去除、同音异形/异义词区分等方面的问题，同时还需要具有跟上正常语速的工作速度。

在语音识别领域，深度学习技术能够较好地描述特征空间，并能更好地描述特征间的相关性，取代了长久以来占据垄断性地位的混合高斯模型，如百度采用深度学习技术，进行声音建模的语音识别系统相比于传统的 GMM 语音识别系统而言，相对误识别率能降低 25%。

（三）自然语言处理

自然语言处理是指计算机拥有的人类般的文本处理的能力。该领域是近两年来深度学习逐步渗透的一个领域，比起图像和语音，自然语言单词带有较强的语义内涵，需要更细致、更扩展的表示方法才能在极大程度上保留信息。

2003 年，加拿大蒙特利尔大学教授 Yoshua Bengio 等提出用 embedding 的方法将词映射到一个矢量表示空间，然后用非线性神经网络来表示 N-Gram 模型，此后语义变得可计算。通过大规模未标注文本和无监督学习，可以自动学习字、词、句子的语义表示，一举摆脱知识库、词法、句法等传统自然语言障碍。

（四）人工智能技术的应用

以具体的技术应用为核心，人工智能正在颠覆和重塑整个产业，包括制造、教育、金融、广告、医药、汽车等。

在工业制造领域，第四次工业革命使用 CPS（Cyber-Physical-System，信息物理系统），通过强大的算力，完成价值挖掘与资源配置，提升制造业的智能化水平，在商业流程及价值流程中整合客户及商业伙伴，建立具有适应性的智慧工厂和高效率物流网络。

在教育领域，“因材施教”是人工智能技术的一个重要发展方向。其可以将获取到的学习者的数据分析反馈给已有的知识图谱，为学习者提供个性化难度和个性化节奏的课程与习题，从而提升学习者的学习效率与学习效果。

金融行业以其拥有的大量数据而闻名——从交易数据到客户数据，以及两者之间的所有数据。迄今为止，金融机构已经使用各种统计分析工具进行大量的分析，但对海量数据的实时分析与排序仍然是一项挑战。目前，金融行业内已经有很多部署机器学习的讨论和试点行动，依靠机器学习来进行市场行情分析与预测，为客户提供个性化服务，以及信用风险管理等。

在广告的精准投放领域，通过获取用户在购物网站的浏览信息，利用深度学习与联想，分析其何时何地会对何种广告感兴趣，以实现广告本身的智能化交互，提升其价值。

在医药领域，人工智能技术应用的领域范围较多，如虚拟助理可以通过语音识别、自然语言处理等技术，将患者的病情描述与标准的医学指南作对比，为用户提供医疗咨询、自诊、导诊等服务；医学影像辅助诊断可以通过图像识别技术对医学影像进行分析，辅助医生进行病情诊断；在药物开发方面，通过预测建模可以帮助制药公司降低研发成本提高研发效率，通过分析临床试验数据和患者记录可以确定药品更多的适应证和发现副作用，通过对药物化学成分的组合和药理进行挖掘可以激发研究人员的灵感等。

无人驾驶领域具有极大的社会价值和经济价值。在该领域，人工智能技术利用采集到的数据进行环境感知、标识识别，进而进行车辆的行为决策以实现更为安全的驾驶体验。BCG（波士顿咨询公司）在报告《回归未来：通向自动驾驶之路》中指出：以美国为例，如果自动驾驶汽车得到普及，每年可减少因交通事故死亡人数 3 万多人，节约超过 40%的出行时间成本，并减少 40%的燃油消耗，这些社会效益的价值高达 1.3 万亿美元。

四、结　束　语

随着人工智能技术的快速发展及其在产业中的不断应用，人们已经看到了人工智能技术的巨大作用和潜力。目前，随着计算机的计算能力迅猛提升、互联网的广泛应用、大数据处理和分析能力的飞跃发展，促成了人工智能技术的发展。仅机器学习方法的突破，就充分显现了人工智能技术的巨大作用。因此，可以判定人工智能技术的不断进步，必然会推动产业的快速发展。人工智能技术的应用将不局限于计算机视觉、语言识别、自然语言理解等若干领域。人类的目标是将机器智能达到人类智能，为人类社会的发展与进步做出更大贡献。我们相信，随着人工智能技术的发展，新的工业革命会在不远的将来爆发。

首钢承包制改革

——张玉东口述访谈*

姚春霞　邱　霞

摘　要：张玉东是首钢党校原党委书记，亲身经历了首钢承包制改革的全过程。本文通过张玉东口述，回顾了首钢承包制改革的背景、改革的过程、改革的效果及影响和承包制结束后首钢的发展，从企业普通一员亲历者的视角生动再现了百年首钢在这一重要历史时刻的许多细节。

关键词：首钢集团；承包制；体制机制改革

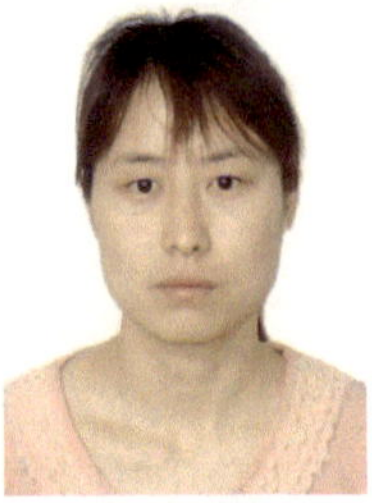

张玉东，首钢党校原党委书记、常务副校长（上）

姚春霞，首钢人才开发院（首钢党校）高级培训师、讲师，主要从事企业干部培训和企业人才开发研究（下左）

邱霞，中国社会科学院当代中国研究所副研究员，主要从事中华人民共和国史、中国特色社会主义理论与实践研究（下右）

［访谈题记］　张玉东，1952年出生于北京市海淀区。1969年初中毕业到黑龙江生产建设兵团务农，1974年至1977年在北京师范大学政治教育系学习，毕业后被分配到首钢工作。先后任首钢矿业公司政治部干事，首钢经理办公室秘书，首钢基建处科长，首钢党委宣传部处长、副部长，首钢党校党委书记、常务副校长。他在首钢工作37年，先后在多个岗位、多个部门任职。今年适逢中华人民共和国成立七十周年，首钢建厂一百周年。而首钢承包制改革是国企改革历程中的一次重要探索与实践。我们请张书记以自己的经历和记忆，为我们讲述首钢百年发展史上最浓墨重彩的一笔——首钢承包制改革的来龙去脉。

访谈者：姚春霞、邱霞

受访者：张玉东

访谈时间：2018年9月13日

访谈地点：北京市石景山区金顶街首钢宿舍三区5号楼

---

* 本文是中国工业经济联合会《中国工业史·综合卷》课题、中国社会科学院马克思主义理论学科建设与理论研究工程“三个体系”建设项目课题“中华人民共和国史理论学科体系、学术体系、话语体系”、中国社会科学院青年人文社会科学中心青年社会调研课题“公众（共）史学思潮与国史主流话语体系建设研究”阶段性研究成果。

我是 1977 年到首钢[①]工作，2013 年退休的，在首钢工作 37 年，应该是全程参加了首钢改革这个时期，是首钢改革的一个见证者、参与者。回顾这些年首钢发展历程，我深深体会到，没有改革就没有首钢的今天，国有企业不改革没有前途的，说重了国有企业不改革死路一条，改革使首钢和国有企业走上了康庄大道。

一、首钢承包制改革的背景

我 1977 年从学校毕业分配到首钢。那会儿，“文化大革命”刚结束，改革开放还没开始，正是一个过渡期。那个时期，国家在华国锋同志领导下搞“抓纲治国”，企业上上下下红红火火地搞“工业学大庆”，“创办大庆式企业”，实际还是以搞运动为主，企业的生产、管理、效率都很差。

我最开始是到首钢的矿山公司[②]工作，矿山公司是为首钢炼铁生产提供铁精矿粉的。矿山公司当时有职工 1.8 万多人，大概由三部分组成：第一部分是 1958 年[③]建矿那会儿入厂的工人，大概占三分之一，当时这些人都四五十岁，大部分是生产骨干，车间领导一级的都是这些人；第二部分是 20 世纪 60 年代陆陆续续从矿山附近招的当地农民，叫占地工[④]；第三部分就是 1969 年、1970 年北京来的知青。当时有一个很奇怪的现象，1.8 万多人中 80%的人都是一个工资水平，月工资都是 41.56 元[⑤]。为什么这样？当时咱们国家实行计划经济体制，国有企业职工工资是按国家政策规定的，国家规定，入厂的学徒工第一年 16 块钱，第二年 18 块钱，第三年 20 多块钱。学徒结束以后定级，一级工 30 多块钱，第二年转正为二级工，月工资 41.56 元，当时国家十几年没涨过工资。所以 58 年建矿工人也好，占地工也好，北京学生也好，基本都是 41.56 元。有的老工人已经有 20 多年工龄了，其中不少人当了车间主任，有的当了厂长、副厂长，甚至个别人当了矿业公司级的领导，也挣 41.56 元，新入厂几年的工人也是 41.56 元。当时有句顺口溜，叫“辛辛苦苦 20 年，光长胡子不涨钱”。这就是当时我们国有企业的状况，说白了就是吃大锅饭，干好干坏一个样，干多干少一个样，干不干一个样，都是 41.56 元，没有差别，所以职工干工作就没有热情了。

---

① 首钢（集团）是以生产钢铁业为主，兼营采矿、机械、电子、建筑、房地产、服务业、海外贸易等多种行业，跨地区、跨所有制、跨国经营的特大型企业集团。首钢总公司为母公司，下属股份、新钢、京唐、迁钢、首秦、长治、通钢、高新技术、机电等企业。2016 年，首钢总公司在“2016 中国企业 500 强”中排名第 112 位。2018 年《财富》世界 500 强排行榜第 431 名。改革开放初期，首钢被列为第一批国家经济体制改革试点单位，从 1981 年到 1995 年实行上缴利润递增包干的承包制。在当时的历史条件下，承包制突破了计划经济体制的束缚，扩大了企业经营自主权，有力地促进了首钢的发展，首钢承包制也成为国有企业改革的典型。

② 应为矿业公司。首钢矿业公司隶属首钢（集团）总公司，成立于 1959 年，位于河北省迁安市和迁西县境内，是首钢重要的原料生产基地，国有特大型矿山企业，以采矿、选矿、烧结、球团为主业，兼营运输、建筑安装、重型汽车制造、冶金备件加工、采选设备制造和电气制造修理。

③ 应为 1959 年。

④ 土地被矿业公司征用后，当地的农民进入矿业公司当工人，叫作“占地工”。

⑤ 按照当时国家规定的工人工资级别，二级工人的工资为 41.56 元。

当时国家经济匮乏，很多年轻人结婚没房子，又买不起家具，就从工厂里拿点木头等材料，自己动手搭个小房，自己打家具、做大立柜、写字台，很多人泡病号[1]在家干活。当时最火的岗位或职业是什么？叫“听诊器”“方向盘”，还有售货员等。为什么啊？听诊器那就是医生，医生好啊，开病假条都得求他。开病假条以后就可以在家休息，国家规定，八年以上工龄的工人歇病假工资一分钱不少，上班也没有奖金，你不上班，有病假条照样也拿41.56元，上班你也拿41.56元，这就是职工吃企业的大锅饭。

计划经济年代，企业吃国家的大锅饭。首钢当时是冶金部直属企业，大概有13万职工，年产量大概有250万吨生铁，180万吨钢，是国内“八大钢”[2]之一。但是首钢的人财物、产供销的权力都在国家机关手里，首钢生产什么钢材，生产多少，卖给谁，价格是多少，都由国家计划确定，总经理连卖一吨钢材的权力都没有，企业的收入全部上缴国家，企业有什么需要，只能给国家打报告，国家批准以后拨给企业钱，首钢总经理只有八百块钱的审批权，就连建个厕所都得给国家打报告。

我1978年在首钢矿山公司党委办公室工作，曾经亲身经历过这么一件事儿。当时矿业公司大石河铁矿有个二马车间[3]，二马车间是个几百人的采矿点，采矿主要设备是矿车、电铲、钻孔机等，生产过程中这些设备需要维修，而当时二马车间的维修场地规模小，也很落后。1974年，首钢给国家打报告要求对大石河铁矿二马车间维修场地进行改造，大概需要100万块钱。首钢先把报告打给冶金部，冶金部同意后再报国家计委，这样层层审批，报告批准下来的时候就已经是1978年了。

二马车间本来就是老矿点，当时又是矿山公司重点出矿单位，1974—1978年这几年，把可采储量采得差不多了，再过两三年就没有矿了，就要闭坑了，所以1978年再花100多万改造设备维修场地就没有意义了，工程改造得一两年，改造完成了，矿石也没有了，那不白花钱吗。当时矿山公司的领导就决定，与其把这个钱浪费了，不如把这100万块钱放在其他地方发挥作用。于是就私自决定把这100万块钱挪到矿山公司汽车大修厂，这个工厂是专门修矿车的，也急需改造，把100万块钱挪用到那儿进行技术改造，提高整个矿业公司汽修能力水平，应该说这样对国家也好，对企业也好，都是好事。结果事后被国家机关发现了。1979年三四月份，国家开展企业财经纪律大检查[4]，国家计委一个司长带着一帮官员，到首钢矿山公司专门查这个事儿。当时我在办公室，我带着面包车到国家计委接了这些官员，坐面包车到矿山。到了矿山以后，矿业公司领导介绍了事情的来龙去脉，为什么挪用资金，有什么好处，他们也到了二马车间现场看，又到汽车大修厂现场看情况。后来在会议室他们跟我们老总说，我们老总姓丁[5]，说：“老丁，你这个决策我是赞同的，某种意义上说你们这么做是对的。但是跟我们国家的财经纪律、投资政策是相违背的，我们国家规定了专款专用，说白了，打油的钱不能买醋。国家规定投资用于二马车间改造，你就必须用于

① 当时的一种流行语，指工人没有生病，但通过医生开出假的病假条，不上班，休假病假。

② “八大钢”指当时的鞍山钢铁公司、首都钢铁公司、宝山钢铁公司、通化钢铁公司、包头钢铁公司、武汉钢铁公司、唐山钢铁公司、马鞍山钢铁公司。

③ 车间名，大石河铁矿二马采矿车间。

④ 中共中央（1979年）48号文件中说，“必须严格按照国家统一规定办事，而不能自行其是”。

⑤ 丁书慎，首钢矿业公司原总经理。

二马车间改造。你觉得二马车间这个投资效益不能保证，你把钱退回去，汽修厂需要改造，给我们再打报告，我们批准以后，你才能干。你无权决定资金的使用，这么做是违反国家财政规定的。为此，我要通报你，同时对首钢进行惩罚。”就为这事儿，事后国家计委专门发了个通报[①]，批评首钢矿山公司违反财经纪律，擅自挪用资金。同时要求两年之内对首钢矿山公司申报的项目停止审批。矿山领导班子开会学习这个通报，当时我是秘书，列席会议。领导们百思不得其解，有的领导说：“哎呀，我们国家这种体制太不适合经济发展了，我们这么搞经济能行吗？我们企业能发展吗？明明我们办了好事儿，为国家节省投资，结果受批评，这不就得吃大锅饭吗？”

对于计划经济体制，首钢的广大干部职工有切肤之痛。

1960年，邓小平同志受中央委托，会同国务院副总理李富春、薄一波等在全国进行调查研究，制定《工业七十条》。当时，北京市委也组织工业调查组来石钢（当时的首钢叫石景山钢铁厂）进行为期两个月的蹲点调查。经过广泛的座谈讨论和数据分析，大家一致认为，由远离生产一线的政府机关直接指挥企业的生产经营，必然是脱离实际、瞎指挥。“一年四季下计划，春夏秋冬调指标”，政出多门，朝令夕改，使企业无所适从。

首钢当时的一把手是周冠五[②]，他是冶金部副部长、首钢党委书记。20世纪80年代初期，他在一次会上跟我们讲他的亲身体会：1964年，他随冶金部代表团到日本工业企业去考察。当时日本钢铁企业装备水平、技术指标跟咱们国内差不太多，有差别，但不是很明显，比咱们先进一点，就类似于小学生和中学生的差别。1978年，他再到日本去考察时，日本的企业和咱们中国的企业已经有天壤之别，可不是小学生和中学生的区别了，而是小学生和大学生的区别。人家这十几年水平发展非常快。他跟日本钢铁企业领导人探讨、交换意见：“为什么你们这些年发展这么快？我们为什么发展这么慢？”日本企业家说：“我们跟你们不一样啊！我们企业经营得好，企业的收入提高，老板赚钱了，经营者的收入能提高，员工的收入也提高。如果经营得不好，企业随时有破产的危险。破产以后我们就没有工作了，就被炒鱿鱼了，股东的钱就打水漂了。你们中国企业有什么压力啊？你们干不干都一样，都当原来的官。你们中国企业有什么压力？有什么动力？有什么权力？”一席话，说得周冠五哑口无言。

在改革开放之前，首钢干部职工深深感觉到我们这种体制——计划经济体制，严重束缚了企业发展，迫切需要改革。国有企业的职工是好职工，干部也是好干部，大家也是日日夜夜苦干，但是干不出个结果来，是计划经济体制严重束缚生产力的发展。所以我觉得在当时来说，不是说中央要改革，是企业基层这些广大干部、广大职工，迫切希望改革。这是我谈的当时改革的背景，即为什么首钢要搞承包制。

---

① 通报是用来表彰先进、批评错误、传达重要指示精神或情况时使用的公务文书。

② 周冠五（1918—2007年），首钢总公司原党委书记、董事长，中共八大、十大、十二大代表和第六、七、八届全国人大代表及第七届全国人大常委会外事委员会委员。

二、首钢承包制改革始末

1978年年底，好像是12月下旬，党的十一届三中全会①召开了。我记得很清楚，是一天晚上从中央人民广播电台新闻联播中听到的三中全会公报。我内心真是感觉到一股春风吹进了我们的心田，由衷地感觉每一句话都说到心坎里了，再也不搞政治运动了，要以经济建设为中心，要实事求是，要按客观规律办事，我到现在记忆犹新。当时听新闻联播以后，我感觉特别激动，热血沸腾，咱们国家有希望了，要变化了。

十一届三中全会之后，首钢党委组织广大干部职工认真学习全会公报，制定落实全会精神，推进企业加快发展的方案。决心要争当国企改革的排头兵、带头羊，为振兴中国国有企业闯出一条新路。

1979年3月5日，首钢向北京市委、冶金部上报了《关于在首钢进行扩大企业权限试点的请示报告》，请求在首钢进行经济体制改革的试点工作，要求扩大企业的计划权、物资权、财务权、直接外贸权、劳动工资管理权，推进企业管理现代化和生产现代化。

4月25日，国家经济委员会（简称经委）、财政部、对外贸易部、中国人民银行、国家物资总局、国家劳动总局6个部委联合发出《关于在京、津、沪三市的八个企业进行企业管理改革试点的通知》。②首钢被列为第一批进行企业管理改革试点单位，实行扩大企业自主权，利润留成办法 。

之后，北京市委批准，首钢从1979年开始，实行利润留成政策，就是以1978年上缴国家利润为基数，将基数利润的8.3%和增长利润的10%留给企业。同时企业对超产产品的销售有了一定的自主权 ；固定资产折旧率也从2.8%提高到3.3%，企业当年留用80%。

这样算下来，首钢将有2000多万可以自己支配的资金，自己可以决定这笔钱怎么花了，超产的钢材可以自己卖一部分了。

拿到这些红头文件，首钢周冠五乐得合不拢嘴，说企业终于可以当一部分家、做一部分主了。

1979年，是首钢改革试点的第一年，钢铁生产取得大丰收，铁、钢、材生产全面超额完成国家下达计划，尤其是钢材，1979年完成140.9万吨，比1978年增产23.2万吨，增长了19.7%。当年企业留利3000万元。

首钢在1979年留利3000万，这是1949年以来首钢历史上的第一次。第一件事干什么呢？就是改造首钢厂东门前的黑水沟。我们首钢厂东门门口原来有条黑水沟，是焦化厂洗煤的黑水。那条黑水沟正好在咱们首钢厂东门经过。门口那段是暗沟，两边是明沟。一下雨，黑水沟水一多，就溢出来了，整个厂门口的黑水一尺多深。当时职工上班要趟着黑水进去。多少年前首钢就想改造，但是苦于没钱。有了这笔钱以

---

① 党的十一届三中全会，1978年12月18—22日在北京召开，中心议题是讨论把全党的工作重点转移到社会主义现代化建设上来。全会结束了粉碎“四人帮”之后两年中党的工作在徘徊中前进的局面，实现了建国以来党的历史的伟大转折，开启了改革开放的历史新时期。

② 应为1979年5月25日，国家经委、财政部、外贸部等6个单位发出《关于在京、津、沪三市的八个企业进行企业管理改革试点的通知》，并转发《关于企业管理改革试点座谈会纪要》，首钢被列为企业管理改革八个试点单位之一。

后，首钢大概掏出了几十万块钱改造黑水沟，把黑水沟变成暗沟。就是把沟挖开了，下管子变成暗渠，沟上面盖了土，种上树，至今还是这个样子，就是用这笔钱改善了首钢的面貌。

1980 年，首钢铁产量首次登上 300 万吨的大台阶，同时有 36 项主要可比技术经济指标夺得全国同行业的冠军，其中高炉利用系数、焦比、转炉钢铁料消耗系数、炉龄、矿山铁精矿粉品位等 6 项指标达到国际先进水平。企业上缴国家利润 2.65 亿。

1980 年，因为生产能力提高了，企业有了留利资金，职工开始有奖金了。我印象当时奖金是 2 块、4 块、6 块，有三等奖次。根据本人工作状况，各个方面的表现评奖，谁一等奖，谁二等奖，谁三等奖。各厂矿一等奖、二等奖、三等奖比例还不一样，哪个厂矿干得好哪个就高。就是说，收入跟企业效益挂钩了。第一次有奖金了！拿到 2 块钱奖金大家挺高兴啊！2 块钱奖金当时心花怒放了。有人拿 6 块钱奖金，大家羡慕得要死。

1980 年，首钢根据国务院文件精神，对长达十几年没有进行技术职称评定的工程技术人员作了技术职称的套改工作，有两千多名工程技术人员套改了职称。其中，套改为高级工程师的有 17 人，套改为工程师的有 900 多人。工人干活有了奖金，技术人员有了技术职称，个个喜笑颜开，企业领导人盘算着 1981 年再上一个台阶。

然而，1981 年，国家突然来了个急刹车，国民经济进行重大调整，钢铁企业要压缩钢铁产量。4 月 9 日，国家经委、计委、物资总局、冶金部联合发出《关于严格控制钢铁产量、压缩“长线”、增加“短线”钢材的通知》，要求全国钢铁企业认真贯彻执行“调整、改革、整顿、提高”的八字方针，严格按照年计划 3300 万吨钢来组织生产，不得超产。按照国家要求，首钢生铁要减产 29 万吨，钢要减产 7 万吨，总产值预计比上一年下降 16%。

国务院被迫决定对工业实行限产，但为了维持全国人民生活水平的稳定，财政支出不降反增，财政压力陡增。

首钢是北京市上缴利润的首户，首钢上缴利润占全市的四分之一。北京市要求首钢当年上缴利润比上年不能减少，只能增加，下达的指标是上缴利润 2.7 亿元，比 1980 年多 500 万元。当时周冠五不同意，说今年让我们减产，利润还要多缴，天下哪有这个道理？

几经讨价还价，最后，周冠五一咬牙，壮着胆说：首钢可以接受市里下的这个指标，全年上缴利润 2.7 亿，不过前提是允许首钢实行“大包干”，即超过 2.7 亿元的部分全部留给首钢，超多少，留多少，一头包死，一头敞开，在实现这一目标的前提下，允许职工奖励可适当超过市里下达给首钢的全年奖励水平。北京市领导表示同意。

这就是首钢最初的改革方案，简单概括起来就是：“包死基数，确保上缴，超包全留，亏损自负。”

在今天看来，这不过是简简单单几个词组，而在当时，这是破天荒的事件，自此，企业可以自主经营、自负盈亏，不吃大锅饭了。

承包制使企业发生巨大变化，多干多超可以多得，职工积极性大增。到年底，全公司实现利润 3.16 亿元。当年上缴国库 2.7 亿元利润，企业还留利 4000 多万。1981 年的上缴利润包干改革举措，使首钢实现了减产增收。

在 1982 年 1 月的全国冶金工作会议上，周冠五作了《实行经济责任制，把企业整顿提高到经济效益的新路子上来》发言，介绍首钢建立经济责任制的经验，受到与会代表的关注。

1 月 13 日，国务院副总理万里、姚依林等领导在听取全国冶金工作会议汇报时，对首钢实行经济责任制给予充分的肯定和高度评价。万里对冶金部领导说，基本的一条，就是工人把首钢的日子过得比自己的日子还好，首钢的事不再只是你们冶金部的事，它成了首钢每个工人的事，一切经验的根本就在这里。

万里从发挥社会主义制度优越性的高度，充分肯定了利润包干的经济责任制，鼓励首钢要坚定不移地继续干下去，再经过一年的实践，使它不断完善，总结出一条办好国营企业的新路子来。

首钢利润包干取得很大成功。1982 年 4 月份，中国社会科学院工业经济研究所的所长，叫蒋一苇①，和四川省社会科学院副院长林凌②两个人带着一帮年轻人到首钢搞调研，总结首钢承包经验。大概在首钢待了半个多月，还给我们这些管理干部讲政治经济理论。我记得蒋一苇还在我们的大会上做过一次报告，讲经济改革理论，讲西方南斯拉夫怎么改革的，等等。这两个人，两个大家，看了首钢的改革，跟我们首钢领导班子探讨，怎么把国有企业搞活。他们说国有企业潜力很大，关键看我们的体制，希望我们的国有企业改革以首钢作为试点，进行企业改革探讨，看怎么改。周冠五就说我们想把目前的承包，1981 年的承包，作为模式包下去。怎么包呢？大概是上缴利润以 2.7 亿为基数，每年递增 6%，剩余利润作为企业留利。留利怎么处理呢？分为三部分，60%用于发展生产，20%用于集体福利，另外 20%作为职工工资奖励。工资与实现利润挂钩，利润增长 1%，工资总额可以增长 0.8%。同时给企业一定的钢材自销权。当时我们的钢材全部调拨，首钢所有钢材都交给国家，国家负责卖，调拨。能不能计划内钢材给首钢 15%的自销权？首钢可以定价、可以销售，计划外的产品可以 100%的自销。后来他们形成了调研报告，题目叫《从首钢看国有企业改革》，报告给了马洪③同志，当时社会科学院院长是马洪，马洪同志把报告转给了国务院领导同志。国务院领导同志看了以后说：同意首钢的想法，可以在首钢搞一个试点。就是说，同意首钢作为承包制试点，希望国家有关部门给予配合。另外希望递增率再适当高一点。后来递增率就提高到 7.2%，每年递增 7.2%。1981 年以 2.7 亿为基数，每年递增 7.2%，首钢承包制就这么来的，不是从上面来的，跟安徽凤阳一样，都是职工创造的，是职工创造、职工摸索，进行总结、再推广。当时叫“农村改革看凤阳，城市改革看首钢”，“企业改革看首钢”。首钢承包制就是这么个历程。

---

① 蒋一苇（1920—1993 年），中国社会科学院工业经济研究所原所长，中共七届全国人大代表、七届人大法律委员会委员。

② 林凌（1926—2018 年），四川省社会科学院原副院长，经济学家，国家级有突出贡献专家，享受国务院政府特殊津贴专家。

③ 马洪（1920—2007 年），中国社会科学院原院长、国务院发展研究中心原主任，中共十二届候补中央委员，中共十三大、十四大代表，七届全国人大常委会委员兼财经委员会副主任委员。

三、首钢承包制改革的成效及影响

首钢从 1981 年实行上缴利润包干，从 1982 年实行上缴利润递增包干，承包制理清了国家与企业的关系，企业内部，我们实行层层的岗位经济责任制，责权利相结合，多劳多得，多超多得，使劳动效率和生产能力大幅度提高，几乎每年都上一个大台阶。当时我们首钢 1979 年钢产量 180 万吨，从 1979 年开始，我们钢产量大概每年都以二三十万吨的速度在增长。到 1986 年那会儿我们首钢的钢产量达到 320 万吨，我们没要国家一分钱，就靠自我滚动发展，钢产量增长 140 多万吨。现在觉得 140 万吨钢算什么？当时产量 100 多万吨的是大企业。从 1982 年开始，首钢年年搞工资提高幅度升级。每年干得好的部门有 30%的职工可以涨工资，干得不好的部门也根据各个厂矿完成任务情况来确定涨幅，不是死的，层层挂钩。

（问：企业内部也搞了承包是吗？）

内部承包，层层承包，千斤重担众人挑，人人身上有指标。各厂矿、各车间、个人，每人都有指标。指标分解，小指标再分解，分到每个人。有的厂矿好，像当时的炼钢厂，他们的效益特好，指标完成特别好，各项工作非常得力，他们涨工资的比例到 37%，将近 40%的人可以涨工资。有的厂矿不好，只有 8%的人可以涨工资。落后的工厂领导压力山大，人家将近 40%可以涨工资，我们不到 10%，职工不答应了，那领导急坏了，第二年的工作呼呼就上去了。

从 1982 年开始，首钢有 20%留利作为集体福利资金，就是盖房子。“文化大革命”期间，首钢没盖房子。首钢这片房子好多是地震棚，很多职工结婚以后，到孩子都挺大了，还住在小平房里面。后来首钢专门成立民建公司，叫民用工程建设公司，专门给职工盖房子。年年盖 10 万平方米房子，年轻人结婚两三年就可以分上房。首钢的效益大幅度翻番，一年一个进步，首钢职工年年涨工资，年年分房！我们当时在首钢工作，哎呀，北京市其他企业的职工羡慕得不得了！

首钢的钢产量由最开始改革之初的 180 万吨，到 1985 年的 300 万吨，1991 年的 500 万吨，后来到 1994 年的 800 万吨，没用国家一分钱。原来钢铁企业里面鞍钢、武钢、唐钢、首钢等一共八大钢。改革开放之初，首钢是八大钢里钢产量最少的。到 1994 年就靠首钢承包制，我们超过鞍钢，排全国第一。当时我们国家钢铁企业老大——鞍钢，年产量是 800 万吨。改革开放之初，鞍钢是 600 万吨。改革这么多年，它们只增长了 200 万吨。首钢从 180 万吨增长到 800 万吨，没用国家一分钱。而且我们在钢铁产业发展的同时，还实现了相关产业的大发展：成立机电公司，生产冶金装备，生产炼铁、炼钢设备，而且出口；成立建设公司，除了建房子，还搞工业建筑；成立船务公司，运矿；成立进出口公司，搞进出口贸易；还在香港买了两家上市公司。到了 20 世纪 80 年代末，改革开放 10 年，我们首钢成为四跨集团：跨行业、跨地区、跨所有制、跨国经营。我们在秘鲁买了一个铁矿，面积有 500 平方公里，铁储量达到二十几亿吨，并且拥有永久开采权，当时花了 1.2 亿美元。后来矿石大涨价，赚大钱了。当时买的 1.2 亿美元，后来值上百亿美元。

（问：当时是你们自己去考察的？）

自己考察。因为有钱，企业有自主权。留利以后，最开始留利每年四五千万、五六千万，最后翻到 1 个多亿，翻到 2 个多亿，翻到 4 个多亿、5 个多亿。现在来看一个企业有四五个亿资金，11 万人，每年产值几百亿，不算什么，但在当时是个奇迹啊！一个国有企业能有四五个亿人民币资金，那就是奇迹了。有钱以后就好办了，改造技术，这改造、那改造，立体改造，炼钢改造，各种改造，包括环保改造，上除尘设施。原来烧结厂[①]位置离我们家不太远，烧结厂就是把矿山生产的铁精粉、焦炭粉混为一起，烧成块，块进高炉才能冶炼。烧结厂过去污染的特别厉害，生产一线的工人只有牙是白的，眼球是白的，其他全是黑的。职工说什么？“机头机尾转一遍，体重增加二两半。”粉尘特别厉害，乌烟瘴气，到处烟尘、粉尘，非常脏。旁边就是家属区，街道老百姓三伏天都不敢在院子吃饭，晾衣服不敢在外面晾，脏，污染特别厉害。当时国家计划经济没有钱改造，改革开放以后，首钢有钱了，当时我们就投了大概 6000 多万，进行整体改造。全部搞封闭，上除尘设备。几道除尘、电除尘、重力除尘、布袋除尘、水除尘，这个除尘、那个除尘、最后把污染整个消灭了，车间里收拾得干干净净。改造完了以后，国内很多人、钢铁厂的企业家到首钢参观，大家都说：没有见过这么干净的钢铁厂。职工也是干干净净的，现场车间可以用墩布拖地了，职工家属都受益了，就是因为有钱了。后来周冠五提出把首钢建成公园化企业，搞绿化。首钢成立绿化公司，国内第一家企业成立绿化公司，专门种草，搞绿化。

（问：当时已经意识到环境问题了？）

当时已经意识到了。1980 年中央书记处对首都建设方针作了四项指示。其中一项说，要把北京变成全国环境最清洁、最卫生、最优美的第一流城市。当时首钢就意识到了，环境不治理好，首钢在北京是没有地位的。所以首钢要搞花园式工厂，要改变企业面貌。首钢到处绿化、种树、种花、种草，搞环保，进行环保除尘，不冒烟。当时面貌大变，我们入厂那会儿脏乎乎的，到处污水、垃圾，后来经过几年改造，马上不一样了。没有承包制、没有钱，就没办法改造。因为谁最了解情况？企业最了解情况，企业职工最了解情况。哪儿需要花钱？怎么花钱？他们最了解。过去没有钱，一切听国家的，我们当时的计划处长，跟我们聊天说，我们首钢没办法，咱们国家有重工业部，重工业部下面有钢铁司，钢铁司下面有一个大企业处，大企业处里面有一个小姑娘管首钢。我们所有报告得等小姑娘批了，她提出意见给处长，处长给司长，司长给局长，局长给部长。小姑娘懂钢铁企业吗？不懂。企业没办法，计划经济没法搞活，权力一切在国家手里，改革开放才给了企业自主权，才松绑了。

20 世纪 80 年代首钢承包经验在国内引起巨大反响，《人民日报》等各大媒体报道，很多企业来我们这儿参观。真是承包好、承包制好。根本原因是理清了国家与企业关系问题，解决了企业关键问题。过去是一切在国家，企业没有自主权，一切听国家的。承包制的一个伟大创新就是使企业脱离国家机关束缚，真

---

① 烧结厂是首钢集团石景山厂区未停产前的一个工序厂，烧结是高炉炼铁的前道工序。

正能够自主经营。没有承包制就没有后来股份制。

（问：承包制存在短期性的问题，首钢也是努力在解决这个问题，给中央打过报告？）

对，承包 15 年。但后期我们也意识到，因为承包制不规范，建立承包制一家一谈，是一对一谈的，这个东西不太规范，不好定。而且承包制很容易包赢不包亏，一旦外部环境恶化，企业内部经营不好的话，企业完不成任务怎么办？你能把职工工资降了吗？涨上去就没法往下降。这是刚性的。另外，承包制时期，企业的产权不明晰，没有人对企业的最终命运负责，而且企业内部的领导人还是靠政治觉悟工作，没有从机制上解决问题。所以说，承包制是历史产物，它在冲破计划经济体制上立下大功，功不可没，但从长远看是不规范的。后来中央提出建立现代企业制度，实行股份制，以及现在的混合所有制。回过头来看，没有首钢承包制，就没有后面的股份制和现代企业制度。这是一个过渡阶段，不可能一步迈到现在阶段。首钢承包制，承包再完善，后期也暴露出一些问题。后来国家也意识到了，解决这个问题的办法是下面一点点摸索的，并不是从外面取经的。当时也学南斯拉夫、学东欧改革，都不成功，不适合中国的国情。我们是自己慢慢逐步完善的。大概过程就是这么个过程。

（问：您对当时的改革是非常拥护的？）

对，真受益了。改革我们是真受益了，企业受益了，国家也受益了。因为后来我们首钢 15 年上缴利税大幅度增长，同时我们企业规模、实力也扩大了，也都是国有资产。我们上缴利润，上缴的税收，跟改革之前没法比了。并不是说首钢人怎么样，是这个体制机制的结果。这个体制、这个机制，释放了很大的活力。

（问：跟领导的个人才能是否也有关系？）

有关系，周冠五同志抓住了机遇。周冠五同志解放初期从部队转业到首钢，1955 年当首钢总经理，从 1955 年开始始终在领导岗位上，他深切感到计划经济体制落后，所以改革并不是因为邓小平同志说要改革才改革的。1992 年邓小平到首钢视察[①]，当时我在首钢宣传部工作，参加了整个接待工作。邓小平 1992 年 5 月 22 日到首钢视察，周冠五同志在首钢会议室向他做了汇报。小平同志非常感慨，他觉得我们是对的，就要改革，就要换脑筋。当时周冠五说："您说我们改革取得很大成绩，但归根到底这个成绩要归于您。"邓小平说："哎呀，不要这么说，工作都是你们干的，我不过说点空话、大话。"周冠五说："不是这样，小平同志，没有您的理论指导，没有您的改革开放政策，我们就迈不开步子，走不出新路，我们还会在计划经济体制中徘徊，是您的改革开放理论思想，给我们改革指出了一条新路。"邓小平说："说得好，是这个道理。"

---

① 1992 年 5 月 22 日，邓小平视察首钢。在视察时他指出："主要是解放思想换脑筋。脑筋不换，怎么也推不动。脑筋一活，想得就宽了，路子也就多了，干得也就更好。要真正给企业权力。大中型企业不搞活，社会主义优势在哪里？改革开放进行得好的、发展得快的企业，要用上交的利税、出口创的外汇、技术水平这些活生生的事实来证明它的优越。"参见中共中央文献研究室编：《邓小平思想年编（一九七五——一九九七）》，北京：中央文献出版社，2011 年，第 710 页。

邓小平视察首钢后，国家进一步给首钢放权：一是投资立项权。首钢当时有300万的投资权，手里有钱了，但上300万以上项目还得给国家批，给国家打报告。后来国家给首钢2亿投资立项权，跟省市一样的权力；二是进出口权。首钢成立进出口公司，买矿石，出口钢材，不经过国家，首钢可以自己进出口；三是融资权。国家同意首钢成立银行，首钢成立了华夏银行。

但首钢后期，周冠五同志有点飘飘然了，企业到处投资，准备在山东建千万吨级钢铁大厂，种种原因最后首钢没干成，又准备上汽车生产线，花了10个亿买了美国通用公司发动机生产线生产汽车，又准备生产程控机，当时既有外部的体制限制，又有内部的投资决策问题，发展什么也没发展起来。盲目投资造成资金链断裂等。1995年2月，周冠五退休了，冶金部副部长毕群[①]来到首钢当一把手，承包制也结束了，和现代企业制度接轨了。

回顾首钢承包制改革，我深切体会到邓小平理论是颠扑不破的真理，他老人家说："改革是中国的第二次革命，改革是中国发展生产力的必由之路。改革开放胆子要大一些，敢于试验，不能像小脚女人一样。看准了的，就大胆地试，大胆地闯。"当前，国有企业改革的任务非常艰巨，必须坚定不移地按照邓小平同志指引的改革道路前进，舍此没有他途。

---

① 毕群（1939—2005年），原冶金工业部副部长、党组成员兼首钢总公司党委书记、董事长，北京市政协原副主席、党组成员，中共第十三、十四次全国代表大会代表，第九届全国人大代表。

对编纂《中国工业史》的几点思考与建议

——《中国工业史·轻工业卷》编纂业务研讨会上的发言

武 力

编者按：随着《中国工业史·轻工业卷》编纂工作的不断深入，各行业协会的作者在编纂中遇到的问题越来越突出。为解决问题，2018 年 2 月 28 日，编辑部特邀中国社会科学院当代中国研究所副所长武力研究员莅临授课指导。会上，编辑部副主任王亚南受中国轻工业联合会执行秘书长陈建国委托，对下一步工作做了安排。各协会作者和相关领导 40 余人参加会议。编辑部副主任王相钦主持会议。

武力副所长从全面认识和宏观历史的高度看待中国工业史的发展，从参与编纂工作以来做的思考及各分卷编纂时遇到的一些问题等四个方面，谈了自己的看法。

一、从宏观历史的角度看待中国工业史的发展

中国工业从古代到近代，再到当代的转型和发展是怎么走过来的？这一点要讲清楚。中国的手工业与轻工业发展关系密切，轻工业很多源头的东西，都是从手工业发展而来。新中国成立后，中国工业的积累一是靠农业的剪刀差，二是靠轻工业。重工业投资大、建设周期长、投资回收慢，而投资少、建设周期短、投资回收快、能挣钱的是轻工业。中国轻工业在经济发展中，特别是工业发展中是有丰功伟绩的。我们编纂《中国工业史·轻工业卷》必须从全局着眼，要看到轻工业的巨大作用和成就。现在，轻工业在国家工业经济统计中，仍然占有很大的份额。所以，编纂好《中国工业史·轻工业卷》意义重大。

武力，中国社会科学院当代中国研究所研究员，当代中国研究所副所长，主要研究领域为中华人民共和国史、经济史

中国的农业文明和手工业在古代曾经占据世界顶端。传统农业文明虽然辉煌，但是在世界进入工业文明时代以后，在工业文明面前却落后了，无法抵御冲击，必须工业化。近代一百年来，中国的工业化和经济转型前期是不成功的，但是经过中国共产党领导的新民主主义革命，政治转型是成功的。中国共产党是最先进的政党，革命的目的就是解放生产力和发展生产力，所以，新中国一成立就决定搞工业化。当时面临的问题，一是因工业水平非常低，轻工业

发达，重工业落后，国家安全问题没有解决；二是人口多、底子薄，温饱问题尚未解决，工业化面临严重的资金不足。因此，中国工业史在编纂中必须考虑这样几个问题：

一是对新中国成立初期暨前30年怎么看？实际上，改革开放前的30年，中国的经济发展或者说工业化，主要目标是解决国家安全问题和建立独立工业体系问题。这两个问题都解决了，虽然也走了弯路，但是没有这个基础，改革开放以后的经济建设也很难取得今天这样的成就。编纂中对过去做过巨大贡献的行业和企业，即便它们现在重组或消亡了，对它们的历史贡献也不能忽视和否定。

二是改革开放改的是什么？过去“两弹一星”解决的是国家安全问题，当年形成独立完整的工业体系，是为大国工业化打基础，现在要解决现代化问题，要实现全面小康和现代化，要实现中华民族的伟大复兴，因此生产力的进步是关键，实现工业化和产业结构升级优化是具体标志，而改革开放就是要推动生产力的大发展。

三是全面发展问题。工业发展水平提高了，人民的生活水平才能提高。我们的改革是由计划经济转向市场经济，由基本上半封闭转向充分利用国际市场和国际资源，主要通过市场调节实现资源的有效配置。70年来，中国一直保持着加快工业化的强烈赶超意识。因此，编纂工业史要注意以下四点：政府的主导性很强大；具有市场和政府双重力量的推动；充分利用人力资源丰富的优势；对社会各类资源的利用不断创新。

二、对中国工业史编纂工作的几点思考

现在社会上很多行业都想做赚钱快的生意，其实发展实体经济，特别是工业，才真正是可持续发展的基石，因为科技和信息化，以及农业现代化也必须以工业的发展为基础和前提。从各分卷的编纂情况看，主要存在以下几个问题：

一是对自己的行业熟，对整个国民经济的结构、工业的地位，以及相关联的工业部门不了解，对产业链以及中国在国际产业中的地位不了解。这样就很难全面反映行业的发展与变化。

二是对产业之间、行业之间的关系处理不到位。我们要了解三次产业之间的关系。1840年鸦片战争以前，甚至说到1949年新中国成立前，中国工业的主要部分仍然是手工业，中国的农业不仅比重很高，而且仍然是以畜力为主和“靠天吃饭”的传统农业，手工业既有着发达的商品经济和作坊，也存在着大量的家庭“兼业”。但是随着生产力的发展，许多过去的手工行业没有了，或者变成了特色行业，具有工艺品和物质文化遗产的性质。很多时候，一个产业、一个行业的衰落不是自身经营出问题、不行了，而是科技进步和新兴产业冲击的结果。有时候在本行业内寻找兴衰的规律性的东西觉得很难，但如果放开眼界，在整个科技进步、经济发展以及别的行业发展中可以看到蛛丝马迹，甚至洞若观火。

三是中国工业的行业史，要放在全球的视角来看。古代中国的手工业也受国外技术的影响，但没有近代以来受到的国外影响大，中国作为一个后发工业化国家，就现代工业来说，曾经长期处于引进和跟跑阶段。尤其是改革开放以来，随着经济全球化和中国对外开放的不断扩大，外国工业对中国工业影响的深度

与广度前所未有，而且我们作为“世界工厂”和“制造业中心”，反过来也对世界工业的发展和布局产生了重要影响，对这种互动和态势的转化要有准确的把握。我们发展的成就要写足，差距也不要回避。过去是跟跑，现在有不少行业是并跑，个别的还有领跑，对此要有准确和充分的反映。

三、行业史编纂中应注意的几个问题

首先是时期的划分。关于划分古代与近代的界限，我建议还是以1840年鸦片战争爆发为界；近代与现代的划界，则以1949年中华人民共和国成立为界。因为这是社会形态的变化开端，从总体上具有科学性，某一产业、某一个行业，尤其是近现代的新兴产业和工业部门，仍然可以采用这个大的时期划分。至于1949年新中国70多年的历史，我建议则按照目前社会上普遍接受的阶段划分，大致分为三个阶段：1949年至1978年改革开放前为第一阶段；1978年十一届三中全会至2012年十八大前为第二阶段；十八大以来为第三阶段。工业史截止的时间，我个人认为以2020年为好，因为这一年既是全面建成小康社会和“十三五”完成之年，更是中国170年的工业化完成之年。

其次是人物入史和评价问题。一是当代人物原则上不单独和专门写入。古代、近代的科学家、企业家和重要人物可以入，当代的人物一般不入，但并不是不出人名，不写事迹和贡献，而是可以“事带人”，通过写事的时候写人，不要专门写人物。二是负面人物不写，如果在不得不叙述的事件或不得不列举的事例中有所涉及，一般也是以其身份或职务替代，如“某某负责人”“某某长”。党和政府的各级领导人，也是这个原则。

再次是事件入史。对生产力发展有推动作用的，通过改变生产关系推动生产力发展的重大事件可以入选。但这些事件要放在经济发展的大背景中来反映。例如：重大的、带有全国性的规划、政策、制度创新，具有革命性意义的技术进步，第一家上市公司，第一家股份制改造企业等，总之是“大事、要事、新事、特事”。

最后是企业入史问题。一是在国民经济发展中有重大贡献和影响的企业，含规模、利税、管理、研发、对上下游的影响力等。二是不要单独设条目写企业，在介绍行业发展时，涉及谁就写谁，也是以事情带企业。三是对提到的企业的各种数据、图片要严格核实，千万不能有浮夸和不实的失误。四是严防出现广告宣传嫌疑。

四、编纂过程中的几个技术性问题

首先是做好史论结合。我们虽然写的是工业史，但和其他史一样，也要有论。所谓论从史出，论必有据，就是这个意思。但也不宜太多，在叙述的时候可以夹叙夹议。要充分利用导言、章前语、绪论、结束语、篇后语等形式，对历史的经验和教训，进行画龙点睛似的概括和评论。

其次是图表和图片的使用。可以多选一些，挑出最能表达行业史发展的图表和图片。图表要简洁，能合并的项目要合并，要具有必要性、典型性、代表性。图片要有简洁的说明，时间、地点、人物、情形等要素要全，涉及地图的要以国家级地图出版社的地图为准。

最后是史料的来源。现在的史料来源很多，有档案、内部资料、公开出版物、传记、回忆录、口述史，古代部分也有正史、野史、方志、族谱、笔记、民间记述、传闻等。这些史料首先要考虑其权威性，古代要选正史，方志等官修历史资料，其他的古籍要选被证明是真实可靠的史料。族谱、自传、野史、笔记、民间记述、传闻等使用要慎重，没有可靠依据的不用。回忆录、口述史的使用也要慎重，没有确凿证据的，一般不用。

一般来说，就权威性、可靠性的顺序而言，国家档案、国家统计局和政府有关部门的数据最可靠，其次为企业档案和有关行业组织等机构的档案，三是公开出版物，再接下来是个人保留的私人信件和未公开出版的历史资料，最后才是个人回忆录。如要使用，必须严格核实，避免以讹传讹，降低本书的科学性、权威性。

参考和引用的材料一定要注明出处，并尽量不要转引。

除了上述的四个方面，我想到还有一个问题也很重要，就是一些敏感问题和词汇。因为时间关系我不展开，但有这么几点要把握好：

一是引用过去的文献，涉及少数民族的用语要规范，不能出现歧视性语言，对于否定的人和事，也不要使用侮辱性语言和词汇。

二是当代史中涉及“反右”“大跃进”“文化大革命”重大失误和腐败等问题时，以《中国共产党历史》第一、二卷和《中国共产党的九十年》的有关论述为参考标准。

最后，针对今天会议的主旨、任务和要求，我再补充两点：

一是大事记记述的是大事、要事、新事、特事，不要什么都选，其文风要准确、平实、客观。

二是轻工业在中国工业的发展史上居功至伟，《中国工业史·轻工业卷》要讲清楚什么是轻工业，轻工业与其他行业的关系，写明白其内涵和外延。在编纂中，要特别注意把轻工业放在全球工业中处于什么地位来记述，对自身的发展经验和教训，要实事求是地讲明白。

中国工经联与中国历史研究院举行会谈

——路耀华执行副会长一行赴中国历史研究院拜访

2019年3月5日下午，中国工业经济联合会（简称工经联）执行副会长路耀华一行与中国历史研究院院长高翔等人在中国历史研究院，就双方加强合作、《中国工业史》编纂工作进行了友好交流和富有成效的会谈。

中国工经联党委书记、执行副会长兼秘书长熊梦首先介绍了中国工经联的基本情况，中国历史研究院副院长李国强介绍了今年一月份新成立的中国历史研究院的情况；中国工经联党委副书记、纪委书记高家明介绍了《中国工业史》的编纂情况；中国社会科学院当代中国研究所副所长、《中国工业史·综合卷》主编武力介绍了《中国工业史·综合卷》的编纂进展情况。

高翔代表中国历史研究院欢迎首批到访的路耀华一行，路耀华代表工经联衷心祝贺中国历史研究院成立。双方在加强交流开展合作，尤其是在支持《中国工业史》编纂等达成了共识。一是加强沟通，优势互补，探索双方交流合作机制。二是编纂《中国工业史》意义重大，中国历史研究院支持编纂《中国工业史》工作。希望《中国工业史》编纂办公室严格组织审稿专家队伍，完善质量保障体系，确保编纂一部经得起历史和实践检验的高质量著作。三是建议探索建立《中国工业史》数据库，与“中国文物馆”有机结合。

东亚糖业史研究的新动向*

——评《砂糖の帝国：日本植民地とアジア市場》

徐　岚　赵国壮

摘　要：近年来，就东亚糖业史研究而言，中国学界较为平淡、沉寂，而日本学界则持续推出一些较有分量的糖业史论著，平井健介的《砂糖の帝国：日本植民地とアジア市場》（砂糖帝国：日本殖民地与亚洲市场）一书就是其中的代表之一。该书通过对日据时期台湾糖业经济的分析，来明确19世纪末及20世纪上半期在亚洲区域中形成的日本殖民地经济的“国际契机”。该书所具体讨论的“爪哇糖问题”、“过剩糖问题”、“肥料革命”、糖品包装袋等问题，均为以往糖业史学界极少关注的研究领域，内容颇具新意，观点亦较鲜明，可谓东亚糖业史研究的新动向。

关键词：东亚地区；殖民地糖业经济；日据时期台湾；平井健介

从具体研究成果来看，真正意义上东亚糖业史研究起步于20世纪初，到目前为止100余年的发展历程大致可以分为三个阶段。

其一，东亚糖业史研究的初始阶段，具体时间跨度是20世纪前十年到20世纪40年代。此一阶段的研究多侧重于对日本、中国、爪哇等相关主体糖业发展状况的整体性描述，这一特点可以从《日本的糖业》《台湾的糖业》《爪哇的糖业》《中国的糖业》《中国的糖业贸易》等书名中直观感受。①尽管，这些著述多以描述、介绍糖业发展状况为主，但是它们均有极高的学术价值，俨然成为当下研究20世纪东亚糖业史的重要参考资料。

徐岚，湖北武汉人，西南大学马克思主义学院中国近现代基本问题研究方向研究生

赵国壮，河南南阳人，西南大学历史文化学院副教授，自2008年9月在华中师范大学攻读博士学位起，一直从事糖业史研究

* 本文系2017年度“北京用友公益基金会资助”项目“明清时期中国糖业商事活动资料整理与研究”（项目编号：2017-YX03）、2018年度国家社会科学基金重点项目“英国藏怡和、太古集团糖业档案资料整理与研究”（项目编号：18AZS018）阶段性研究成果。

① 木村增太郎：《日本の糖業》，台湾日日新報社発行，1911；“日本拓殖局”：《臺灣之糖業》，東京：內閣文庫，1911；真室幸教：《爪哇之糖業》，“台湾総督府”民政部殖産局，1912；梶原保人：《爪哇糖業の發達は自然乎人力乎》，東京：民友社，1913；木村增太郎：《支那の糖業貿易》，東京：東京糖業研究会，1914；“臺灣總督”官房調查課：《支那の糖業》，海外調查第11號，盛文社，1922；梶原保人：《爪哇糖業の發達は自然乎人力乎》，東京：民友社，1927；郑尊法：《糖》，上海：商务印书馆，1930；杉野嘉助：《台灣糖業年鑑》，台北：台灣通訊社，1930；小野文英：《台灣糖業と糖業會社》，東京：東洋經濟新報社，1930；大塚令三：《支那の製糖工業》，南京：“中支”建設資料整備事務所，1940。

其二，东亚糖业史研究的鼎盛阶段，具体时间段为20世纪70—90年代。这一时期，Sidney Mintz、李治寰、季羡林、植村正治、林满红、Sucheta Mazumdar等一批中西方学者，不约而同地从事东亚糖业史研究，推出了一批具有标志性的研究成果，比如*Sweetness and Power*、《中国食糖史稿》、《文化交流的轨迹：中华蔗糖史》、《近代日本糖业史》、《日本製糖技術史 1700—1900》、《茶・糖・樟脑业与台湾之社会经济变迁（1860—1895）》和*Sugar and Society in China：Peasants，Technology and the World Market*等。①这些成果所讨论的问题从糖品贸易到甜食消费再到糖文化交流，视域宏阔，观点鲜明，比如"糖品消费的庶民化""糖——中西文化交流的载体"等论断，影响颇深，初步奠定了东亚糖业史研究在国际历史学界的地位。

其三，东亚糖业史研究的新动向，具体时间为21世纪以来的近20年。在此一阶段，相关研究成果虽然不如上一个阶段那么宏阔，但是，仍有一些明显的新动向，颇值得予以梳理。21世纪以来，随着糖业史资料的进一步多元化，学界尤其注重对中国、日本、爪哇、古巴、欧洲、朝鲜等糖业主体之间的关联研究；另外，在持续关注东亚糖品贸易的基础上，也进一步细化了糖品消费、制糖技术等方面的研究。②

日本青年学者平井健介的《砂糖の帝国：日本植民地とアジア市場》③一书是这一新动向的代表之一，

---

① "台湾総督府"殖産局：《台湾の糖業》，東京：明治文献資料刊行会，1971；Mintz S. *Sweetness and Power：the Place of Sugar in Modern History*. London and New York，1986；永積洋子：《唐船輸出入品数量一覧 1637—1883——復元唐船貨物改帳・帰帆荷物買渡帳》，東京：創文社，1987；李治寰：《中国食糖史稿》，北京：北京农业出版社，1990；习五一：《1895—1931年台湾食糖贸易研究》，《近代史研究》1995年第5期；台糖株式会社：《台糖90年通史》，株式会社日経事業出版社，1990；季羡林：《文化交流的轨迹：中华蔗糖史》，北京：经济日报社出版，1997；社团法人糖業協会：《近代日本糖業史》，東京：勁草書房，1997；植村正治：《日本製糖技術史 1700—1900》，東京：清文堂，1998；宇佐美尚穗：《幕末期砂糖生産地域における農業構造——大内郡引田村を事例として》，《史窓》1998年第55期；八百啓介：《18世紀後半の長崎貿易における盈物砂糖の流通について》，《九州史学》1998年第121期；林满红：《茶・糖・樟脑业与台湾之社会经济变迁（1860—1895）》，台北：台湾联经出版事业公司，1997；Mazumdar S. *Sugar and Society in China：Peasants，Technology and the World Market*. Harvard：Harvard University press，1998.

② 落合功：《近世における砂糖貿易の展開と砂糖国産化》《修道商学》2001年第42卷第1期；柴田英樹：《甜菜糖工業における集中化過程と砂糖市場の構造変化——外国人移動労働者への需要の前提》，《中央大学経済研究所年報》2001年第32期；中川清：《砂糖をめぐる日本・キューバ関係史》，《糖業資報》2003年第4期；荒尾美代：《宝暦年間（1751—1763）における長府藩の砂糖生産について：「覆土法」を中心にして》，《化学史研究》2003年第4期；荒尾美代：《田村元雄（1718—1776）の白砂糖生産について：「覆土法」を中心にして》，《化学史研究》2004年第4期；荒尾美代：《寛政年間における池上太郎左衛門幸豊の白砂糖生産法：精製技術「分蜜法」を中心にして》，《科学史研究》2005年第II期；江後迪子：《江戸時代の砂糖》，《糖業資報》2005年第1期；久保文克：《近代製糖業をめぐる錯綜性：砂糖の種類および生産消費構造を中心に》，《商學論纂》2006年第4期；鬼頭莫宏：《日本における甘味社会の成立—前近代の砂糖供給》《上智経済論集》，2006；〔韩〕姜抮亚：《20世纪初的东亚市场与中国制糖业》，收入吴景平主编：《近代中国：经济与社会研究》，上海：复旦大学出版社，2006；周正庆：《中国糖业的发展与社会生活研究——十六世纪中叶至20世纪三十年代》，上海：上海古籍出版社，2006；荒尾美代：《江戸時代の砂糖生産法——「覆土法」を中心に》，昭和女子大学博士学位論文，2007年；加纳启良：《20世紀アジアにおける砂糖，米，コーヒー—生产贸易统计による序説》，《東洋文化》2008年第88期；佐藤次高：《砂糖のイスラーム生活史》，東京：岩波書店，2008；伊藤汎監：《砂糖の文化誌：日本人と砂糖》，東京：八坂書房，2008；久保文克：《近代製糖業の発展と糖業連合会：競争を基調とした協調の模索》，東京：日本経済評論社，2009；岡部史：《日本の砂糖のふるさと——中国・福建省》，《季刊糖業資報》2009年第182期；Hill E M. *Smokeless sugar：the Death of A Provincial Bureaucrat and the Construction of China's National Economy*. Vancouver：UBC Press，2010；松浦章：《江戸時代唐船による砂糖と国内消費の展開》，《東アジア文化交渉研究》2010年第3号；大江修造：《明治維新のカギは奄美の砂糖にあり：薩摩藩隠された金脈》，東京：アスキーメディアワークス，2010；八百啓介：《砂糖の通った道：菓子から見た社会史》，福岡：弦書房，2011；赵国壮：《日本调查资料中清末民初的中国砂糖业——以〈中国省别全志〉及〈领事报告资料〉为中心》（论文），《中国经济史研究》2011年第1期；赵国壮：《日本糖业在中国市场上的开拓及竞争（1903—1937）》，《中国经济史研究》2012年第4期；赵国壮、乔南：《近代东亚糖业格局的变动（1895—1937）——以中日糖业发展竞争中心》《历史教学（下半月刊）》2013年第8期；久保文克：《近代製糖業の経営史的研究》，文真堂，2016；赵国壮：《爪哇糖业发展与近代东亚糖业格局转变》《历史研究》2017年第3期。

③ 平井健介：《砂糖の帝国：日本植民地とアジア市場》，東京大学出版会，2017。

颇值得推介。平井健介，1980年生，日本兵库县人，一直就读于日本庆应义塾大学，获得经济学博士学位，现为日本甲南大学经济学部副教授，是目前东亚糖业史学界中较为活跃的学者之一。2005年以来，他一直在研究日据时期台湾的社会经济问题，尤其是糖业问题，并围绕台湾砂糖贸易、肥料事业、包装袋、制糖技术改进等方面发表了一系列糖业史学术论文。2017年9月，平井健介集10余年之研究心得，由东京大学出版社出版了《砂糖の帝国：日本植民地とアジア市場》一书，该书在一定程度上代表了东亚糖业史研究，尤其是日据时期台湾糖业史研究的最新成果。①

一、“爪哇糖问题”

研究东亚糖业经济史，爪哇糖品是一个首当其冲的研究对象。爪哇糖业的销售市场自19世纪末从欧洲转向亚洲后，其对20世纪上半叶东亚糖业经济发展产生了至深且巨的影响。赵国壮的《爪哇糖业发展与近代东亚糖业格局转变》（《历史研究》2017年第3期）与平井健介的《砂糖の帝国：日本植民地とアジア市場》（第一、二两章）同时关注19世纪末到20世纪30年代爪哇糖业与东亚糖业经济之间的关联问题，两项研究系同时问世，作者之间没有沟通，但是，各自对此问题的关注点颇值得解释。

《爪哇糖业发展与近代东亚糖业格局转变》一文侧重于对爪哇糖业对东亚糖业格局转变影响的分析，该文认为其影响主要集中于以下四个方面：①爪哇糖业推动了东亚区域间的糖品流动，并迎合了东亚市场上兴起的精糖消费主张；②爪哇糖品涌入东亚市场，加剧了东亚市场上糖业主体之间的竞争；③爪哇优良蔗种及蔗作技术引进东亚，影响了日据时期中国台湾及大陆的甘蔗种植；④爪哇糖品分类标准成为在采用糖品旋光度验糖标准之前东亚糖品税收的统一标准。“爪哇糖业与东亚各糖业主体的交流，并非仅是单项维度地向东亚市场输送原料糖品，而是与东亚各糖业主体之间存有较高的关联度，是一种多维度的复杂关系，并且这种关系在极大程度上是良性的，双向互利的。”

日本自明治维新起就着力发展制糖业，但是，甘蔗种植极其不理想，甜菜种植亦多遭挫折。受制糖原料限制，日本制糖业发展不得不采用来料加工方式，即输入爪哇原料糖品，将其加工成精糖，一方面供给本土消费，另一方面并借此抢占东亚糖品市场。“爪哇糖问题”根源起于19世纪末日本政府施行的糖品进口替代政策。“爪哇糖问题”，一开始主要是精制糖品原料替代问题，即用台湾原料糖品取代供应日本本土

---

① 平井健介：《1900～1920年代東アジアにおける砂糖貿易と台湾糖》，《社会経済史学》2007年第73卷第1期；平井健介：《台湾の稲作における農会の肥料事業（1902—1937）》《日本植民地研究》第22号，2010年6月；平井健介：《第一次大戦期～1920年代の東アジア精白糖市場：中国における日本精製糖販売の考察を中心に》《社会経済史学》第76卷第2号，2010年8月；平井健介：《包装袋貿易から見た日本植民地期台湾の対アジア関係の変容》《アジア経済》第51卷，2010年9月；平井健介：《1910—1930年代台湾における肥料市場の展開と取引メカニズム》《社会経済史学》第76卷第3号，2010年11月；平井健介：《日本植民地期台湾における甘蔗用肥料の需給構造の変容（1895—1929）》《三田学会雑誌》第105卷第1号，2012年4月；平井健介：《甘蔗作における〈施肥の高度化〉と殖産政策》，須水徳武編：《植民地台湾の基盤と産業》，日本経済評論社，2015年；平井健介：《日本植民地の産業化と技術者：台湾糖業を事例に（1900—1910年代）》《甲南経済学論集》第57卷第3・4号，2017年3月；平井健介：《日本帝国内における分業と相剋：製糖業を事例に》《社会経済史学》第83卷第1号，2017年5月。

精制糖业的爪哇原料糖品。

在很长一段时间内，爪哇糖品确为日本精制糖业发展起到重要的推动作用。不过，日本方面较早有意识地规避“爪哇糖问题”的副作用，《砂糖の帝国：日本植民地とアジア市場》一书指出20世纪初日本方面已采取相关对策应付该问题：①“台湾总督府”对台湾原料糖进行补助，从1902年一直到1911年，使台湾原料糖品与爪哇原料糖品价格持平；②修订关税削弱爪哇糖品的竞争力；③台湾制糖公司于1910年成立销售联合组织“糖业联合会”，主要职能是“协定产糖分配”及“协定原料糖销售”等事宜；④“精粗兼营化”，强化台湾制糖公司与日本本土精制糖业二者之间的渗透。[①]不过，“爪哇糖问题”产生的问题还是于20世纪20年代爆发了。该书的第二章分析了其发生的原因：20世纪20年代日本糖品进口替代战略完成，随即因其殖民地产糖数量大幅度增加（冲绳、朝鲜、中国台湾），日本本土市场出现了糖品过剩现象，为了解决殖民地糖品销售问题，必须处理“爪哇糖”进口事宜。

就爪哇糖品对日输出的研究而言，以往学界有相当多的关注，《砂糖の帝国：日本植民地とアジア市場》一书在此基础上挖掘了一批新资料，比如川島浦次郎编辑的《爪哇糖取引事情》（鈴木商店大阪支店，1924年）及横滨正金銀行编辑的《爪哇砂糖市場における邦商の地位砂糖トラスト》（1925年）等资料，分析了爪哇市场的各类糖商，比如对爪哇最大的销售组织Vereeningde Java Suiker Producenten的描述，该组织掌握了爪哇90%的糖品，它对各国商人采取了平等销售策略，日本糖商一开始受益于此种政策。[②]因此，“爪哇糖问题”在很大程度上是跟帝国本土糖商利益（帝国利益）与殖民地政府利益（地域利益）之间瓜葛纠缠在一起的，变得非常复杂，该书在此方面的分析颇为深刻。

不过，仍需注意的是对“爪哇糖问题”的研究似应从更加宽泛的角度去论述。爪哇糖品对日本糖业经济的贡献主要集中于以下几点：其一，增加糖品供应，满足日本国内市场日益增加的糖品消费需求；其二，推动日本机制糖业发展，帮助日本政府完成糖品进口替代战略；其三，不仅在日本糖商与太古洋行、怡和洋行的竞争中亦扮演了重要角色，而且也在日本糖业拓展中国市场上过程中发挥一定作用。[③]是故，论述该问题时应该关注其根源及流变。

二、“过剩糖问题”

在近代日本机制糖业发展过程中，进口替代战略意图非常显著，为此，日本殖民地产业发展以发挥这些进口替代职能为首要目标。1929年，日本实现了糖品进口替代化战略计划，不过，其市场上随即出现了“过剩糖问题”。《砂糖の帝国：日本植民地とアジア市場》一书的第三、四章集中考察了“过剩糖问题”以

---

① 平井健介：《砂糖の帝国：日本植民地とアジア市場》，第37—39页。

② 平井健介：《砂糖の帝国：日本植民地とアジア市場》，第70页。

③ 可以参阅赵国壮：《日本糖业在中国市场上的开拓及竞争（1903—1937）》，《中国经济史研究》2012年第4期。

及各日本殖民地对此的因应。

首先，“过剩糖问题”与日据时期中国台湾。20 世纪 30 年代日本市场上 80%糖品供给来自日据时期中国台湾，故而糖业联合会首先采取限制台湾糖品生产办法，比如要求会员公司压低甘蔗收购价格（从 1930/1931 年度的 4.0—4.8 日元压低到 1931/1932 年度的 3.0—3.2 日元），迫使蔗农考虑种植甘蔗以外的农作物，不过，生产限制办法因 1933 年实施的“米谷统制法”而失败。另外，为了推动所有日本殖民地糖品限产，糖业联合会于 1933 年 9 月成立包括中国台湾制糖、明治制糖、大日本制糖、盐水港制糖、新兴制糖等 5 家制糖股份公司在内的“糖业政策关系者委员会”。①

其次，新兴产糖地域的“地域利害”。1921 年，日本受国际联盟委托以委任统制方式代管南洋群岛，为了开发其资源并促使其发展，1922 年设置的南洋厅着力发展甘蔗制糖业。20 世纪 20 年代后半期，南洋群岛的糖品产量以每年 17.7%的幅度增加，随着南洋糖业的发展，南洋厅的财政状况得到改善，糖业税收在其财政税收中占据较大比重。比如，在货物出口税收中，1930 年的糖品出口税收为 24%，1935 年达到 44%。②是故，糖品限产对南洋群岛影响极大，故而其反制较强。

最后，北海道——国内甜菜糖业。《砂糖の帝国：日本植民地とアジア市場》一书并未追溯北海道甜菜种植及制糖的缘起，以及其第一次失败情况，而是直接从第二次尝试开始论述，即从 1922 年北海道厅积极推动其甜菜糖业发展开始。1923 年，北海道厅在产业部新设糖务课实施糖业行政，具体执行 1922 年颁布的“甜菜耕作补助规程”，对购买甜菜种子、肥料、耕牛等进行补助，并协助祛除病虫害及经营苗圃等。1923—1926 年北海道实施了第一次拓殖计划，1927 年实施了第二拓殖计划。③与南洋群岛不同，“过剩糖问题”发生与北海道甜菜糖业隆盛是同时期的，北海道厅方面认为“过剩糖问题”是一时性的，而北海道甜菜糖业的发展对地方社会经济起到至关重要的作用。④

在日本糖品进口替代战略指导下，日据时期中国台湾、南洋群岛、北海道，甚至日据朝鲜均着力发展糖业，并均获得较大成就，糖业成为上述地区的支柱产业。故而“过剩糖问题”发生后，糖品限产一策的实施效用受限较大，也即这一问题无法在日本本土及殖民地之间解决，所以，向中国市场倾销过剩糖品成为必选之策。中国市场上的糖品销售异常激烈，同时，受抵制日货运动影响，其过剩糖品倾销并不顺利；日本占领中国东北后，希望在“伪满洲国”内消化掉过剩糖品，不过，仍未成功。⑤遗憾的是该书并未分析其未能成功的具体原因，想必要弄清楚其原因，有必要梳理中国东北的甜菜糖业发展历史。

《砂糖の帝国：日本植民地とアジア市場》一书对“过剩糖问题”的评价较为中肯，在糖品进口替代政

---

① 平井健介：《砂糖の帝国：日本植民地とアジア市場》，第 91 页。
② 平井健介：《砂糖の帝国：日本植民地とアジア市場》，第 95—96 页。
③ 平井健介：《砂糖の帝国：日本植民地とアジア市場》，第 98 页。
④ 平井健介：《砂糖の帝国：日本植民地とアジア市場》，第 99 页。
⑤ 平井健介：《砂糖の帝国：日本植民地とアジア市場》，第 104—105 页。

策指导下，“帝国利益”（日本）与“地域利益”（殖民地）较为一致，二者共同推动糖业经济发展，于1929年完成了糖品输入替代任务。接踵而至的是20世纪30年代“过剩糖问题”发生，“帝国利益”与“地域利益”产生了冲突，日本大藏省推行的限产政策未能得到顺利执行，其深层次原因在于经过多年发展之后制糖业已成为日据时期中国台湾、南洋群岛、冲绳等地的主干产业，而甜菜制糖业则是北海道、桦太、“伪满洲国”集约化农业生产的主导产业。[①]

“过剩糖问题”既然无法在日本帝国内部砂糖贸易圈内解决，拓展中国市场成为首选之策，于是日本殖民地糖业与东亚糖品贸易直接对峙，有鉴于此，《砂糖の帝国：日本植民地とアジア市場》的第四章集中考察了“过剩糖问题”的国际环境，包括20世纪30年代东亚糖品贸易（中国沿海的糖品走私）缩小、日荷会商与中国市场、广东省营糖业统制、1935年国民政府食糖专卖等内容。该书第四章挖掘了不少的日文新资料，比如糖业联合会派遣中村诚司同食糖运销管理委员会主席梁敬錞的会谈记录、上海日本糖商行信件等资料。借助这些新资料作者详细论述1935年国民政府食糖专卖一事，指出“日本方面的业糖者均认为国民政府食糖专卖并非自卫政策，实则是建源集团爪哇糖品独占中国市场之举措”，并较为详细地分析了日本糖商反对中国糖业公司成立（食糖专卖）的整个过程。[②]可见该书在处理解决“过剩糖问题”的国际背景时，准确地抓住了20世纪30年代中国糖品市场的主要变化元素，“过剩糖问题”发生时中国糖品市场从自由贸易转入有限统制贸易格局。

三、“肥料革命”

就东亚地区蔗田肥料使用问题，明清时期的中国已有较为详细地记载。为了提高甘蔗的出芽率，并保证其茁壮成长，明清时期中国甘蔗种植已开始注重蔗田施肥问题，并且有一定的变化。比如，相对于明代“粪秽”施肥法，清代则多用“菜饼为肥料”“粪以麻油之麸”，很明显，菜饼、麻油之麸等肥料多通过市场交易来获得，具有较强的经济属性。[③]

农业发展的路径，主要有外延性扩展（栽培面积的增加）及内涵性深化（通过品种、肥料、灌溉等手段改良土地生产性）两种途径。日据时期中国台湾糖业在20世纪20年代时因“米糖相克”（日本米价上扬致使稻作收益增加）的原因终结了外延性发展阶段。《砂糖の帝国：日本植民地とアジア市場》一书的第

① 平井健介：《砂糖の帝国：日本植民地とアジア市場》，第106页。

② 平井健介：《砂糖の帝国：日本植民地とアジア市場》，第122—133页。

③（明）王象晋所著《二如亭群芳谱》的描述情况为：“甘蔗，丛生，茎似竹，内实，直理，有节无枝。长者六七尺，短者三四尺，根下节密，以渐而疏。叶如芦而大，聚顶上，扶疏四垂，八九月收茎，可留至来年夏秋。……种植。谷雨内于沃土横种之，节间生苗，去其繁冗。至七月，取土封壅其根，加以粪秽。俟长成收取，虽常灌水，但俾水势流满润湿则已，不宜久蓄。”（明）王象晋：《二如亭群芳谱》，自序“因取平日所涉历咨询者，类而著之于编，而又冠以天时岁令，以便从事。历十余寒暑，始克就绪，题曰《二如亭群芳谱》”；（清）屈大均编撰的《广东新语》记述：“凡蔗以岁二月必斜其根种之。根斜而后蔗多庶出。根旧者以土培壅，新者以水浸之，俟出芽乃种。种至一月，粪以麻油之麸。增城白蔗尤美，冬至而榨，榨至清明而毕。其蔗无宿根，悉是当年，故美。”见（清）屈大均：《广东新语》卷二七《草语·甘蔗》，1700年刻本。

五、六两章集中于分析肥料革命与甘蔗栽培技术的发展。该书第五章第一、二节首先着重分析了内涵深化发展阶段前的两个准备期：1902—1911 年“台湾总督府”主导甘蔗栽培技术输入，1912—1918 年制糖公司主导甘蔗栽培技术输入；第三节考察 20 世纪 20 年代台湾糖业内涵深化发展阶段。①

“台湾总督府”以新渡户稻造的《糖业改良意见书》为蓝本，以 1902 年实施的《糖业奖励规则》为起点，给予台湾糖业各种补助金，着力扶植其快速发展。其肥料事业主要包括：一是设置模范蔗园，模范蔗园系糖务局用特定的技术法指导甘蔗栽培的蔗园，1906—1914 年台湾各制糖公司在原料采购区遴选农户，筹建模范蔗园，1 甲（0.97 公顷）资助蔗苗费 30 日元，肥料费 50 日元；二是实施共同购买事业，蔗农希望购买肥料，就与糖务局及农会一起完成肥料的购买、检查、搬运等事宜，1904—1916 年对该事业予以补助金，1 甲蔗田资助 10 日元，1910 年“台湾总督府”指定的肥料，1 甲应施肥大豆粕 180 贯，过磷酸石灰 30 贯。肥料政策实施以来，“台湾总督府”1902 年度的资助额度为 2 万日元，到 1911 年时已达到 170 万日元，施肥的蔗田面积占总甘蔗栽培田面积的 80%。②

1911—1912 年台湾遭受暴风雨袭击，甘蔗产量锐减，一时间“台湾糖业放弃论”甚嚣尘上，“台湾总督府”高度关注栽培技术的改良问题，扩充研究机关，于 1911 年将糖务局改组并入殖产局糖务课，糖业试验场亦从糖务局移交给殖产局管理，耕种试验及蔗苗养成归入农务系，甘蔗、肥料分析试验归入农艺化学系，有关病虫害事宜归入昆虫系；1912 年在打狗街成立以鉴定砂糖及肥料的品质为目的的打狗检糖所；1913 年、1914 年分别在台中厅大南、后里分别设立蔗苗养成所。③另外，“台湾总督府”注重制糖技术人才的培养和聘用，“台湾总督府”和制糖公司从高校聘请制糖技术人才从事糖业技术改良工作；1911 年，为了加强与制糖公司的交流，“台湾总督府”与制糖公司共同成立“台湾蔗作研究会”；1921 年，“台湾总督府”改组糖业试验场并入中央研究所农业部糖业科，将高产的爪哇大茎种输入台湾（POJ2725），1920 年大茎种的栽培面积达到 75%，同时，所需肥料数量增大。④与此同时，制糖公司也深刻体会到改进甘蔗栽培技术的紧迫性，努力研发甘蔗栽培技术。

随着制糖技术发展，制糖业所需能源亦随之增加。该书较为详细地分析了大豆粕、硫铵、过磷酸石灰、合成肥料等的贸易数额及年代起落情况，一方面认为随着台湾糖业技术发展，日本以其本土为中心，逐渐形成了包括日本本土、中国东北、桦太、日据朝鲜、中国台湾等地在内的肥料贸易网络；另一方面指出随着高产的爪哇大茎种引入及适合土壤多样性的各种肥料使用，栽培技术（包括肥料的使用）的效能于 20 世纪 20 年代已经体现出来，在此期间，蔗田的生产性能增加了 2.5 倍。⑤

传统制糖业的主要工具为木 / 石辊、铁锅、陶瓷甕等器具，使用动力源主要为人力、畜力、水力，

① 平井健介：《砂糖の帝国：日本植民地とアジア市場》，第 139 页。
② 平井健介：《砂糖の帝国：日本植民地とアジア市場》，第 143—144 页。
③ 平井健介：《砂糖の帝国：日本植民地とアジア市場》，第 147 页。
④ 平井健介：《砂糖の帝国：日本植民地とアジア市場》，第 163 页。
⑤ 平井健介：《砂糖の帝国：日本植民地とアジア市場》，第 171 页。

热源为薪炭林；近代制糖业的工具为压榨机、多重效用缶、真空结晶缶、离心机，动力源为蒸汽力、电力，热源为煤炭。《砂糖の帝国：日本植民地とアジア市場》一书的第六章围绕“制糖技术提高与能源供应危机”问题展开论述，第一节，分析台湾糖业史上最大的技术进步，即从传统制糖业到近代制糖业的转型；第二节，首先关注近代制糖业的技术进步，其次考察能源供应情况；第三节，制糖公司如何保证能源供应。

日本侵占中国台湾之后，“台湾总督府”实施“改良糖廍”计划，即借助压榨动力机械化来增加糖品生产量。1904 年，购入压榨能力 40 吨的纽莱卡式压榨机（石油动力）；同年 4 月，在凤山厅设立首个改良糖廍——振祥制糖所。到 1908 年时，已经成立 53 家改良糖廍，其中 22 家使用石油发动机，压榨总能力为 1040 吨；29 家使用蒸汽机，压榨总能力为 2336 吨；2 家使用电气，压榨总能力为 160 吨。[①]

从传统制糖业到近代制糖业的转变，单位能源消耗数量呈递减趋势，按照制糖 1 吨的能源消耗数量而言，1900 年年初约为 2100 万卡路里，1910 年前后已减少到 1000 万卡路里。不过，因制糖量不断增大，所消耗的能源总数随之增大。台湾糖业的最大课题是努力增产并降低成本，以期达到驱逐日本市场上爪哇糖品的目的。砂糖的产量在很大程度上是由其原料甘蔗的产量来决定的，相比较而言，台湾每亩蔗田的甘蔗产量远低于爪哇，为此各制糖公司不得不积极开发、引入新制糖技术。1915 年，各制糖公司的技术者成立了“制糖研究会”，其重要职能就是改进台湾制糖技术，根据研究会章程，每年召开三次例会，入会的技术者分享各自的技术试验结果，以期选择最优的技术，到 1937 年左右，台湾制糖技术已达到世界水平。[②]

随着砂糖生产量的增大及制糖技术的提高，制糖所需要的能源数量亦随之增多，该书指出制糖公司一度面临能源供给不足的危机。最初的危机是薪柴的不足，在 1908 年木薪危机之前，制糖公司热能主要来自薪柴，之后，森林资源枯竭，薪柴获得成本增加，而煤炭则随着铁路铺设而较易获得，制糖公司所需热能开始从木薪向煤炭的转变。[③]1918 年，因运力不足而出现了第一次煤炭危机，“台湾总督府”铁道部增加运力，煤矿公司成立煤炭运输组合，通过合力部分化解危机；20 世纪 20 年代下半期，日本食米不足，需要运送蓬莱米入日本，导致运米与运炭之间的冲突，进而诱发第二次煤炭危机。[④]

从能源供应角度来分析近代东亚制糖业的发展，该书这一研究视角同样颇为独特。以往不少的糖业史研究关于了糖业技术演进情况，但很少探讨其与能源供给之间关系。比如，在分析近代手工制糖技术不如机器制糖技术时，学界多从生产效能角度予以分析，较少阐释机器制糖业发展背后的能源供给问题。该书的这一研究视角为糖业史学界拓展糖业技术发展史提供新的思路。

---

① 平井健介：《砂糖の帝国：日本植民地とアジア市場》，第 179 页。

② 平井健介：《砂糖の帝国：日本植民地とアジア市場》，第 181 页。

③ 平井健介：《砂糖の帝国：日本植民地とアジア市場》，第 188 页。

④ 平井健介：《砂糖の帝国：日本植民地とアジア市場》，第 193—195 页。

四、糖品包装袋

包装糖品是糖品运输、销售中的重要环节之一，至于这些包装袋由什么材料做成，其间有何种变化等问题，以往糖业史学界对此极少关注。《砂糖の帝国：日本植民地とアジア市場》一书的第七章聚焦于砂糖运输过程中不可或缺的包装袋问题，从砂糖产量增加角度考察包装袋供需变化，并借此了解台湾糖业成长过程中那些地方和那些关系发挥了重要的作用。

该书认为台湾糖品惯用的包装袋主要有黄麻袋（印度、日本、中国台湾等地生产）、包席（中国生产）两种，二者使用比率随着时代发展而有所变化，分歧点在于1916年、1924年，尤其是1924年，基本实现了从包席到黄麻袋的转变。[①]1913年，中国产包席的对亚洲输出量为1900万袋，印度产的黄麻袋对亚洲的输出量为7000万袋，黄麻袋占亚洲地区包装袋供应量的80%；其中，75%的黄麻袋输出东南亚，东亚地区的黄麻袋供应量大概限制在1880万袋，东亚地区的包席需求较高。1920年，包席的输出量减少至1700万袋，而黄麻袋的输出量增加到9700万袋；此一时期黄麻袋的输出特征为：东亚地区大增至4880万袋，而东南亚地区则趋于停滞或减少。[②]1925年，相对于包席的990万袋输出量而言，黄麻袋的输出量已超过1亿袋。东亚地区主要包装袋从包席到黄麻袋的转变，对砂糖包装产生了较大影响。[③]

就台湾而言，因黄麻袋的用途及规格未能明显区分，故而该书认为对其作用的评价有较大的难度。1931年，台湾制麻（株）、小泉制麻（株）、大阪制麻（株）、东洋麻丝纺织（株）、伪满洲制麻（株）等股份公司结盟成立了台湾制麻组合的加盟会社。其结果是20世纪30年代前半期直销糖包装用的是印度产的新品，原料糖包装是日本产的中古品。[④]

《砂糖の帝国：日本植民地とアジア市場》一书把日殖台湾糖业使用包装袋的情况分为三个阶段。1910—1915年为第一期，台湾平均每年输出2980万日元的砂糖，其包装袋均使用中国大陆所产的包席，20世纪前10年台湾地区包席的输入告别了香港经销商昌隆的独占时期，三井物产、铃木商店、大泽洋行、汤浅洋行等纷纷加入包席贸易行列。[⑤]1916—1923年为第二期，台湾平均年输出砂糖数量增加到8374万日元，在砂糖包装率上，包席占了64%，黄麻袋占了36%。[⑥]1924—1936年为第三期，台湾平均年输出砂糖数量增加到1亿日元，在砂糖包装率上，包席占有量锐减到16%，黄麻袋的占有量达到84%。包席自给失败后，仍主要依赖中国大陆输入；黄麻袋的具体来源为48%为印度产、32%为日本产、4%为中国台湾产。

---

① 平井健介：《砂糖の帝国：日本植民地とアジア市場》，第203页。

② 平井健介：《砂糖の帝国：日本植民地とアジア市場》，第207页。

③ 平井健介：《砂糖の帝国：日本植民地とアジア市場》，第209页。

④ 平井健介：《砂糖の帝国：日本植民地とアジア市場》，第217页。

⑤ 平井健介：《砂糖の帝国：日本植民地とアジア市場》，第210—211页。

⑥ 平井健介：《砂糖の帝国：日本植民地とアジア市場》，第212页。

该书也分析了日据时期台湾方面曾努力尝试包装袋的替代化、自给化。1902 年，“台湾总督府”实施糖业政策时就考虑到包席的输入量会增加，就计划调查中国藺草栽培情况；1910 年，前田吉次郎到雷州考察并向台湾输入藺草，在嘉义地区进行试种，“台湾总督府”又委派嘉义厅技师古川末太郎赴雷州考察；1912 年，“台湾总督府”委托在海南岛居住的腾间田善藏向台湾输入 8000 株藺草种苗，分配给 9 个地方进行试种。①根据 1914—1917 年的试做结果，“台湾总督府”认为可以通过藺早栽培来达到包席自给，于是将台中、嘉义、台南、阿缑厅等地的米作田地更换为藺草地，并向农民供给种苗来种植藺草。1919 年，“台湾总督府”实施了《包席种苗养成费》制度，并从日本本土聘请技师。1922 年，一战造成的米价高腾冲击了藺草种植，《包席种苗养成费》制度被迫废止，另外，疫病导致藺草产量下降，总之，多重因素导致包席输入替代化政策失败。相比较而言，黄麻袋的自给努力取得了一定成效。1905 年，“台湾总督府”在台中厅丰原设立资本为 20 万日元的黄麻纺织工场，此为台湾制麻工业的开端。1912 年，“台湾总督府”改组该工场成立资本为 200 万日元的台湾制麻（株），所用原料黄麻由印度输入，1912—1915 年平均每年产量为 60 万袋。据统计，1933 年，在台湾全部黄麻袋的产量中，用于砂糖包装的还不到 13%，1935—1940 年刚刚超过 13%。②

与藺草纤维（包席原料）相比较，黄麻有自身的不足，比如黄麻会慢慢变色，并且滋生毛屑，用黄麻袋装稻米没有问题，因为稻米要脱壳，可以不必计较染色及毛屑，但是，包装糖品则产生了毛屑附着糖品及染色等问题，故而，黄麻袋在包装糖品上不如包席那么受欢迎。③但是，糖品产量剧增，包装袋的供应成为糖商关注的棘手问题之一。1922 年台湾糖品产量相比较 1910 年的 10 万吨增加到 35 吨，1924 年增加到 45 万吨，而供应地广东则因 1922 年香港海员大罢工及广东政局动荡等因素，使包席供应受到重大影响。④

该书通过对包装袋来源及演变的分析，来透视日据时期台湾糖业发展变化情况，颇值得称道，这一研究路径在一定程度上也颇具推广意义。其一，内陆四川的糖品运输多用竹篓，具体情况为内衬草纸，封口撒一些树灰或者石灰防潮而已，学界并未关注其具体包装问题；其二，近代太古牌精糖畅销亚洲、中东、非洲等地，但是学界对太古洋行的研究并未深入分析其糖品包装问题。因此，这一研究路径对于拓展内陆四川糖业经济、太古洋行糖品行销等方面研究具有一定的借鉴意义。

五、余　论

20 世纪 70 年代的日本殖民地经济研究强调日本殖民地经济发展的“国内契机”，即从“支配与抵抗”到“侵略与开发”视角进行分析，随后，堀和生提出“帝国分工论”，分析殖民地生产在日本帝国输入替代

① 平井健介：《砂糖の帝国：日本植民地とアジア市場》，第 211 页。

② 平井健介：《砂糖の帝国：日本植民地とアジア市場》，第 212—213 页。

③ 平井健介：《砂糖の帝国：日本植民地とアジア市場》，第 221 页。

④ 平井健介：《砂糖の帝国：日本植民地とアジア市場》，第 226 页。

战略中的作用，强调帝国与殖民地在分工问题的主次关系。平井健介《砂糖の帝国：日本植民地とアジア市場》的一书在“帝国分工论”的基础上，从通过对日本殖民地糖业经济中的“爪哇糖问题”“过剩糖问题”、肥料革命、糖品包装袋等几个方面的论述，来强调日本殖民地经济之间的多样动态关系及其与域外东亚的关系，借此说明了19世纪末及20世纪上半期日本殖民地经济发展的“国际契机”，即19世纪末以来日本在东亚势力不断强化的影响以及日本政府实施输入替代战略的成效。

很显然，平井健介《砂糖の帝国：日本植民地とアジア市場》的一书在日本殖民地经济史、东亚糖业史研究等方面均有一定的新意。循着此种思路，东亚糖业史研究的新动向颇值得进一步拓展。

其一，古巴与东亚糖业发展的关联。在论及爪哇糖品与东亚糖业经济关系时，我们不能忽略当时世界的产糖巨无霸——古巴。1913—1925年，古巴糖品产量增加了250多万吨，1924—1925年时，已达5 125 970吨，约占世界糖品总产额23 589 560吨的五分之一，成为世界糖业中的巨无霸，“伦敦之期糖市场及爪哇之爪哇糖市，其所及于世界糖市之影响，终不敌古巴糖之深切，而古巴糖之一喜一惧，能直接使纽约定期市场随之转移，间接使世界糖价为所左右”[①]。

其二，香港机制糖业的发展及其影响。在东亚机制精糖产业方面，英属香港怡和、太古两集团无疑走在最前列。怡和集团于1878年在香港建立东亚第一个机制糖厂——中国制糖公司，1881年太古两集团在香港成立太古车糖公司，开启了东亚机器制糖的先河，很快成为英属香港、东亚地区精糖制造业的双雄。受其影响，日中两个东亚糖业主体积极发展机制糖业。1895年日本占领东亚重要产糖地中国台湾以后，利用台湾的植蔗基础，大力扶植台湾甘蔗种植，并投入巨资在台湾建立起一大批机制糖厂，从而达到日本国内糖品供需平衡；与此同时，并利用爪哇大批量廉价原料糖品，大力发展本土的机制精糖业，1896年日本制糖有限公司成立，资本30万日元；随后，神户、新高及盐水港等机制精糖公司相继成立；第一次世界大战以前，日本有制糖厂5家，每日约能制炼精糖17 800担；第一次世界大战以后，炼糖厂增为13家，制炼能力增为每日36 200担。[②]20世纪初，中国产糖大省四川有过多次筹建机制糖厂的努力，但因局势动荡均告失败；20世纪30年代，冯锐主政广东省农林局，实施广东糖业复兴计划，建立了六个小型机制糖厂，但陈济棠倒台后其复兴计划搁置；全面抗日战争时期，以四川地区新建的华农糖厂、中国联合炼糖股份有限公司、四川华原糖厂等机制糖厂为代表，中国才真正开启机器制糖时代。[③]

---

① 1913—1925年古巴糖品产量为：1913—1914年2 597 722吨，1914—1915年2 592 667吨、1915—1916年3 007 915吨、1916—1917年3 023 720吨、1917—1918年3 446 083吨、1918—1919年3 971 776吨、1919—1920年3 730 077吨、1920—1921年3 936 040吨、1921—1922年3 996 387吨、1922—1923年3 602 910吨、1923—1924年4 066 642吨、1924—1925年5 125 970吨。参见《世界糖业之霸王——古巴糖》，《银行周报》第10卷第12号，1926年4月6日，第11—12页；Pollitt B，“the Cuban Sugar Economy in the 1930s”，in Albert B，Graves A. *The World Sugar Economy in War and Depression（1914—40）*. Worcester：Billing & Sons Ltd，1988，pp. 97-109.

② 《日本糖业经过情形述要》，《中外经济周刊》第123号，1925年8月1日，第22页。

③ 赵国壮：《抗日战争时期大后方糖业统制研究——基于四川糖业经济的考察》，北京：科学出版社，2015，第177—182页。

其三，糖业人物研究。目前学界在糖业人物方面的研究仍较为有限，一方面集中于南洋的业糖者，包括中国人雇工以及富可敌国的华侨糖商[①]；另一方面，集中太古集团的斯怀尔家族及太古洋行买办。[②]显然，对东亚糖业发展起到重要作用的人物仍有待进一步挖掘及研究。比如，中国广东籍糖商、四川籍糖商，日本方面对糖业发展有重大贡献的新渡户稻造、松方正熊等人。

---

① 〔日〕长冈新治郎：《十七、十八世纪巴达维亚的糖业与华侨》，《南方史研究》（日本东京大学）1960年第2辑（收录于《南洋资料译丛》1983年第3期，第101—109页）；〔荷〕伦纳德•鲍乐史：《荷兰东印度公司时期中国对巴达维亚的贸易》，《群岛》（法国）1979年第18期（收录于《南洋资料译丛》1984年第4期，第67—80页）；韩振华：《荷兰东印度公司时代巴达维亚蔗糖业的中国人雇工》，《南洋问题研究》1982年第2期；蔡仁龙：《黄仲涵家族与建源公司》，《南洋问题研究》1983年第1期；赵德馨：《黄奕住传》，长沙：湖南人民出版社，1998。

② 莫应溎：《英商太古洋行在华南的活动与莫氏家族》，《文史资料选辑》第14辑，北京：中国文史出版社，1988；张仲礼、陈曾年、姚欣荣：《太古洋行在旧中国》，上海：上海人民出版社，1991年；唐有淦：《从洋行买办到民族资本家》，珠海市政协文史资料委员会、珠海市香洲区政协文史委员会印制，1995年；Marriner S，Hyde F E. *the Senior John Samuel Swire 1825-1998：Management in Far Eastern Shipping Trades*. Liverpool：Liverpool University Press，1967；Cox H，Huang B，Metcalfe S. "Compradors，firm architecture and the 'reinvention' of British trading companies：John Swire & Sons' Operation in Early Twentieth－Century China"，*Business History*，2003（2），pp. 15-34；Knight G R，"Exogenous Colonialism：Java sugar between Nippon and Taikoo before and during the Interwar Depression，1920-1940"，*Modern Asian Studies*，2010（3），pp. 477-515.

征稿启事

一、《产业与科技史研究》（英文名：*Studies on the History of Industry and Technology*）由科学出版社历史分社和中国科学技术史学会科技与经济社会史专业委员会共同创办，科学出版社出版。本刊暂拟半年刊，分别于每年3月和9月出版。首刊于2017年3月发行，现特向学界征求优质稿件，本征稿启事长期有效。

二、本刊是发表产业与科技史研究成果的专业性学术辑刊。产业与科技史研究主要以中国由传统社会向现代社会转型过程中，各实业部门的发展为研究对象，以探寻中国经济发展特有之历史基因、总结经验教训、揭示历史规律为宗旨，努力尝试结合历史学、经济学等多学科的研究方法，揭示中国产业发展的历史经验和发展脉络，为当下中国产业发展提供有益的参考。本刊下设理论探讨、学术争鸣、产业发展、区域产业、量化产业、国际比较、产业与科技、案例研究、史料发掘、口述访谈、学术动态等栏目，以期推动中国产业史研究在长时段下不同方法、不同视角、不同观点的深入对话与交流，搭建产学研各抒己见、平等讨论、共同推动中国产业发展的学术交流平台。

三、本刊为中文刊，欢迎海内外学者及各界人士赐稿。来稿须为首次发表（已在网络上发表的文章视同已出版），并请遵循国家有关著作权的法律规定，遵守学术规范。每人每期投稿以一篇为限。

四、来稿请以简体中文为准（繁体中文请自行转换字码），并附中英文题名、中英文摘要各300字左右、中英文关键词各5个。稿件篇幅以15 000—20 000字（含注释、参考资料）为宜，特约稿件亦将按此原则酌情处理。

五、来稿请按本刊撰稿体例撰写，引用文献资料，请选择权威版本并准确校对原文，注明资料来源。与文稿相关的图片一律采用正文附件方式发送原图（300dpi以上的清晰大图，jpg格式），并在正文相关位置标明，图片授权由作者自行负责。

六、本刊采取双向匿名审稿制。文章选用不拘学历资历，不限学科选题，唯学术水平与学术价值是举。来稿经初审通过后，将送请两名专家学者评审。本刊对来稿有删改权，如有不愿删改者，请于来稿中注明；编辑部在收到来稿3个月内发出录用通知，未有通知者可自行处理。

七、本刊不负责来稿内容的著作权问题。来稿请勿发生侵害第三人权利之事，如有抄袭、重制等侵权行为，概由投稿者承担法律责任，与本刊无关。

八、本刊发表之文字（包括纸本、网络和磁盘等形式），任何人翻印、转载、翻译等均须事先征得本刊同意。来稿若仅同意以纸本形式发表，请特别注明，未注明者视同已同意。

九、来稿请注明作者姓名、服务机构、职称（学历）、通讯地址、邮政编码、电子邮箱、电话或传真号码等信息。本刊依照相关规定支付薄酬，并于出版后赠送当期《产业与科技史研究》两册。

通信地址：北京市东城区东黄城根北街16号 科学出版社历史分社《产业与科技史研究》编辑部

邮政编码：100717
电 话：0086-10-64011837（王 媛）
0086-10-64005207（李春伶）
电子邮箱：chanyeshi@126. com

征订须知

每期定价：88 元人民币

订购电话：0086-10-64034541，64011837

购书款汇入处

账户名：中国科技出版传媒股份有限公司

账号：7112 6101 8260 0024 615

开户行：中信银行北京中粮广场支行

STUDIES ON THE HISTORY OF INDUSTRY AND TECHNOLOGY

No. 5, 2019

Abstracts

Industrial Culture: Concepts, Evolution, and Tools

Yan Peng Chen Wenjia

Abstract: Industrial culture is a new concept. In both English and Chinese, this term was originally a collocation, comprised of "industrial" and "culture" and lacking a specific meaning. However, in the years since 2014, Chinese scholars have spontaneously conceived of relevant theories. Consequently, the Ministry of Industry and Information Technology (MIIT) has established the Industrial Culture Development Center (ICDC). In the Chinese context, industrial culture has now become an accepted technical term. However, since policy concerns precede theoretical exploration, the actual connotation of industrial culture requires further analysis. The term industrial culture presents culture as a value, and combines several traditions from the fields of economics and economic history. Accordingly, this phrase is more suitable for use as a research focus than the term industrial civilization. Specifically, it is used in reference to the social concepts and ideological atmosphere which has historically encouraged and supported industrial development. There is an underlying correlation phenomenon between a country or region's industrial development (or non-development) and its cultural atmosphere. This linkage embodies economic history's evolutionary mechanism for exploring the interaction between thought and industry. Under current circumstances, the theoretical study of industrial culture can complement policy practices. However, only sufficient academic independence will allow industrial culture to become a widely-recognized theory, fostering benign co-evolution with practical activities. Thus, there remains a significant amount of basic research to be undertaken.

Keywords: industrial culture; industrial history; evolutionary economics; institutional economics; industrial policy

Three Problems of Industrial Heritage: Relevant Concepts, Type Characteristics, and Protection Measures

Sun Hua

Abstract: Industrial heritage originated from industrial archaeology. It arose from modern society's diversifying recognition of what constitutes a heritage value. Nevertheless (in the general field of heritage protection) there is widespread misunderstanding of concepts, type characteristics, and targeted protection relating to industrial heritage. Thus, this paper first clarifies and defines the three basic concepts of heritage, industry, and protection. Finally, it sums up the various types of industrial heritage, proposing protection countermeasures for each corresponding category.

Keywords: industrial heritage; concept; type; protection countermeasures; Chongqing Iron and Steel Co.

Discourse Conversion and the Expression of Economic Benefits: A Case Study on Obstruction in the Promotion of China's Shanghai Water Company

Liang Zhiping

Abstract: Per the influence of the impact-response model, many scholars believe that people in Shanghai during the late Qing Dynasty accepted running water as a progression from rejection, to resistance, to ultimate acceptance. There are three main reasons for Chinese exclusion and boycotts of running water, namely: 1) misunderstandings; 2) official conservatism; and 3) means of livelihood. It seems that, following the opening of the port in the 1880s, knowledge of running water was been widespread in Shanghai. Shanghai's gentry had a particular cognition regarding running water. Likewise, Shanghai's main bureaucrats also supported the introduction and establishment of running water in (the now former) Shanghai County. Nevertheless, over 2,000 of Shanghai's water carriers worried about the potential impacts a running water establishment might have on their livelihoods. In response, they spearheaded a fierce boycott and created rumors that running water was indeed poisonous (furthering the primary conception obstructing the use of running water). With the rumor's disappearance, Shanghai authorities again placed the issue of running water on the agenda. However, as a benefit of running water, Shanghai's gentry wanted to run the waterworks. They used "ownership spillovers" as an excuse for preventing running water from entering the city. Eventually, the Chinese people established their own first waterworks.

Keywords: running water; water carrier; obstruction; Shanghai; late Qing Dynasty

Development of Overseas Chinese Postal Agencies: Survivability in Light of the Republic of China Post's Monopoly

Sun Xinru

Abstract: The Overseas Chinese Postal Agencies is a private communications organization. It has gradually expanded to provide services to Chinese individuals overseas, as well as their relatives. It is one of the main bodies of the domestic postal industry, which includes the official post office, foreign postal agencies, local postal departments, and private mail offices. In the national postal service's process of establishing a monopoly, other postal owners have been canceled or banned. However, the Overseas Chinese Postal Agencies continue to exist. As China's national postal service has long pursued the establishment of a postal monopoly; this is indeed an interesting phenomenon. Reasons for this relative autonomy are as follows: First, the Overseas Chinese Postal Agencies were engaged in mail and remittance delivery between Chinese persons abroad and those back home. Such individuals made important contributions to the establishment of the Republic of China, as well as to their families. The agencies supported governmental interests, thus making them worthy of political protection. Second, the agencies featured capabilities and methods of postal service necessary for Chinese people overseas which (in the short term) the national postal office found impossible to provide. These internal/national economic factors have interacted with external/global factors, guaranteeing the political protection required for long-term existence of the overseas agencies. These safeguards have persisted, even after the establishment of China's postal monopoly.

Keywords: Overseas Chinese Postal Agencies; postal service; direct route mail; reason analysis

A Study on the Statistics Bureau of the Comptroller's Office (1931-1937)

Feng Guolin

Abstract: Since the Bureau of Statistics' establishment in 1931, its organizational structure and various systems have been improved continually. Judging from the bureau's various statistical activities, this institution has altered the formulation of previous statistical agencies, achieved the centralization of statistics, and improved the national scientific governance and statistical system. However, it should be noted that, during the Second Sino-Japanese War, the Bureau of Statistics was still in the initial stage of development. Its processes of system construction and function implementation were not perfect; even so, it must be acknowledged that the Bureau of Statistics' formation remains of incredible historical significance. This unsurpassed statistical institution is historically unprecedented. Compared with previous statistical agencies, the Bureau of Statistics possesses characteristics of professionalism, scientificity, and independence. As an institution, it has played an important role in the implementation of state governance. Consequently, this organization is deserving of further study.

Keywords: Anti-Japanese War; Nanjing National Government; Bureau of Statistics

Research on the Evolution and Development of Japan's Scientific and Technological Innovation System after World War II

Liu Qixia Zhao Jinping

Abstract: Japan's scientific and technological innovation system has been an important factor in supporting its national economic development. This paper traces the progression of Japan's economy from a "trade-based nation," to a "technology-based nation," and, ultimately, to a "scientific and technological innovation-based nation." The system of scientific and technological innovation in Japan can be summarized as follows: 1) The Conference on Comprehensive Scientific and Technological Innovation shall be in command of the science and technology management system. Legal persons of provincial departments and independent administrators shall play their parts; 2) A coalition of industries, officials, and universities shall be thoroughly implemented to support the system, make full use of their respective advantages, and form a joint force; and 3) Special attention shall be paid to the role of science and technology in promoting industry. Also of note are the transformative achievements of scientific and technological initiatives. China's goal of developing scientific and technological innovation leads to conclusions regarding some policy suggestions. Among them are strengthening top-level design, deepening the Combination of Industry and Official and University, and improving the conversion rate of scientific and technological achievements.

Keywords: Japan's scientific and technological innovation system; evolution; Conference on Comprehensive Scientific and Technological Innovation; Combination of Industry and Official and University; Conversion of scientific and technological achievements

Development of Artificial Intelligence Technology and its Applications to Industry

Zhang Tao Mi Weiming

Abstract: In recent years (after decades of development), artificial intelligence technology has made significant breakthroughs. Artificial intelligence's new technology (represented by deep learning) has attracted the industry's attention. It has played a substantial role in different fields, thus causing artificial intelligence heat. Governments, too, are looking forward to a new industrial revolution brought about by artificial intelligence technology. This paper will focus on the development of artificial intelligence technology and its applications to industry. It will therefore include discussion of: 1) the three stages of artificial intelligence development; 2) three factors affecting the development of artificial intelligence; and 3) the application of artificial intelligence to industry. Since its introduction, the boundless effects of artificial intelligence technology on worldwide developments in science, technology, and economics has been affirmed. Further, emergence of new artificial intelligence technology, and the arrival of a new industrial revolution, are also expected.

Keywords: artificial intelligence technology; artificial intelligence development; industry; deep learning; big data

Contracting System Reforms in the Shougang Group: An Interview with Zhang Yudong

Yao Chunxia Qiu Xia

Abstract: Zhang Yudong, former party secretary for the Shougang Party School, experienced the entire process of Shougang's contracting system reforms. This paper reviews the background and processes of these reforms, as well as their influence on Shougang and its development. It vividly recounts many details of this important historical moment, which took place in Shougang during the past century. It is especially informative to understand these events from the perspective of one of the enterprise's average members.

Keywords: Shougang Group; contracting system; institutional reform

New Trends in the History of Sugar Industry in East Asia

Xu Lan Zhao Guozhuang

Abstract: In recent years, Chinese scholarship has been relatively silent and unremarkable concerning the history of East Asia's sugar industry. In contrast, Japanese academia has continued to publish significant works on the sugar industry's history. 平井健介's book《砂糖の帝国：日本植民地とアジア市場》is one representative of this genre. This work analyzes Taiwan's sugar-based economy during the period of Japanese occupation. In so doing, the book clarifies the "international opportunity" exploited by the Japanese colonial economy in Asia between the late 19th and mid-20th centuries. The historical problems of the sugar industry which are discussed in this book have been studied only rarely. These include concerns related to Java sugar, sugar surpluses, the fertilizer revolution, and sugar packing bags. The book's contents are innovative, and its viewpoints are distinct. Accordingly, this work can be regarded as representing a new trend in the historical study of East Asia's sugar industry.

Keywords: East Asia; colonial sugar economy; Taiwan during the Japanese occupation; 平井健介